編集代表
篠 原 一

警察オンブズマン

＊ 民主的監察制度の多面的検討 ＊

信 山 社

はしがき

警察関係の不祥事が多発しているのに、警察オンブズマンが話題にすらならないのはおかしいというような話が、『公的オンブズマン』(信山社)の編集のさいに出され、それが契機になって今回の論集が誕生した。たしかに警察の分析・批判はいまなおタブーの一つであり、またオンブズマンという用語は表現も多様で一義的にとらえがたく、とくに日本にはオンブズマン・カルチャーが乏しいことを考えれば、警察オンブズマンの構想がでにくいことはわからないでもない。しかし警察に対する内部的及び外部的監察が今日ほど求められているときはないのに、改革構想のいっかんとしてそういう提案がほとんどなされていないことはたしかに異常といってよいであろう。

この論集に様々の立場の人々から警察監視に関する提言がよせられたのちも、まさに警察の不祥事を受けて警察庁と各管区警察局が一九九九年末から行った特別監察について、総務庁はずさんな実態を指摘しその見直しを求める異例の勧告書を提出した(二〇〇〇年十二月一日)。その他警察の交通関係施設や用度品の購入についてその不明朗さ・不透明さを暴露する記事も出され、警察批判はとどまるところをしらない。今回の国会で成立した警察法の一部改正はたんなる改革の第一歩にすぎず、警察改革はこれからも持続した課題となりつづけるであろう。いや課題となりつづけなければならないであろう。このような今後の改革論議にさいして試行錯誤の素材でも提供できればと思って編纂に当たった。疲労した制度は改革されなければならないが、そのさい「改革しない」ことを「改革できない」ことと混同しないようにしたい。近年「改革しない」ことを「改革できない」ことと弁明することがあまりにも多いからである。

第一部は外部監察、とくに多かれ少なかれ警察オンブズマンと連関した論考を集め、第二部はそれにとどまらず、より多面的な検討をめざした論考を集めた。執筆者の都合により大陸法に関する論文がぬけ落ちたこともあり、必ずしも思い通りのものになったとはいえないが、現在の段階ではむしろ問題提起をすることの方が重要と考え、出版を決意した。資料編に当事者側の提案と野党及び野にある団体の提案の主なものを収めることにした。

この出版を契機にさらに大胆な改革論議が湧き起こることを期待している。いつものように信山社の村岡侖衛さんの精力的な編纂努力がなかったら、この本は日の目をみることがなかったであろう。執筆者を代表してそのエネルギーに改めて敬意を表したい。

二〇〇一年一月一〇日

篠原　一

篠原　一　編集代表　警察オンブズマン

もくじ

警察オンブズマン　第Ⅰ部　市民社会と警察

1　警察を考える　［篠原　一］

2　「警察110番」の経験から　［佐藤洋子］

3　警察腐敗の防止策——警察刷新会議の緊急提言と国家公安委員会の警察改革要綱を中心として　［阿部泰隆］

4　警察の電話盗聴に関する住民監査請求に思う——警察オンブズマン構想に寄せて　［広中俊雄］

5　マスコミ主体の警察オンブズマンを考える——警察の民主的コントロールの制度設計　［萩原金美］

コラム　専門家集団に外部の眼を　［飯野奈津子］

6　警察サービスと「顧客・市民・コミュニティ」［今川　晃］

1　警察を考える——序にかえて——

篠原　一
東京大学名誉教授

一　信頼を失う警察

制度は疲労する。自己改革の能力を喪失した制度は制度疲労をまぬがれることはできない。いま改革問題の争点になっている警察は、近代国家を最終的に国家たらしめている物理的強制力の一つであり、一八七〇年に近代的警察の構想が登場してきたとき、福沢諭吉は「取締（ポリス）の法」という提言の中で、これを「常務の権力」と性格づけている。(1)「常務の権力」が正当性を失いつつあるとすれば、それはその社会にとって由々しきことである。近年、職務の怠慢、人権の侵害、市民に対する閉鎖体質、内部規律の腐敗などを示す事件が相次いで発生し、警察の信頼性が急速に減退している。その全体像を示すために最初にまず世論調査の結果を一べつしておくことにしよう。

二〇〇〇年三月二〇、二一日に行われた朝日新聞の世論調査によれば警察を「信用していない」と「あまり信用していない」を合わせると六〇％になり、「信用している」と「ある程度信用している」の合計三八％と大幅な落差が生じた。いま問題になっている教師の不信度がなお三二対六二であるのと極めて対照的であり、がんらい不信度のつよい官僚・政治家に近づきつつある（第1表）。このさいとくに注意すべきことは、警察の場合、政治制度の中ではこれまで例外的に信頼度が高かったにもかかわらず、第1図でわかるように今回急速に下落したことであろう。ついに警察もか、という感じである。

また最近発表された『警察白書』によれば、六月に行われた政府調査「刑事警察に関する意識調査」[2]では、「犯罪捜査にかかわる警察の活動の評価」について、「全体的によくやっている」という回答は二〇・三％にすぎず、七二年に政府が実施した同種調査の四七・八％の半分以下になっている。より具体的な犯罪捜査（凶悪犯罪と身近な犯罪）に対する不満は別にして「全体的に不満」という人が五・八％から三七・一％に急増していることをも考え合わせれば、これまで信頼してきた生活安全や犯罪捜査に関する普通の警察活動への一般的な疑惑が、警察全体への不信度を急に上昇させたのであろう。ただこういう全き不信の中で、どの調査にもみられる一つの特色は、いわゆる身近かな警察官、つまりお巡りさんへの信頼度だけは高いということである。さきの朝日新聞調査の場合も、お巡りさんを「信頼している」七一％、「信頼していない」はわずか二〇％であった。お巡りさんだけで辛うじて警察の権威がたもたれているということであろうか。

では不祥事防止策としてはどういうことが必要とされているのか。二〇〇〇年一月一五、一六日に読売新聞が行った世論調査[3]では「警察内部でのチェックや監察制度を強化する」が四〇・四％でトップであり、

第１表　職業別信頼度

◆あなたは，これからあげるものについてどれくらい信用をおいていますか。（それぞれについて，回答カードから一つ選択）

	政治家	官僚	警察	銀行	教師
信用している	2	2	6	10	11
ある程度信用している	22	17	32	44	51
あまり信用していない	52	44	32	28	24
信用していない	22	31	28	13	8
その他・答えない	2	6	2	5	6

第１図　警察をどれくらい信用しているか

（数字は%。「その他・答えない」は省略）

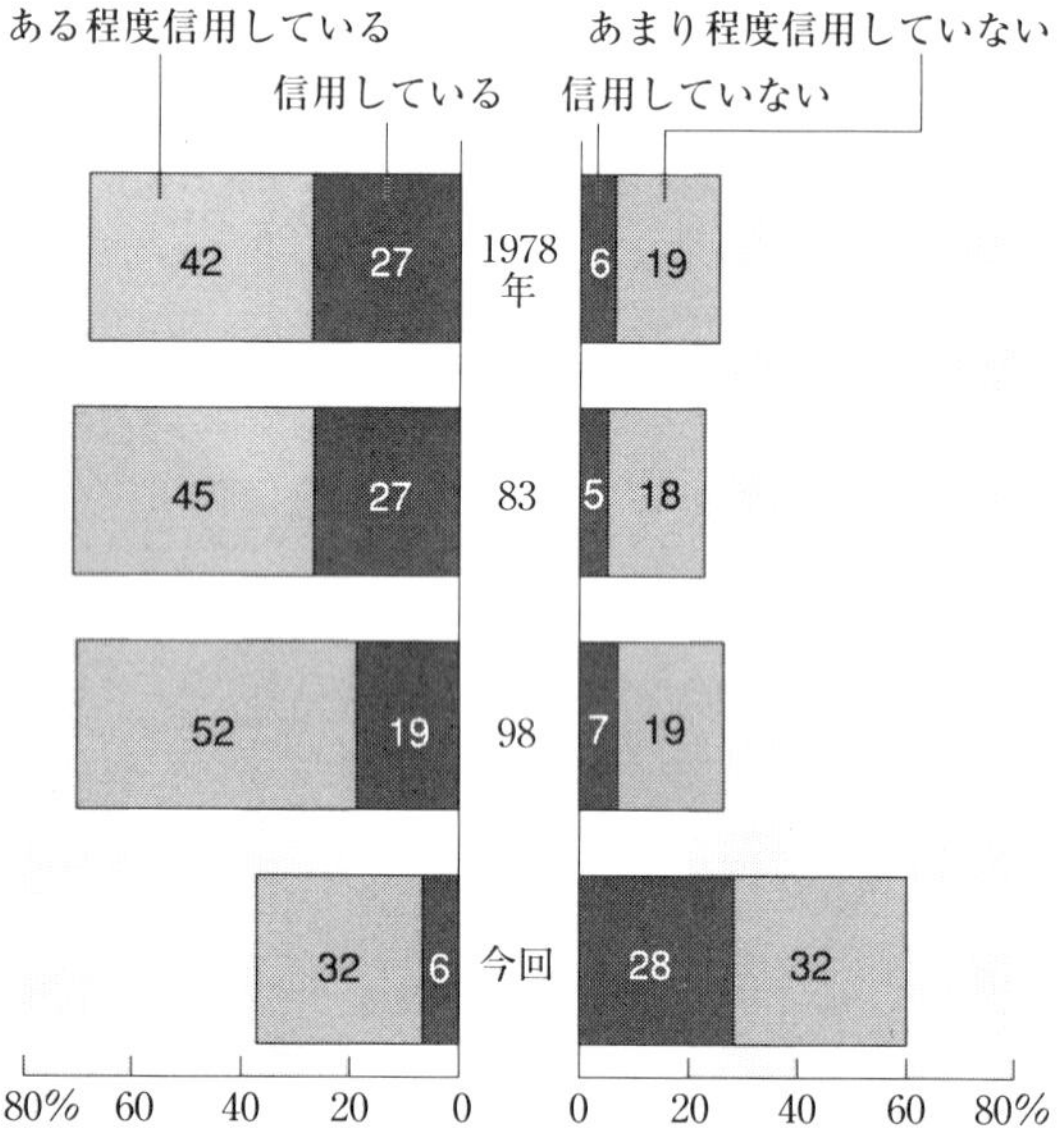

（出所）『朝日新聞』2000年３月26日朝刊。

「不祥事を起した警察官や上司への処分を厳しくする」がそれにつづいた。一般市民にとって具体的な改善策をイメージすることは困難であろうが、内部監察だけでなく、外部からのチェックが必要ではないかと考えられていることは注意しておかなければならないだろう。

日本の近代警察は、明治はじめに近世国家（江戸時代）の警察から近代的脱皮をすることによって誕生した。武士層からなる奉行所と末端の主として「非人」身分からなる番人からなっていた近世の警察は、強い中央集権制の樹立と警察官を武士身分から補給することによって、近代国家の警察という形をとることになった。そして警察の中心は予防を主眼とする「行政警察」であるとされたが、明治国家そのもののもつ権威主義と、武士出身からなる巡査（はじめは邏卒）、それに「戸口調査」にみられる国民生活への全面的介入などが原因となって、次第にオイコラ警察となっていった。そのうえ行政警察の中の政治警察、つまり「国事警察」が自由民権運動の台頭する中で力をまし、やがてこれは警察の代名詞となるような、悪名高い特高警察へと発展することになった。

しかし敗戦ご、警察は民主警察に生れかわり、「個人の権利と自由を保護し、公共の安全と秩序を維持」する、不偏不党且つ公正中立の機関として出発することになった。敗戦ごしばらくの間は政治対立がはげしかったこともあって、それに対処する警備・公安警察に対する批評はきびしく、またオイコラ的権威主義文化もなお残存したが、生活安全、犯罪捜査、交通などの警察活動に対する信頼度は高かった。警察一般に対する信頼度がコンスタントに高かったのは、日本の市民社会の安全と安心に努力してきた民主警察への一つの反応であろう。しかしいまやこの中心部分の制度が軒並制度疲労をおこすことによって、生活安全部の中の地域部門としての「お巡りさん」（八万名）だけが信頼される制度になってしまった。いま自己内省とそれにもとづく自己改革ができない限り、権威の回復は不可能であろう。しかも時代は人間関係の個人化、価値や権威の多元化などに示されるように急速に変化し、これはこれまでの近代社会の構造的変容とも考えられるので現在提示されている内部的改革だけではやがて行詰り、おそらくより抜本的な改革がおそかれ早かれ求められるようになるであろう。歴史的転換期であるからこそ、徹底的な問題の解明と多様な改革案の提示が必要とされる。

二　自己内省が求められる時代

いま存在している警察が近代の産物であることについてはすでにのべた。しかし西欧の近代国家においても警察はそう簡単に機能するようになったわけではない。近代的警察のはしりはイギリスにおける一八二八年の警察法の制定とそれにもとづくロンドン警察の設置であろうが、十九世紀前半は一般的にいって警察は存在しても機能しないことが多かった。たとえばこのころ資本主義の進展にともない、農村では共有地の私有化がすすんだ。共有地を利用してきた農民たちはそれを了承せず、木材泥棒などの犯罪が多発したが、人々は私的な実力行使によってこれに対抗し、警察は権力を行使できないことが多かった。そのような警察が文字通りの法執行能力をもつようになったのは十九世紀後半のことであった。そしてこのように欧米諸国で警察権力が確立しはじめたときに、わが国で近代警察が導入されたということは注目に値する。そのため警察の役割に対する期待がわが国の場合はじめから疑われることが少なかったのではないだろうか。

もちろん警察のあり方は国によって異る。たとえばイギリスの場合は行政のシステムの中に位置づけられ、そういうものとしてコントロールさるべきものとして存在したが、アメリカの場合はより政治的色彩をおび、地方的政治マシーンの影響をうけ、ローカルな利益とか人種的偏見に直接さらされることが少なくなかった。アメリカでも二〇世紀に入ると警察改革が行われ、かつての「政治性」はうすれていくが、この伝統はのち種々の外部監察制度が採用されたときにも微妙な影響を与えているように思われる。このことはアメリカでの改革を考えるときに念頭においておく必要があるであろう。

なお、十九世紀後半のヨーロッパでは窃盗が減少し、集団的な犯罪がふえるが、これは労働運動が台頭し、働く人を組織化するにつれて減少したという。しかしこれは「国事警察」の強化によるものではなく、労働者の側の自己組織化と自己規律化によるものであった。この点、人権擁護をすすめるために将来市民社会のネットワークと権力介入との関係をどう構成するかという問題を考えるさいに留意すべきことであろう。

さて、二〇世紀に入ると、これまでのように近代国家の集権化、画一化による規制権力の強化のほかに、牧民官のように国民の面倒をみる機構としての行政国家・福祉国家が登場してき、いわゆる規制権力の上に「生かす権力」（フーコー）が重畳することによって国家権力はさらに肥大化し、国民はえてして依存者としての性向をもたされることになった。(4)「保傅《ほふ》の精神」で、つまり子守役として父母に代って国民の面倒をみるのが警察の任務だという日本警察の創設者川路利良の言葉が皮肉にももっとも妥当する状況となったのである。しかしこの権力の肥大化とともに警察に対する苦情、不満が増大し、内部的にも外部的にも警察をコントロールする組織の創設が求められることになった。このような要求に対していかに反応するかは国によって異なるが、自己修正や自己改革のできない近代国家はおそらく新しい時代に生きのこることはできないであろう。そして権力機構自体の中で自己改革ができなければ、それを支える市民社会がそれにのり出さざるをえない。わが国はまさにそういう転機にたたせられている。

そのうえ、警察の役割はがんらい人権尊重と秩序の維持、人権擁護と人権の侵害という緊張関係を内包したものであり、本来コントロヴァーシャルな（一義的でなく、論争的な）存在であることを考えると、近代国家に要請されて自己内省性の必要はいっそう強まらざるをえない。[5]

自己内省的近代化（reflexive modernization）という言葉は最近社会学者ギデンズやベックによってとなえられているものである。それによれば、近代社会が伝統の維持を目的とする伝統社会とことなる点は、近代社会は「新たに得た情報によってつねに吟味、改善され、その結果その営み自体の特性を本質的に変えていく」ところにあるという。[6] ベックによればそれは近代のもつ自己対決性である。[7] ベックはこういう観点をさらにすすめて、近代社会はこの自己対決性をへることによって「第一の近代」から「第二の近代」へと変貌しつつあるという。たとえば、科学は近代においてはこれまでの神に代って信仰となってきたが、いま最先端の科学ですら誤謬可能性を内包したものとなり、また市場経済は豊かな社会をつくり出したが、その胎内から環境破壊という、とほうもないリスク社会を出現させ、こうして近代は「連続性」をたもちながらも大きな転換を迫られている。これらの問題についていまここでくわしくのべることはできないが、オンブズマン、地方分権の強化、公安委員会の公選、訴訟援助、情報公開、内部告発など、これから提案されるであろう諸方策も、権力の自己内省性、自己対決性のあらわれと考えてよいであろう。

三　監察の内部性と外部性を組みあわせる――オンブズマンを中心に

「常務の権力」の自己対決性が問題であるとすれば、内部改革によって自らをコントロールすることも重要であるが、外部のコントロールに自らをさらす道を選ぶことの方がよりドラスティックな処置であると思われるので、ここではその一つの形態であるオンブズマンを中心に諸外国の傾向をいちべつすることにしたい。警察を監督するために、捜査権をもつような警察的機関、いわば警察の警察をつくる試みもないではないが、ここでは自己内省性を重視するという意味において、独立性・中立性を保証されながら、強制力ではなく、主として勧告による効果に依拠するオンブズマンないしオンブズマン的な他の苦情処理システムを例示的にとりあげる。

いうまでもなくオンブズマンの祖国はスエーデンであり、ここでは議会オンブズマンが十九世紀はじめに制定された当初から警察もその監察対象にふくまれ、むしろ警察や司法の監視が主たる任務であった。当時と比較して比較にならないほど行政の範囲が拡大した現在においても警察への苦情は全体の一〇%をこえ、ビック・スリーの一つとなっている。(8) ここでは、デモの許可を不当におくらせたとか、ベトナム反戦・アメリカ帝国主義反対のデモに参加した学生を罵って小突いたとか、求められたのに警察の身分証明書を見せなかったというような場合にもオンブズマンは戒告する。(9) なおスエーデンではオンブズマンに公務員を訴追する権限も与えられている。このように議会オンブズマンないし総合オンブズマンが機能している社会では、警察はおおかたその管轄下にある。北欧やその他のヨーロッパ諸国、イスラエル、ニュージーランド、オーストラリアの四州、アメリカのミシガン州などそれである。

オンブズマン制度の普及は第二次大戦ごのことであった。第二次大戦ご行政が肥大化しそれに対する市民の不満が累積したため各地でオンブズマン制度が採用されるようになった。そしてこれまで「議会の代理人」であったオンブズマンは巨大な権力に対して市民の権利と利益を守る「市民の代理人」としてのオンブズマンになり、警察もその監察の下におかれることとなった。具体的例をあげれば、オーストラリアにおいては州からはじまり、やがて連邦レベルに達した。しかしオンブズマン制度導入にはがんらい反対がつよく、そうした反対を和らげるため、はじめは限定的な形で導入されざるをえなかったが、一つは首相府からの独立、もう一つは権限の拡大という形態をとって次第に発展した。一九七五年にオンブズマン制度を採用したニューサウスウェルズ州の例をとれば、まず一九八九年に首相府から独立し、一九九三年には警察に対する調査権および監視権を与えられることになった。そして書面による苦情申立ての中で警察に対する苦情は全体（七七〇九件）の六九％（一九九五—一九九六年）に当り年々増加する傾向にある。[10] 申立件数の増加に見合う予算措置がされていないために機能障害がおこることがおそれられているとさえいわれている。

総合的オンブズマンの機能の一つとして警察を管轄下におくのがこれまでのべてきたオンブズマンの例であるが、もちろん単独のオンブズマンや類似の苦情処理システムもある。一九八五年に設立されたイギリスの警察不服庁（ＰＣＡ）はそれである。これには捜査記録閲覧権はなく、警察自身の内部調査を求めるか、あるいは他の警察単位に調査を命ずる点が、通常のオンブズマンとやや異るが、その代り高級警察官に対する懲戒権をもっている。ここでは外部監察と内部監察が連動したものとも考えられ、新しい制度提案をするさい一つのヒントを与えるものといえよう。カナダの多くの州においても、警察は総合的オンブズマンの管轄の下にではなく個別の警察オンブズマンとしておかれている。

もちろん新しい時代の特徴をあらわすものとして、公的オンブズマンだけでなく、アメリカの警察苦情センター（The Police Complaint Center）のようなＮＰＯや「警察一一〇番」などの市民組織の活動がみられるが、このような民間的な監視機関として最大の役割を果たしているものにマスコミがあり、これがいかに機能し、社会全体の中でいかにより効率的に組織化されるかは、いまわれわれに問われているもっとも大きな課題の一つであろう。

権力機構に自己内省性・自己対決性を期待することは難事であり、最近の一連の警察不祥事の処理をみても、内部監察ですら著しく困難であることが示された。自ら身を切ることのむずかしさのあらわれといえるが、とすれば外部的な監察システムを導入するためにはなおいっそうの膨大なエネルギーが必要とされるであろう。おそらくかなりドラスティックな政権交代がない限りそれはむずかしいとも考えられる。そしてそういう場合にもたんに警察のうえに警察を重ねる方法よりもむしろ監察の内部性と外部性をどう組み合わすかという点に慎重な配慮をする必要があり、こんごとも諸外国における経験とアイディアに学ぶところが多いであろう。

四　内外からの提案に柔軟な対応を

周知のように、二〇〇〇年七月警察刷新会議は国家公安委員会に対して「警察刷新に関する緊急提言」を行った。そこではまず「目下の事態は深刻であり、一刻も早く処方箋を提言し、緊急に実行に移さなければならない」と危機感がのべられている。その内容に関する分析と批判はここでは行わないが、それ自体は新しい状況に対する内部改革の第一歩として認められてしかるべきであろう。とくに「終わりに」の項における「ここで大切なことは、警察が受け身にならず、自ら改革案を提示できるだけの自発性と意欲を持ち続けることであろう」という表現は評価されてよいであろう。

しかしこれで内部改革は十分であるとはいえないし、何より第三者機関による外部監察の導入の適否について、「警察の組織や業務に精通している者が当らなければ実効ある監察とはなり得ない」、また職員の不祥事の調査を警察以外の組織に行わせることは適当でなく、さらに厳正な処分のためには監察と人事との緊密な連携が不可欠など否定のための理由をあげているが、こういう企業一家的、組織防衛的な態度は、これまでの不祥事の経緯からみて説得力をもっていない。

警察は他の機関と同様近代が進行するにつれて専門化し、市民と警察は同じレベル、同様な地位にあるというこれまでの伝統的観念は希薄になった。また同時に警察組織が巨大化し、内と外の境が明確化して、その閉鎖性とヒエラルキー化がつよまった。それだけにこの組織の近くにいる人はその内実がますますみえなくなってきているのであり、外部からの眼がとくに必要とされる事態になった。

ところで、外部のものにはわからないという観念がまかりとおれば、オンブズマンなどの苦情処理システムはそもそもありえないこととなり、デモクラシーはもとより、市民が議会をつくり、自らコントロールするという市民社会の原理すら成りたたなくなってしまう。専門化されたものこそ市民の眼にさらされなければならず、そのチェックの方法を考案し、またその提案を現実化するだけの力を市民はもっている。現代の市民は国家の依存者、ここでいえば警察サービスの消費者になっている側面のあることも否定できないが、他方自己実現を求める成熟した市民層も広汎に発生している。たとえば、警察の情報公開を求める要求はつよく、警察であるがゆえの非開示性の強調（裁量権の附与）などは今後おそらく通用しないであろう。抵抗にもかかわらず世の中はそのような方向に動いていくはずである。そしてこのような市民層の存在を前提に改革をすすめていかない限り、二一世紀の変化にも対応できないであろう。

もっともわれわれは二一世紀の展開など予測することはできない。学者の未来学ほどあてにならないものはないから、余り将来を論ずることはしたくない。ただ現在の流れの中から気付く点をいくつか指摘することはできる。警察に関していえば、通信傍受法のように、従来の「取締」を延長、拡大する傾向もあり、そのためにも外部観察の必要性が高まらざるをえない。これは連続性に関することであるが、非連続性と思われる現象もある。つまりこれまでとはことなる地平において警察力が浸透するような傾向である。たとえば幼児虐待とか家庭内暴力のように、従来なら全くプライヴェートな領域、私的世界の中でもっとも私的なはずの家族のトラブルに対して警察の出動が要請されるようになっている。たしかに現代においてはプライヴェートの境をとじればとじるほど、個人暴力が猛威をふるう傾向がある。そこでこれからはこの私的な世界を第三者に開き、そこでの解決を計らなければならなくなっている。しかしここに直接的に警察が入りこむことには問題があり、またそれらは社会的構造の変化にともなっておこっている現象であるだけ、個々の事件への警察の出動だけで問題は解決しないであろう。おそらくさまざまの非権力的紛争解決の道が計られていくことになるであろう。

最近新しい意味で「社会資本」という言葉がつかわれている。これはこれまでのような社会公共資本というような「物」的なものではなく、人々の連帯とネットワーク、自立した個々人の間に形成される市民社会のモラルをいかにしてつくるかという「連帯の技法」に関する問題である。こういう人的「社会資本」が形成されてこそはじめて、市民社会のトラブルは解決に向い、またよりひろく人権の擁護が達成されるようになるであろう。どこの国でも市民社会論が華やかなのは、決して十八世紀の議論をむしかえしているのではなく、新しい時代の、さきの言葉でいえば「第二の近代」の問題として論ぜられているのである。とすれば警察はこれらの市民社会の背後にあって、それと連携し、それを支えるサポーターとしての役割にとどまるべきなのかもしれない。そしてそのようなときもっとも有効に機能するであろう。ここでもまた警察はコントロヴァーシャルな存在である。しかしこれは警察というよりはむしろ市民社会の問題であろう。

ともあれ警察はこれまで存在してきた自己の改革のために文字通り「自発性と意欲」をもち、また内外の提案に対して柔軟に対処しなければならないと同時に、新しく展開される時代に対してもまた開かれた眼をつねにもちつづけなければならないだろう。

（1）大日方純夫『近代日本の警察と地域社会』、筑摩書房　二〇〇〇年、八頁。
（2）『警察白書』平成十二年版、五一頁。
（3）『読売新聞』二〇〇〇年一月二七日号朝刊。
（4）篠原一「オンブズマン制度を自治体に導入して」、篠原一・林屋礼二編『公的オンブズマン』、信山社、一九九九年、七〜一〇頁参照。
（5）Jared Day, 'Police', in Peter N. Stearns ed. Encycropedia of Social History, 1994, p. 566.
（6）アンソニー・ギデンズ『近代とはいかなる時代か?』、而立書房、一九九三年、五五頁。

（7）ウルリッヒ・ベック他『再帰的近代化』、而立書房、一九九七年、一八頁。
（8）潮見憲三郎『オンブズマンとは何か』、講談社、一九九六年、四九頁。
（9）同上書、二〇六頁。
（10）自治体国際化協会『オーストラリアにおけるオンブズマン制度と情報公開法について』Clair Report Nr. 162, 一九九八年、一〇頁。

2 「警察一一〇番」の経験から

佐藤洋子
神奈川ネットワーク運動副代表

一　はじめに

一九九九年九月、神奈川県警厚木署で起きた集団警ら隊の暴行事件をはじめとし、その後は、堰をきったかのように次々に神奈川県警の不祥事が市民の前に明らかにされました。相模原南署の（元）巡査部長が女子大生を脅迫する目的で押収フィルムを持ち出した事件、県警本部長自ら指示した（元）警察官の覚醒剤使用もみ消し事件などが、それらの一端です。市民生活の安全の確保に向けて、日夜職務を果たしていると信頼を寄せてきた警察の連続不祥事は、市民にとって本当に驚くべきことでした。厚木署と相模原南署の不祥事に関しては、記者会見の内容が二転三転するなど事実を隠そうとする県警の体質がはっきり伝わってきました。そこで、「神奈川ネットワーク運動」と「神奈川ネットワーク運動・県議団」は、まだまだ表には出ていない事件があるのではないかと捉えるとともに、議会の追及が非常に甘いという状況もあったことから県警と県議会の調査に協力する意味で市民レベルの調査活動として「県警不祥事見たら聞いたら一一〇番」（一九九九年九月）、「改革したい！　警察職員ＯＢの声一一〇番」（一九九九年一二月）を実施しました。また、市民のために機能する警察への再生を期待して、市民から政策提案しようと「市民による市民のための警察再生への緊急フォーラム」（一九九九年一二月）を開催しました。そして、県警不祥事をめぐっては、巨大与党会派が運営を牛耳っている県議会の追及は全く迫力に欠け、警察行政を所管している「防災警察常任委員会」にメンバーがいないために歯がゆい思いをしながらも「神奈川ネットワーク運動・県議団」は、神奈川県警察本部長に「県警の過去の懲戒処分件数や再発防止策、情報公開制度の導入など」に関して神奈川県議会会議規則第八三条第二項の規定に沿って「質問趣意書」を提出し、文書による質問によって事実を明らかにしてきました。また、県議会で警察行政を所管している防災警察常任委員会に防災警察常任委員会調査会を開催するよう県議会議長ならびに防災警察常任委員会委員長に「防災警察常任委員会調査会の開催に関する申し入れ書」を提出しました。しかし、県警連続不祥事という緊急事態にもかかわらず対応は大変鈍く、やっと開かれた常任委員会調査会での議論や調査も不充分というありようでした。

このような情勢の中、「参加・分権・自治・公開」を政治理念に活動しているローカルパーティ（会員四七〇〇人）の「神奈川ネットワーク運動」と、現在四人のＮＥＴ議員で構成している「神奈川ネットワーク県議団」が、これまで取り組んできた調査活動、県議会での活動などを皆様にお伝えするとともに、警察再生への市民政策を提案します。

二　市民レベルの調査活動

第一弾「県警不祥事！　見たら聞いたら一一〇番」

次々にマスコミによって明るみにされる神奈川県警の連続不祥事は、市民の警察への信頼を根本から覆すものでした。にもかかわらず県警の調査や原因究明の活動は内部に甘く、市民の信頼を得るにはほど遠い動きに終始していました。また、監督権限がきわめて大きいと法的にも位置付けられている公安委員会の動きも市民には全く見えない状況でした。さらに、警察行政の見張り役とも言うべき県議会の取組みも消極的であったことから、実態がなかなかあきらかにされませんでした。一連の事件が警察の構造から引き起こされたものと考えれば報道されたのは氷山の一角に過ぎないのではないかと捉え、警察内部と県議会に加え、市民の調査をすすめるために、「神奈川ネットワーク運動」と「神奈川ネットワーク運動・県議団」は、一九九九年九月二三日から二五日までの三日間「県警不祥事！　見たら聞いたら一一〇番」を開設し市民の意見や被害の通報を電話、ＦＡＸで受けつけました。受けつけた件数は総数五八件にものぼりました。議員やスタッフ、ネットメンバーが対応しましたが、一連の不祥事に対する市民の関心が高いことや県警への怒りや不信感、疑問などが如何に多いかを実感させられました。調査結果については表1に示している通りですが、男女の差をみると男性からの声が多く、年代は一〇代から七〇代までの広範にわたっています。

この調査結果の中の三件については、一二月九日に県警本部長ならびに県警監察官室長に調査を依頼しました。調査結果については書面での回答を要請しましたが、口頭での回答を受けたに過ぎず、テープ録音についても押し問答をしましたが同意は得られませんでした。三件について監察官室長は、通報者の通報内容と県警の当該警察署への事実経過の確認結果にズレがあることを指摘し、各々の案件については、当該警察官に対し厳重に注意するなど適切に対応したと回答しました。また、「ネットの調査依頼書が監察官室となっているが、広報課としてほしい。市民からの苦情の電話が多く、一一〇番がつながらなくなった時期があった。一一〇番が機能しないというのは住民にとって大変な事だ」との話がありました。この件については一一〇番が市民にとって大事なものであるのは当然のことで、緊急以外の苦情などをどこで受けつけ迅速にこたえていけるのか市民にわかるようにすることこそすぐに取り組むべき課題であり、市民に解らないようにしてしまっているシステムの解決こそが大事と考え、警察には検討課題にするよう申し入れました。また、調査依頼事項に関連して各警察署の女性警察官の配置について聞きたいと思い、最初に監察官室長の勤務していた警察署は、どこで何人くらいだったのかと質問したところ「勤務していた署の名前は言えない。女性警察官については大規模署（約一五〇人）で一〇人から一五人、どこも一割未満」という回答に驚きました。警察の人件費は税金で支払っている現実からすると、情報公開以前の情報提供として各警察署の警官の人数は明らかにされるべきものと考えます。

第二弾「改革したい！　警察職員、OBの声一一〇番」

第一弾で実施した「県警不祥事！　見たら聞いたら一一〇番」に寄せられた声の中には、警察職務の関係者からの声もあり、神奈川県警の後を絶たない不祥事に対し現場からの意見・通報を受けつけようと一九九九年一二月一四日から一七日までの四日間「改革したい！　警察職員、OBの声一一〇番」を実施しました。受けつけた件数は、一五件で第一弾と比べると少ない数でした。しかし、市民からの通報が多く、監察医制度（死体解剖保存法）のあり方など今後の課題となる深刻な内容のものがあったことや、一件の受付時間が長かったのも今回の調査活動の特徴です（表2）。

この二つの市民レベルの調査結果からも、警察に人権意識が著しく欠落していること、そして、国家権力のもと特別意識を持ち合わせ市民に対し強権的に振る舞う体質があること、仲間をかばう、内部に甘い、上司に弱いということから相互牽制力が全く機能しない職場であることや密閉型の縦型組織であることなどが明確になり、もはや、県警内部で事件の徹底解明するという自浄作用は機能しないことも判明しました。

三　「市民による市民のための警察再生への緊急フォーラム」の開催

神奈川県警の連続不祥事の発覚以降、全国の県警での不祥事が次々に明るみに出され、警察への市民の怒りと不信は募るばかりです。神奈川県警の不祥事の要因が、警察の密閉型、人権意識の欠落、上意下達型といった組織構造にあることや、県警が神奈川県という自治体の警察であるのに、その組織は国の警察庁に直結し、中央集権化されていることにあることもわかりました。また、「公安委員会」があるにもかかわらず、その働き（機能）が市民には見えてきません。警察組織の構造、公安委員会との関係など、総合的に警察行政を捉え、市民のために機能する警察へと変えていくのは市民自身ではないかと考え「市民による市民のための警察再生への緊急フォーラム」を一九九九年一二月八日、神奈川ネットワーク運動主催で開きました。コメンテーターにノンフィクション作家の小林道雄氏を迎え、県議四人がパネリストとなり約七〇人の参加者と警察組織の問題点や改革案について意見交換を行いました。会場には、警察官志望の男子大学生の参加もあり「不祥事については、やったらやったと素直に認めてほしかった。今日の議論を将来の仕事に生かしたい」との声を聞き、彼のような思いがあって警察官になっても、そのことが報われる組織に変えていかなければ意志ある若い世代にこたえることはできないでしょう。このフォーラムで、コメンテーターからは、「警察組織の改革は、チェック機能だけを強化するのではなく、情報公開や、公安委員の公選制などをすすめ風通しの良い組織にしていくことが重要である」などの提言があり警察組織の民主化への課題を参加者で確認しました。

四　神奈川県警連続不祥事に対する「県議会」の動きと「神奈川ネットワーク運動・県議団」の活動

一九九九年九月に県警の連続不祥事が連日のように報道され、事態の確認や原因究明をするために警察行政を所管している県議会の「防災警察常任委員会」が開催されるものと考えていましたが、開催に至るまでの動きは鈍く九月一三日にやっと開催されました。しかし常任委員会ではなく「防災警察常任委員会調査会」として開催され、協議事項として取り扱われるにとどまりました。ちなみに神奈川県議会の常任委員会は市民に公開されていませんし、議事録も要点筆記で発言者名も明記されていません。ましてや「調査会」となると市民の傍聴は勿論のこと議事録も公開の対象にはなっていないのが現実です。このようなかたちで重要な課題となっている案件を議論する事は大変不本意なことですが、大きな会派中心の議会運営上どうしようもなく、「防災警察常任委員会調査会」での各委員と県警当局とのやりとりを傍聴しました。当日の朝に各報道機関が報道した厚木署の集団警ら隊で起きた暴行事件の処分案について警察本部長が軽減を促したということを取り上げ「報道内容は真実なのか」という委員の質問に、警務部長は「当時［事件を起こした当事者である二人の巡査部長とも新婚で一人の奥さんは身重であったので検討できないかなあ］との尋ねがあった。しかし、二人の状況は本部長に言われるまでもなく承知していた。処分案は、本部長の指示によって当初の諭旨免職から停職処分にしたのではなく、あくまでも事務方で総合的に考えて案をつくったものだ」と答えました。また、事件の発生から処分まで対処している県警監察官室長も「指示によるものではない」と繰り返すばかりでした。結局、処分案は、懲戒審査委員会（内部組織）の勧告や本部長の決済を経て停職三ヵ月と決定されたことがわかりました。これらの答弁の後、質問をした委員の、「マスコミに対して厳重に抗議すべきではないか、今の答弁で真相がわかった」などの発言を聞き唖然としてしまいました。県警の最高幹部から「検討できないかなあ」と言われたらそのことが何を意味するのか推して知るべしです。他にも県警の記者会見の内容が二転三転したことへの質問があり、それには、警務部長が「一部報道が先行し齟齬が生じ、事実ではない報道をしてしまった」と責任を他者にあずけるような発言があったにもかかわらず委員会では、県警本部における情報伝達のあり方が課題とされました。本部長への質問もなく、事態への追及も甘く、これでは行政をチェックする立場の議員、議会がその機能を失っていると言われ、噂される交通違反のもみ消しなどが警察と議員の間で実際あるのではないか、と市民からうがった声が出されても仕方がないかもしれないとさえ感じました。この「調査会」では、今後の対策として警察当局から職業倫理委員会を設置していくことや倫理綱領の作成など不祥事の再発防止への取り組みが示されましたが、今回の事件の教訓は、公務員としての個人の倫理観の確立ということだけではなく、組織構造そのものの改革こそ重要課題としてとりくむことなのですが、県警にその方針はないようです。県警を県の情報公開制度の実施機関の対象にすることや自治体議会の改革にも一層取り組んでいかなければならないことを実感させられた「防災警察常任委員会調査会」でした。

九月議会では「神奈川ネットワーク運動・県議団」は本会議での発言のチャンスがありませんでしたので「質問趣意書」を提出し警察本部長に対して文書による質問をしました。質問内容は、事件が警察の不透明な構造や体質に起因していると捉え、密閉型組織という体質を一掃することが不祥事の再発防止には不可欠であり、そのことが市民の信頼の回復のために必要なことであるとの観点に立ち、①過去五年間における県警職員の分限処分、懲戒処分、刑事処分の件数とこれらの処分に係わる事件ごとの概要（事件の経過とその内容、処分の種類とその程度など）、②不祥事に関する県警内部の連絡・報告体制の確立の有無（体制が確立されている場合は、その内容）、③情報公開に対する考え方などです。答弁書からは、県警職員の処分について県に報告していた件数より少なかったという事実が明らかになりました。毎年、各都道府県は自治省に職員の処分件数について各部局から報告された件数を一覧表である「地方公務員制度の実態調査」に記入して提出することになっています。県警への質問に先立って「ネット・県議団」は、知事部局、企業庁、教育庁の処分件数を「実態調査」での処分件数から差し引き、警察官の処分件数を推計していましたが、県警の回答は、それよりも多いことが分かりました。こうして県警の虚偽の報告によってまた市民の不信感を募らせることになりました。不祥事に関しては監察官室が中心になって対応しているとの答弁内容でしたが、監察官室が、これまで大規模警察署の署長になる前の待機場所的に位置付けられてきた経緯もあるようなので、今後の監察官室のあり方そのものが課題になっています。情報公開に対する考え方は慎重で他都市の動向や国の意向を重視している傾向があり市民の側に立った積極的な取り組みには至っていません。

さて、県警本部長は、九九年九月初旬、県警厚木署警ら隊集団暴行事件に端を発し次々に明るみになった連続不祥事の責任をとり辞職しました。こうして、新たなスタートを切った矢先に「元警察官の覚せい剤使用もみ消し事件」が、明るみに出ました。元県警本部長をはじめとする県警幹部が、覚せい剤を使用した警察官の隠蔽工作をはかり、もみ消していた事実が判明し、市民の怒りは頂点に達しました。しかし、このような緊急事態においても議会の動きは鈍く、閉会中（この時は、一二月議会開会前）であっても委員会を開催すべきと考え、「ネット・県議団」は、議長と常任委員会委員長に「防災警察常任委員会調査会の開催に関する申し入れ書」を提出し、開催を要請しましたが、結局、開催されたのは、一二月議会中の定例常任委員会後調査会が設置され開かれたに過ぎませんでした。しかも県議会の運営上、常任委員会は、同時開催になっているためにネットの議員は傍聴することもできませんでした。傍聴していた報道機関にヒヤリングをしてもやはり追及は甘く市民が満足するものではなかったようです。

また、「防災警察常任委員会調査会の開催に関する申し入れ書」を議長に提出すると同時に、新たな不祥事、しかも県警の最高責任者であった人物の不祥事で頂点に達した市民の怒りを表すメッセージ「まだまだ終わらない県警不祥事、自からの力で不祥事を洗い出し、［自首］してください。［ごめん！　で済めば警察いらない］と言われてきたんですよ！」を新任の県警本部長に「神奈川ネットワーク運動」として送りました。

さて、神奈川県警の連続不祥事から端を発した警察の不祥事は全国に拡がり連日のように報道されています。この事態にどのように他の都道府県議会が機能したのか「ネット・県議団スタッフ（三人）」が、一九九九年一年間に発覚した事件に対し、調査会の有無、議会での県警不祥事に対する対応、議事録の公開などについて聞き取り調査をしました（二〇〇〇年九月実施）。一九九九年一年間で警察不祥事があったのは四七都道府県中、一都一道二府一七県に及んでいることがわかりました。しかし、表3が示すようにどの自治体議会も貴重な税金を多額に執行している警察行政をチェックする議会の機能は果たしきれてはいないのが実態です。議会の調査、審議機能が問われていると言えます。また議員と警察の関係についても市民から勘繰られるような要素があることも共通している点です。

五　これまでの調査・活動結果から市民政策を提案

(1)　市民から信頼される警察行政（公安委員会を含む）は、情報公開を徹底し市民の「知る権利」を保障することです。県警は、捜査情報の秘密が守れなくなるなどの理由で各警察署に配属されている女性警察官の人数や幹部職員が自分自身の勤めていた警察署も明らかにしないなどということは、市民の常識では考えられないことです。神奈川県の一九九九年一般会計予算では約二〇〇〇億円の警察費が計上され執行されています。県警職員が公務を担っているという職務の性格上、市民から職務の公正性を問われるのは当然のことです。二〇〇〇年四月に改正された神奈川県情報公開条例の実施機関の対象にはなりましたが（警察については二〇〇一年四月からの施行）情報を非公開にする場合、国の情報公開法に沿って「支障を及ぼすおそれがあると実施機関が認めるにつき、相当の理由がある情報」とされ県警の裁量権を認めたかたちになっています。また不服を申し立てても審査される機関がつくられているわけではありません。このように不備な点はいくつかありますが、今後市民が制度を活用し提案することが重要と考えます。

(2)　本当に独立した自治体警察とするために分権をすすめることが必要です。各自治体警察ごとに組織や活動に独自性があっても良いと考えます。地域の市民社会に依拠した警察行政が展開されれば市民にとっても透明度の高いものになるはずです。警察官のキャリア、ノンキャリアという人事の二重構造も不必要になってきます。自治体警察の予算も国と自治体予算の二重構造になっており国費、国庫補助金、県予算の三層で構成され、国費、国庫補助金に関しては詳しいことは市民には、わからないシステムになっています。自治体警察は当該の自治体予算で運営されることが基本と考えます。

(3)　公安委員会委員を公選制にし公安委員会に独立した事務局を設置して本来の機能が果たせるようにし

ます。現在のように県警の方針の追認機関、了承機関的な存在になってしまっていては警察行政の民主化ははかれないと考えます。

六　おわりに

神奈川県警の連続不祥事は、神奈川県という自治体の警察であるはずの県警が、実は、人事も予算も国の機関である警察庁に直結し中央集権化していること、上意下達型・密閉型の組織構造であり著しく人権意識が欠落しているなどの問題を露呈しました。二〇〇〇年四月から地方分権一括法も施行されてはいますが、道路や河川、教育という分野と同様、対象にならなかったのが警察です。神奈川ネットワーク運動の「参加、分権、自治、公開」を政治理念とする「参加型政治」「生活者政治」の対極に「警察」があると考えます。また、議会の動きが鈍いことに関しては、とりわけ民主度が低い（ネット・県議団が、二〇〇〇年二月に実施した公開度などに関する四七都道府県議会へのヒヤリング調査結果によると神奈川県議会は最下位）（表4参照）神奈川県議会の運営の民主化が課題です。これまでもあらゆる機会を捉え、提案しアクションをおこしてきましたが今後も続けて取り組んでいきたいと考えます。

「神奈川ネットワーク運動」は、市民主権による社会を築くために警察行政に関しても市民レベルでの調査や活動（地域でミニフォーラムを開催するなど）を通し今後も市民政策を議会等で提案します。

表1　「県警不祥事！　見たら聞いたら110番」調査結果

1999.10.1
神奈川ネットワーク運動代表　又木京子

	内容	性別	年齢（代）	匿名	相手の名前が特定されている	備考
A．現在明るみに出ている事件と同類のもの						
19	40代の警察官に兄が補導されたとき、携帯の電話番号を聞かれ交際を迫られた。	女性	10	匿名		
29	県警の機動隊に所属していた息子が先輩からいじめや暴行をうけ除隊した。 勤務あけに呼び出され、酒を強要されたり殴られたりした。	女性	50	匿名		
B．警察官による暴言、暴力、おどし						
1	交通違反取り締まりの警察官の態度言葉づかいがひどい。	男性	40			
2	交通事故の実況見分中、怒られ怒鳴られ続けた。	男性	40	匿名		
4	傷害事件の被害者なのに写真を撮られた。	男性	70			
6	飲酒運転の警察官にひき逃げされた。県警に脅迫され示談に応じた。	男性	50			
7	交通事故の捜査の時、暴言をはかれた。実況見分書も事実と反している。	男性	60		○	
8	交通事故の捜査の時、暴言をはかれた。（厚木署の交通係）	男性	40	匿名	○	
13	藤沢駅近くのホテルで盗難にあった際、警官に暴言をはかれた。	男性	50			
17	傷害事件を刑事課班長にもみ消され、書類を焼却したと言われた。 告訴したらパトカーにあとをつけられ身の危険を感じている。	男性	50			
18	傷害事件の被害者なのに不当な扱いをうけ、警察は加害者に有利な動きをした。	男性	50	匿名		
20	97年就職詐欺にあった。県警の相談室から刑事課詐欺係に回された書類が紛失し、問い詰めると「いちゃもんつけるのか」と言われうやむやになった。	男性	60	匿名		

25	思い当たるふしがないのに、警察官から暴行をうけた。(平塚警察署)	男性	60			
27	面識のない警官から「生活保護をうけているね。」と言われた。人権侵害ではないか。	男性	50	匿名		
28	放置自転車をまだ使えるから、と知人に勧めただけで不当な扱いをうけた。指紋、顔写真を撮られ出生地、前科、所得など調べられ大きなショックをうけた。	女性	50	匿名		
45	煙草を吸っていた高校生に対し警官が大勢の人の前で行き過ぎと思える暴行をした。 あまりにもひどかったので、見ている人が110番した。(藤沢)	男性	20		○	県警に調査依頼
	C．警察官の不正行為					
6	飲酒運転の警察官にひき逃げされた。県警に脅迫され示談に応じた。	男性	50			
15	バイクを盗んだ人をみつけ通報したが、警察が捜査しなかった。	女性	50	匿名		
30	県警から近所の暴力団の情報収集を頼まれているが、警察に情報を流す度にその情報が暴力団に筒抜けになっている。暴力団と警察の癒着があるのではないか。	男性	50		○	県警に調査依頼 本人に連絡したところ暴力団の人は、つかまったが一般事件として取り扱い、改善して欲しいとのコメント
31	交通ルール無視の警察官を見た。サイクリングロードをバイク２台で走っていた。 一方通行路を逆走していた。注意すると、「パトロール中だ」と言った。(茅ケ崎)	男性	60		○	
33	パトカーの自損事故もみ消しを見た。(鎌倉)	男性	30	匿名		
34	警察官が飲酒運転で捕まったが、もみ消した。身内にも同等の処分をすべき。(磯子署)	男性	30	匿名	○	県警に調査依頼
35	パトカーに車をぶつけられたが「内緒にして欲しい」と強く言われた。(港北署)	女性				県警に調査依頼
36	大手企業重役（加害者）の交通事故を警察ぐるみでもみ消した。(横須賀)	男性		匿名	○	
37	友人の夫の警察官はたびたび速度違反をしている。	女性		匿名		

38	暴力団と警察の癒着がある。暴力団の手入れで警察の名簿が出てきた。	男性	70	匿名		
41	警察とレッカー移動業者が癒着している。	男性			○	
42	交通課警察官とレッカー移動業者が癒着している。金品うけ渡しを目撃。	男性	60	匿名		
48	車庫証明取得手続の際、警察官が行政書士法違反行為を公認している。（行政書士より）	男性				
49	選挙違反を把握しながら捜査中止命令を出した。	男性			○	
50	選挙違反に対し便宜をはかっている。（厚木）	男性		匿名	○	
51	町の有力者から恐喝、業務妨害をうけているが警察は動いてくれない。（川崎市）	女性			○	
52	今回の県警不祥事に対する怒り。	男性	60	匿名		
54	今回のネットの県警110番への声援	男性	70			
D．虚偽の調書を作成						
5	交通事故の際の警察の対応に疑問。（大和警察署交通課）	女性	50			
7	交通事故の捜査の時、暴言をはかれた。実況見分書も事実と反している。	男性	60		○	
9	交通事故の際、実況報告と供述調書に事実と反することが書かれた。	男性	40	匿名		
12	交通事故の調書が事実と異り加害者に有利に記された。（茅ケ崎警察署）	男性			○	本人に弁護士と相談するようアドバイス
E．職務怠慢						
10	暴走族の取り締まりを何度も訴えているが動かない。（鶴見警察署交通課）	男性	30	匿名		
18	傷害事件の被害者なのに不当な扱いをうけ、警察は加害者に有利な動きをした。	男性	50	匿名		
20	97年就職詐欺にあった。県警の相談室から刑事課詐欺係に回された書類が紛失し、問い詰めると「いちゃもんつけるのか」と言われうやむやになった。	男性	60	匿名		
21	車上あらしで、110番通報したが対応が遅かった。（通報後1時間で警官が来た）（高津署）	男性				

22	下着ドロや空き巣ねらいにあったとき警察は捜査段階で被疑者名を特定できるような情報を安易に漏らしていた。警察官の人権無視の態度対応は許されない。	女性	40	匿名		
32	整備不良の警察車両を見た。ブレーキランプ、ライトが壊れたまま走っていた。(多摩警察)	男性	30	匿名		
35	パトカーに車をぶつけられたが「内緒にして欲しい」と強く言われた。(港北署)	女性				県警に調査依頼
39	非行中学生と思しき集団に暴行されそうになったので、パトカーに救いを求めたが、取り合ってもらえなかった。直後に他の中学生二人が暴行され入院した。(伊勢原)	女性	40			
43	警察は行政事務の勤務時間(窓口)を勝手に短縮している。(警察 OB より)	男性	70		○	
45	煙草を吸っていた高校生に対し警官が大勢の人の前で行き過ぎと思える暴行をした。あまりにもひどかったので、見ている人が110番した。(藤沢)	男性	20		○	県警に調査依頼
49	選挙違反を把握しながら捜査中止命令を出した。	男性			○	
50	選挙違反に対し便宜をはかっている。(厚木)	男性		匿名	○	
52	今回の県警不祥事に対する怒り。	男性	60	匿名		
	F．人権侵害に関わる行為					
3	交通事故をおこし被害者は何もケガが無かったのに調書をとられた。	男性	70			
14	盗難事件の被害者なのに加害者扱いされた。警察の取り扱いに怒り。	女性		匿名		
16	加害者に警察が傷害事件の被害者(自分)の名前、連絡先をを教えて欲しくないと言ったにも関らず教えた。またその後の誠意のない対応に怒り。(大船署)	女性	50	匿名		
24	自分が業務妨害、名誉棄損で告訴している相手と警察が結託している。犯罪者でもないのに自分のプライバシー(預金状況など)が相手に公表されている。	男性	50	匿名		
26	ぬれぎぬだったので逃げたが警察は信じてくれない。	男性	40			

27	面識のない警官から「生活保護をうけているね。」と言われた。人権侵害ではないか。	男性	50	匿名		
28	放置自転車をまだ使えるから、と知人に勧めただけで不当な扱いをうけた。指紋、顔写真を撮られ出生地、前科、所得など調べられ大きなショックをうけた。	女性	50	匿名		
45	煙草を吸っていた高校生に対し警官が大勢の人の前で行き過ぎと思える暴行をした。あまりにもひどかったので、見ている人が110番した。（藤沢）	男性	20		○	県警に調査依頼
46	電車内でワイセツ行為にあった高１女子が、深夜までの事情聴取、プライバシーを無視する質問に傷つき、二次被害者となった。（加害者の弁護人より）（中原署）	男性				県警に調査依頼
47	県警機動隊が平和運動参加の女性に対する不当な逮捕やセクハラ行為を行なった。	男性		匿名		
	G．現在係争中のもの					
11	タクシー会社では、運転手が事故を起こすと警察に付け届けをしているので会社に有利になるように警察官が対応している。運転手が不利になり解雇された。	男性	40		○	再度本人にヒアリング
	H．その他					
23	警察のでっち上げ事件で罰金刑になった。	男性	20	匿名		
40	幹部婦警のスキャンダルを知っている。	男性		匿名	○	
44	県警一連の不祥事に対し怒っている。幹部の公用車での送迎をやめさせろ。（警察OBより）	男性	60	匿名		
53	親切に対応してくれた交番の警察官に感謝している。	女性	20	匿名	○	
55	今回のネットの県警110番への声援	男性	20	匿名		
56	友人がひどい被害をうけた。勇気をもって声を出してほしい。	女性	20			
57	３日間だけではなく、今後もこういう取組みをしてほしい。	男性	60	匿名		
58	懲戒免職者リスト（個人名）の問合せ。	女性	10	匿名	○	

表2 「改革したい！ 警察職員、OBの声110番」調査結果表

内容		OB or 市民	性別	年令(代)	匿名	相手の名前が特定されている	備考
警察官による暴言・暴力・おどし							
NO. 1（F）	交通違反取り締まり警察官に勘違いされて、伊勢崎町メイン通りで一方通行を逆走している。と言われた。 暴走族に対しての取り締まりについて、職務怠慢ではないか。（山下公園） ３年前、城山の山中、山火事の心配があるような場所でパトカーからのタバコの投げ捨てがされた。	市民	男				
NO. 3（T）	交差点内に車２台が違法駐車していたので通報したが、30分以上経ってからきた。川崎署 高山事務所（暴力団らしい）立ち入り調査後、「市民の安全を守ってほしい」といったら「私（警察官）の身の安全保障できるのか」と言われた。	市民	女		○	○	
NO. 13（T）	10年前磯子警察署警務課で、いじめをうけ、また「辞めてくれ」と言われた。	OB	男			○	元県警事務職員
NO. 14（F）	戸塚警察署の警察官による女性に対する数年にわたる性的いたずらがあった。	市民	女		○	○	被害者の家族
警察官の不正行為							
NO. 10（F）	ゲーム喫茶を取り仕切る暴力団と、警察との癒着（港南警察署） 県警上部幹部と監察官室の癒着	市民	女				警察官の妻
NO. 16（T）	川崎区のヘルスが無届けで営業している。警察と癒着しているのではないか。	市民	男	40	○		

人権侵害に関わる行為							
NO.7（T）	市の職員から暴力を受けたので、警察（藤沢警察署・相模本部）に訴えたところ始めは聞いてくれたが、「帰れ」といわれ（担当の警察官以外の人）わきばらをつつかれたり、首根っこをつかまれた。県警（監察官室）にも何度か言ったが、これ以上関係ないといわれた。	市民	女			○	
NO.11（F）	巡査の報告のみで、上司が決定した住所を、法的根拠の無いままに公安部とNTTの協力のもと盗聴をしてしまった。（5年ほど前）	OB or 現役	男		○		
職　務　怠　慢							
NO.5（F）	交通事故の現場検証の際、加害者（警察官）のみで現場検証をしてしまった。（戸部署）	市民	男			○	
現在係争中のもの							
NO.12（T）	夫の事故死時、警察・監察医に不自然な対応をされた。現在の監察医制度の問題点	市民	女	50			
そ　の　他							
NO.2（T）	市民から「改革したい！警察職員、OBの声110番」への問い合せ	市民	女		○		
NO.4（T）	市民から「改革したい！警察職員、OBの声110番」への問い合せ	市民	男		○		
NO.6（T）	上級職採用時の問題点（組織構造、階級の問題）	OB	男	60	○		
NO.8（F）	神奈川県警内の不倫問題				○	○	
NO.9（F）	裏金集めの「武道はじめ」（祝儀という名のもとに不明瞭なお金が集まり、使途不明になっている問題）	OB			○		
NO.15（F）	国家公安委員会の現在の問題点				○		

表3 《警察不祥事に対する、都道府県議会での対応》

H. 12. 9. 13

県名	調査会の有無	議会での県警不祥事に対する対応	議事録の公開	その他
北海道	×	総務常任委員会で、報告・場合によって陳謝があった。		
青森県	×	主に文教公安常任委員会で、特定負託案件として、再発防止策を審査（対策会議）している。 文教公安常任委員会は、毎月21日頃開催されている。 本会議にて、本部長報告及び質疑等あり。	委員会における審議内容記録については情報公開条例による申請が必要。	
茨城県	×	なにもしていない。 調査は、委員長の判断で，委員会の中で行われる。 調査会の設置に関しては定められていない。		不祥事の事実の認識なし。
埼玉県	×	調査会という機能はもたない。開会中は常任委員会、閉会中は臨時常任委員会で対応。（県警不祥事に関しては、現在まで無し。） 桶川事件等は議会というより警察で対応。	情報公開でとる。	不祥事に関しての綱紀粛正の決議はあったが（土木・O-157等）、警察はいっていない。「お客さんのご希望にそったものはない。」といわれた。
千葉県	×	本会議、警察企業常任委員会で、答弁はあったが、討論というものではない。		
東京都	×	警察消防常任委員会で、報告を聞き置くのみ。若干の要望・質疑がある場合もあるが、直近の事例でも委員会は聴取する、とある。 本会議での、要望・質疑・報告等についても委員会聴取をふまえ、一切ない。	全文公開（送付済） 《すぐ、送ってくれた。》	警察消防常任委員会では、 ①警察が報告するもの ②議員が警察に対して報告を要請するもの（速記録には入らない）がある。 直近はH. 10. 以降は警察に対して議員からの報告要請はない。また、警察からの報告もない。
新潟県	×	本会議で本部長陳謝2回 建設公安常任委員会の所管事項として、通常の日程で審議 （監禁事件発覚時、本部長が麻雀をしていた事について） 委員会より公安委員長の出席を求め、質疑に入った。	非公開	
富山県	×	本会議代表質問に答えて本部長陳謝。 教育警務常任委員会では、質疑無。報告・陳謝のみ	本会議記録、取り寄せ済み	
山梨県	×	所管の総務常任委員会で本部長より経過説明の上、謝罪。		
愛知県	×	警察常任委員会で経過説明・報告。一連の不祥事について陳謝。	非公開 県民向けの公開について年2回6ヵ月分をまとめた冊子「委員会活動記録」を発行。（質疑の要点記録）	

愛 知 県	×	警察常任委員会で経過説明・報告。一連の不祥事について陳謝。	警察常任委員会での説明・陳謝は、掲載されないだろう（2月まで近日中に発行）	
京 都 府	×	本会議・警察常任委員会にて、本部長からの事案の説明・陳謝が行われた。調査会というシステムがない。 常任委員会において、議員より（一人の不祥事により）何度も頭を下げる本部長に対し、激励の言葉あり。また、監察官室の独立・もっと風通しをよくすべきという意見が出た。		
大 阪 府	×	本会議にて、本部長の陳謝。 議案ではないので、所管する警察常任委員会で、質疑・議論した事例はある。		過去10～20年間では、調査会等の設置はない 記録としてH.2.9月以降無。 本会議議事録（別紙送付済）
兵 庫 県	×	警察常任委員会で、報告。 もしくは、委員から求められて、報告・質疑があった。	非公開	
奈 良 県	×	本会議にて、自民党議員の代表質問に、本部長が答弁した。 総務警察常任委員会で、質疑・報告あり。	委員会逐語記録は、情報公開要綱に、基づいて請求。（議会事務局同士で、送付することはできる。）	
和歌山県	×	事案としていない しかし、「新潟、神奈川等の事例を見聞きし従来にも増して気を引き締めて県民の安全を守る」との、経済警察常任委員会（本部長出席）での確認があった。		NETは、何者かとのお尋ねあり。
香 川 県	×	総務常任委員会で報告した。		
福 岡 県	×	例覚醒剤使用事件　本会議では全く事案としない。 警察常任委員会では、警務部長より事案説明・陳謝・委員長より一言があった。	2000・4～ 会議録は開会中・閉会中とも逐語記録となった。 情報公開条例で、請求して欲しい。	
佐 賀 県	×	H. 11. 11月定例議会にて、本会議一般質問冒頭に本部長が陳謝した。		
長 崎 県	×	総務常任委員会の冒頭、警務部長より、事件についての経過報告、今後のあり方について明言。他、質疑があった。	公開されているが、記録係と協議の上送付できるのであれば送付する、とのこと。	神奈川県議会事務局に問い合わせあり。 議員の調査は、外部（他県）も議会事務局調査課で対応できるので通していただく方法もある、とのこと。
鹿児島県	×	本会議・一般質問の中で答弁あり。		
沖 縄 県	×	本会議の一般質問に本部長が答弁した。 総務常任委員会で質疑を行った。		

表4 都道府県別民主度を比較する民主度ランキング

（点数は後掲の独自の採点基準による 調査期間H.11.12～H.12.2）

神奈川ネットワーク運動
神奈川ネットワーク運動県議団

都道府県名	交渉会派	一般質問	議運への参加度	委員会の市民への公開度	議事録の公開度	合計	順位
佐賀県	4	3	4	5	5	21	1
宮城県	3	4	4	4	5	20	2
北海道	4	4	3	5	3	19	3
福岡県	3	4	3	4	5	19	3
鹿児島県	4	3	3	4	5	19	3
滋賀県	3	3	3	4	5	18	6
長崎県	3	5	3	2	5	18	6
福島県	3	2	5	4	3	17	8
茨城県	4	1	5	4	3	17	8
高知県	5	2	3	2	5	17	8
山梨県	4	2	3	4	3	16	11
長野県	2	2	3	4	5	16	11
富山県	4	1	3	4	3	15	13
山口県	4	4	3	4	0	15	13
香川県	3	4	4	4	0	15	13
東京都	3	2	0	4	5	14	16
石川県	2	4	3	0	5	14	16
岐阜県	3	4	3	4	0	14	16
三重県	3	2	4	2	3	14	16
京都府	4	5	5	0	0	14	16
奈良県	4	2	3	2	3	14	16
和歌山県	4	5	3	2	0	14	16
鳥取県	4	4	1	5	0	14	16
徳島県	4	5	3	2	0	14	16
沖縄県	5	5	0	4	0	14	16
青森県	3	3	3	4	0	13	26
岩手県	3	3	3	4	0	13	26
秋田県	3	2	3	5	0	13	26
栃木県	4	2	3	4	0	13	26
福井県	4	4	3	2	0	13	26
静岡県	4	2	3	4	0	13	26
宮崎県	4	3	2	4	0	13	26
山形県	3	2	2	5	0	12	33
群馬県	5	2	3	2	0	12	33
愛知県	1	2	4	5	0	12	33
島根県	4	3	3	2	0	12	33
熊本県	3	2	3	4	0	12	33
新潟県	3	3	1	4	0	11	38
愛媛県	3	3	1	2	2	11	38
埼玉県	4	0	1	5	0	10	40
岡山県	4	2	3	0	1	10	40
広島県	3	0	3	2	1	9	42
大分県	4	2	3	0	0	9	42
千葉県	3	2	3	0	0	8	44
大阪府	3	0	0	0	5	8	44
兵庫県	2	0	3	2	0	7	46
神奈川県	0	0	3	0	1	4	47

民主度ベスト３
１．佐賀県
２．宮城県
３．北海道　３．福岡県　３．鹿児島県

民主度ワースト３
１．神奈川県
２．兵庫県
３．大阪府　３．千葉県

採点基準

交渉会派

得点	基準（名）
5	0～2
4	3～4
3	5
2	6
1	7
0	8～

一般質問

得点	基　　準
5	交渉会派だけが質問できるものはない
4	希望すれば毎回できる
3	年間１人２回以上できる
2	年間１人１回できる
1	４年間（任期中）に１人３回できる
0	４年間（任期中）に１人２回以下

少数会派議員の議会運営委員会発言権

得点	基　　準
5	少数会派も委員になれる
4	委員になれる様工夫している
3	オブザーバー、発言はできる
2	オブザーバー、発言が制限される
1	オブザーバー、発言はできない
0	オブザーバー出席もできない

常任委員会・議会運営委員会の市民への公開度

得点	基　　準
5	常任・議運共に公開
4	常任・議運共に公開人数制限あり
3	議運のみ公開
2	常任委員会のみ公開
0	どちらも公開なし

常任委員会・議会運営委員会の議事録の公開度

得点	基　　準
5	全文・発言者名の公開あり
3	要点筆記・発言者名の公開あり
2	全文公開・発言者名
1	要点筆記公開、発言者名なし
0	全く公開なし

3 警察腐敗の防止策
――警察刷新会議の緊急提言と国家公安委員会の警察改革要綱を中心として

阿部泰隆
神戸大学法学研究科教授

本節は、かねて巷間ささやかれていた警察の腐敗（その内容は次に述べる）が露呈したこの機会に、警察腐敗の原因を探り、その清浄化のために行うべき法制度改革と運用の改善の方向を提案するものである。丁度二〇〇〇年七月一三日に警察刷新会議がそのための緊急提言を提出し、八月二五日国家公安委員会と警察庁はこれを受けて、警察改革要綱（以下、改革要綱という）を公表した（http://www.npa.go.jp/police_i.htm）ので、これを中心に扱った。具体的には、この腐敗はたまたま一部の警察官が引き起こしたというよりも、組織のかなりに及んでいると見て、筆者は警察当局の提案からさらに踏み込んで、いわばその多臓器不全症を徹底的に治す大幅な外科手術、すなわち、情報公開の徹底、外部監査、公安委員会の再生、密告制度などを提案する。

なお、本稿は右改革要綱時点で執筆したものであるが、年末には警察法改正法が成立したので、校正段階でその内容を取り入れ、若干修正をしたが、その過程で行われた各般の議論を取り入れる余裕はなかった。また、刷新会議の提言のうち法律改正に盛り込まれていないものは、政省令の改正で対応されると思われるが、それは校正段階ではまだ制定されていないところである。

一　警察腐敗の数々

一九九九年、二〇〇〇年に警察の腐敗が多数露呈した[(1)]。まず、そのいくつかを類型別に分けて瞥見する。

1　現場の怠慢

警察の怠慢・腐敗はまずは、警察署レベルにおける捜査のいい加減さに現れている。最近起きた著名事件のひとつとしては、新潟の少女九年間監禁事件がある。この女性の発見の過程において、新潟県柏崎警察署が、保健所職員からの警察官出動要請に対し不適切な対応を行ったほか、同県警察本部は、同女性の発見の経過について事実と異なる発表をしたものである。

栃木県の一九歳少年リンチ殺害事件では、両親が警察に再三捜査の要請をしたのに石橋署がずさんな対応をしたことが明らかになった。主犯格の一九歳の少年に無期懲役を言い渡した刑事事件の判決（宇都宮地判二〇〇〇年六月一日）では、犯人の少年らは、警察だと名乗った人物が被害者の電話に出たことで被害者の親が警察に行っていることを知り、驚きあわてた事実を認定して、両親らの指摘する警察の不手際にも言及した。

いわゆるストーカーによる殺人事件が埼玉県桶川市、兵庫県姫路市、静岡県沼津市等で連続して発生した。現場の警察は被害者の訴えを何度も受けながら放置していた失態が浮かび上がってきた。なお、これに対して、国会は、いわゆる議員立法の形で、「ストーカー行為等の規制等に関する法律」を二〇〇〇年五月に超スピードで成立させた。こうした事態に対しては、本来は、警察庁自身が先手をとって法改正すべきではなかったか。

オウムの坂本弁護士一家殺害事件でも、神奈川県警が適切に動かなかったことが事件の解決を遅らせたし、松本サリン事件でも、サリンを製造できない会社員を一時被疑者扱いして、事件の解決を遅らせた。

また松山の誤認逮捕事件では真犯人が現れたので無罪放免とされた（二〇〇〇年五月）が、誤認逮捕され約一年も拘置され、まもなく一審判決で有罪になるところまで行った理由はなぜか明らかにされない。窃盗を自白したとされるが、強引に自白を取っただけで、自白を裏付ける証拠は集められていない。盗んだ金で借金を払ったとされるが、それより前に借金を返していたということは貯金通帳上明らかであった。警察の方も、捜査の基本を怠っていたのである。それにもかかわらず、愛媛県警は捜査に違法はないとして、処分しなかった（読売新聞二〇〇〇年六月一〇日三五面）。

2　現場の捜査の不正

もともと、共産党幹部宅盗聴事件は警察が組織ぐるみで違法行為をしたのではないかと疑われたが、検察

は当時の警察庁長官など責任者の辞任と引き替えに警察と手を打ったとする見方が有力である。(2)

交通取締り警察官がオートバイで走行してきた会社員に強引に懐中電灯をかざし、顔面に当てて転倒させ、その社員と同乗の女性に重軽傷を負わせながら、運転手が停止の合図を無視して自分めがけて直進してきたと主張していた事件がある。目撃証言からわかったことである（読売新聞二〇〇〇年八月一六日二三面）。

泥酔者を保護中に死亡したので、死亡した後に発見したと書類を書き換えた（埼玉県小川署、読売新聞二〇〇〇年八月二八日三一面）。

沖縄市の警察官が、少年の飲酒検知をしたさいに微量のアルコール反応がでたために、飲酒検知管の濃度を上げようと、交番でアルコール成分の入った口臭防止スプレーを検知管に吹きかけて濃度を上げ、証拠を変造したので、証拠隠滅の罪に問われた。二〇〇〇年六月二三日の那覇地裁の法廷で、被告人は、捏造は二十年前から先輩に教えられ今も現場で続いている、違反摘発には厳しいノルマがあり、ノルマに満たないと「駐車違反をたくさん摘発して補え」と上司から命じられる、というのである（読売新聞二〇〇〇年七月一五日二面「警察は再生できるか（中）」より）。ノルマが冤罪を生み出しているということである。犯罪を取り締まる警察が犯罪人になっている。これでは、殺人犯にピストルを貸与するようなものである。恐ろしいことである。

こうした交通取締りは、庶民相手には無茶苦茶厳しく、車両が絶対に通行しない道路の凹面に削られた部分に駐車しても厳重に取り締まり、(3)見にくい標識については改善するのが先決なのにそれを怠り、そこを通行する車両を飛んで火に入る夏の虫とばかり取り締まる(4)一方で、国会議員から口利きがあったり、同僚とわかると違反を抹消している（朝日新聞二〇〇〇年五月二二日一面、二三日三一面）。新潟県警では速度違反は警察官なら切符を切らない慣習があったという（読売新聞二〇〇〇年八月一一日三〇面）。もともと、交通取締りは、必要性がないのにノルマ達成のために行っていると内部から告発されている。(5)

3　警察の不正経理と情報公開

警察組織の内部ではかねて不正経理が横行していると告発されてきた。旅費や捜査費をくすねて裏金を作って、餞別や交際費のほか私的に流用してきたというのである（朝日新聞二〇〇〇年五月三〇日二五面）。このような裏経理は、本当なら、予算の流用といった生やさしいものではなく、業務上横領、虚偽公文書作成などに該当する明白な犯罪行為である。そして幹部がこのようなでたらめをやっている結果、警察官の倫理などは地に落ち、警察官に法令遵守意識が生まれるはずはなく、警察腐敗の温床になっていると批判されている。(6)

都道府県レベルではすでにどこにも情報公開条例があるが、これまで公安委員会だけは実施機関に入っていなかった。それは警察の反対による。警察がこれまで情報公開に反対してきた理由はもちろん建前では、捜査の秘密漏洩を防止するためということであるが、本音の一つは不正経理の存在がばれることを恐れたためと見られる。もっとも、最近は、警察庁も都道府県公安委員会に対し情報公開条例の実施機関となるよう指示しており、実際宮城県条例などに例が出ている。

4　幹部の腐敗

これまで、警察に対する信頼も結構厚かったと思われるが、その源泉は、警察官は全国で二〇数万人もいるし、大きな県警本部には一万人以上もいるから、中にはおかしな警察官もいるであろうが、幹部はそれをしっかり監視しているはずだ、という点にあった。ところが、実はその幹部の一部は根っこから腐っていたことが今度の一連の不祥事によって露見した。

まず、神奈川県警警察官覚醒剤もみ消し事件では、本部長みずから、警察官の覚醒剤犯罪を隠そうとしたのである。それは警察官が覚醒剤犯罪に手を染めていては、警察の信用が消えてしまうので、あえて、隠したというだけではなく、むしろ、事件が露見すると出世に響くというので、臭い物に蓋をしたのではないか。組織防衛というよりも自己防衛が真の動機であったが、その真因は、組織内部の腐敗を撲滅することはタブーとなっていて、なるべく表面化させないことが出世の鍵となっているという組織腐敗ではなかろうか。

また、新潟の少女九年間監禁事件では、少女発見の当日、新潟県警本部長は監察に来た管区局長と雪見酒と麻雀に興じていた。本部長には、大事件の総指揮官であるという職務に対する認識が欠けていたし、監察においては、被監察者とは、一線を画するという当然のルールが忘れ去られていたのである。

これは一部の幹部だけなのか。警察に緊張感が失われて、不正露見恐怖症だけが残っているのではないか。不正経理で浮かした金は幹部への贈答、餞別などにも使われていると噂されている。餞別を受け取った幹部はその不正の実態を知っているのではないか、それをなくさずに、利用してきたのではないかと疑われる。

二 監視役は？

1 内部監察の機能不全

警察内部では監察部が現場の警察官を取り締まることになっているが、これは現場の不正行為を摘発するのではなく、不正行為を隠し通す組織防衛のために働いていると疑われている。(7) 実際、警察は内部の不祥事には甘い。たとえば、次のような批判がある。

不祥事を出すと汚点になるから、「自分の在職中は不祥事を出すな」というのが署長の方針で、不祥事を出した職員を依願退職に追い込む。(8) 警察の三点セットが警察構造の患部である。それは、①警察的洗脳教育、②幻影を生み出す監察制度、③警察内規の総点検で、これを徹底的に改善しないかぎり警察の再生はない。(9) ごますりで出世する。ごますりのために公費を誤魔化す。昇進試験も、試験問題が漏洩し、警務部などが有利であるという。(10)

2 公安委員会

もともと、警察組織を通常の大臣、知事の下におけば、政治の強い圧力のもとに、時の政権に反対する者に対する恣意的な取締りが行われる可能性が大きくなるという理由で、その中立性を確保するため、知事や大臣の直接の指揮下におかず、国家公安委員会、都道府県公安委員会の「管理」に属するとされている。

国家公安委員会は内閣総理大臣の「所轄」のもとにおかれ（警察法四条）国家公安委員会委員長は国務大臣である（同法六条）が、その他の国家公安委員は両議院の同意のもとに内閣総理大臣が任命する（同法七条）。国家公安委員会は、一定の事項を「統轄し」（同法五条一項）、その任務を遂行するため、一定の事項について警察庁を「管理」する（同法五条二項）。公安委員には身分保障がある（九条）。そして、警察庁長官は国家公安委員会が内閣総理大臣の承認を得て任免する（同法一六条）。

都道府県公安委員会は都道府県知事の「所轄」のもとにおかれ（同法三八条一項）、都道府県警察を「管理」する（同法三八条三項）。県警本部長は国家公安委員会が道府県公安委員会の同意を得て任命する（同法五〇条一項）。東京都の警察のトップである警視総監は国家公安委員会が都公安委員会の同意を得た上内閣総理大臣の承認を得て任免する（同法四九条）

これは政治と警察行政の調和を図るつもりのシステムである。そして、国家公安委員は重要ポストであるからという理由で、年俸約二六〇〇万円という、警察庁長官並みの高給取りである。各地の公安委員の報酬も、月十数万円から数十万円で、副業であるから、怠けることができればこんなおいしいポストはない。しかし、公安委員会の姿は見えない。その「管理」は、機能せず、実際上は警察内部は治外法権的であったことが露見した。

3　裁判所・人事委員会

先に述べた共産党幹部宅盗聴事件では検察の警察に対する対応も甘いが、さらに、裁判所も甘い。

沖縄県警の元巡査部長が証拠隠滅で起訴された事件で、那覇地裁二〇〇〇年七月二六日判決（同日夕刊各紙）は、これに懲役一〇ヵ月、執行猶予付きなどの刑を言い渡した。本人が懲戒免職になっていることが執行猶予付きの理由である。新潟県警の交通違反をもみ消した警察官は犯人隠避罪で罰金刑に処された（読売新聞二〇〇〇年八月一八日三一面、同一〇月二日三四面）。

しかし、こうした権力犯罪は、犯罪者を逮捕するべき警察官が冤罪を作り上げているのであるから、ただの証拠隠滅ではなく、特別公務員暴行凌虐罪に準ずる、特別公務員証拠隠滅罪とでもいうべきもので、厳罰に処すべきである。公務員が職務と関係なくちょっと事故を起こしても（この例では赤信号無視で交差点に三〇キロの速度で進入し、横断車の乗員に一週間と三日間の怪我をさせた）、検察官の心証を害して起訴されると、執行猶予付きでも罰金では済まず、失職してしまうことと比べて[11]、いかにも不均衡である。裁判所は警察官に甘すぎるし、一般公務員に厳しすぎるのではないか。

岡山県警岡山南署の巡査部長が乗用車を運転中中学生の自転車に当たって右足に三日間の怪我をさせ、逃走した。岡山地検は起訴猶予とした。県警はこれを懲戒免職にしたが、人事委員会は不服申立てを受けて、「停職三ヵ月」の処分に修正した。裁決理由は、被害者の怪我が軽く、示談が成立した、被害者が処分を望んでいない、過去の処分との比較をあげているという（読売新聞二〇〇〇年八月一七日夕刊一〇面）。

たしかに、事故の態様は軽微であるが、事故のさいには真っ先に救助すべき警察官が逃走するとは言語道断で、その職責放棄という点に照らしても懲戒免職相当ではないか。前記の一般の公務員の事故と比較しても、警察官に甘いか、一般の公務員に対する制裁が重すぎるということではないか。

三　警察刷新会議の改善策とその批判・代替案

1　はじめに

そこで、警察刷新会議が設置されて、前記のように緊急提言（二〇〇〇年七月一三日、以下、提言という）が国家公安委員会に提出され、国家公安委員会と警察庁はこれを受けて警察改革要綱（八月二五日、以下、改革要綱という）を作成した。これに沿って警察法の改正法案が国会に提出され、それは二〇〇〇年年末に成立した。ここでこの提案と異なる提案をしても、本書が出版されるころには今更で、実際の政治ではもはや時期に遅れた抗弁にすぎない。遺憾であるが、学問というものはすぐに影響を与えなくてもよいという前提で、諦めながら目下の考察を記す。

この提言は、警察組織の秘密性・閉鎖性・無謬性へのこだわり、キャリアのおごり、第一線現場の規律のゆるみや怠慢などが指摘されていると正当な認識に立って、対症療法にとどまらず、構造的な問題点を究明して法改正につなげるとするものである。その内容は以下に紹介するところであり、大幅前進であるが、結論的にいって、不徹底だと思う。

2　閉鎖性の打破

⑴　情報公開

提言は、警察の秘匿しようとする体質を改め、情報公開に真剣に取り組むべきであるとする。そして警察庁の訓令通達で不開示情報を含まないものは情報公開法施行前においても、速やかにホームページに掲載するとある。警察庁が所管する法令に基づく処分に関し作成した審査基準、標準処理期間及び処分基準の具体的モデルについて、情報公開法の施行前においてもホームページに掲載するとする。実際、それはこの一〇月から警察庁ホームページ（http://www.npa.go.jp）に掲載されている。

たしかに、警察の非公開体質はひどいもので、筆者の経験では、横断歩道の設置基準（警察庁通達）さえ、兵庫県警は出してくれなかった（警察庁から入手）。免許取得者が若葉マークをつけている時期に起こした事故について教習所毎のデータを取っているということであるが、出して貰えない。このようなものはもともと当然行われるべきものであったが、これが行われても、警察活動の肝心な部分とは何の関係もない。

筆者が論文を書くために官庁に問い合わせすると、他の官庁では担当課が教えてくれるのに、警察庁では広報課に回され、話が要領を得ない。専門的なことを聞くのだから、直接担当課と話をしたいのであるが、警察はとにかくガードが堅い。

情報公開法五条四号の不開示情報は、手の内を知らせることにより犯罪の予防、鎮圧または捜査に支障を及ぼすおそれがあるものなどに限定し、風俗営業の許可・交通の規制・運転免許証の発給・災害警備のような行政警察活動の情報は開示するという。また、旅費・会議費（いわゆる食糧費）のような会計支出文書についても、個別の警察活動に支障を及ぼすおそれがないものは開示する。都道府県の情報公開条例上実施機関になっていない都道府県警察に対しては、実施機関となる方向で検討を進めるように直ちに指導するという。

懲戒事案の発表はその範囲及び概要を明確化する、懲戒免職事案についてはその概要を発表する、それ以外の事案については、職務執行に関連する行為は原則として事案の概要及び処分の内容を発表する、飲酒運転に起因する交通事故など、私的な行為であっても重大なものも同様とするとある。

(2) 外部監査

しかし、警察自身の犯罪の情報が情報公開制度で表に出るわけではない。犯罪の摘発にかこつけてたとえば旅費・捜査費を私しているのではないかという疑いを払拭するようなしくみが必要である。そこで、公安委員または監察部がこれを独自に監査すること、万が一その監査が不正を行っている部門とグルになっていることが露見した場合には、重罰に処するというしくみが必要である。

経理の不正について、警察当局が濡れ衣だと主張するのであれば、これだけ批判されている以上は、外部監査を導入して徹底的に検査してもらって、不正がないことを証明すればよい。秘密が漏れる心配があるというなら、外部監査人の負う守秘義務（地方自治法二五二条の三一第三項、違反は二年以下の懲役、一〇〇万円以下の罰金）を厳格に履行させればよい。

もし、これまで不正をやっていたかもしれないというのであれば、過去はともかくこれからやれば厳罰だということで、厳格に対応すべきである。そのためには、過去にかかわっていない者を警察庁長官に任命するとか少なくとも公安委員を一新することが決め手になる。

(3) 密告奨励制度

これだけでは内部の違法行為の情報を十分入手できないので、同時に、内部告発を奨励するシステムが必要である。日本では内部告発は円滑な人間関係を害するという見方があるが、違法行為をしなければ告発されないのであるから、一定の重大な犯罪に限ってであるが、むしろ積極的に密告を奨励すべきである。そうすれば、公安委員や監察部が不正に荷担すれば密告されるリスクもあるので気をつけるだろう。ついでに、内部の不正は官庁に限らないことは、三菱自動車のリコール隠し、雪印乳業の牛乳汚染、入札談合、医師の事故隠し、カルテ改ざんでも明らかになったが、これは外部からの検査では発覚しない。内部の密告を奨励するしかない。

参考までに、原子炉等規制法六六条の二は一九九九年のJOC事故をふまえて、従業員の主務大臣に対する申告制度を導入した。雇用主はこの申告を理由としてその従業者に対し解雇その他の不利益取扱いをしてはならないとしている。ただ、これではこの不利益取扱いが裁判で無効となるだけであるから、実効性が低く、従業員に内部告発する勇気を出させるほどにはならない。

違法行為がバレルと、密告者探しが行われるので、密告者探し自体を処罰すべきである。そして、密告者に不利益（免職、配置転換その他）を及ぼした場合、それを無効とするだけではなく、刑事罰でそれを禁止すべきである。密告を受けた当局が密告者を漏らした場合には単なる守秘義務違反よりもはるかに厳しい重罰に処する。密告が当たっていれば社会公共に寄与したものとして、入管法六六条の例に倣って報奨金を与えるべきである。その額は会社を免職になっても得するくらいにすべきである。

なお、アメリカでは内部告発者保護法（Whistleblower Protection Act of 1989）が制定されている。[12]

現行法では、公務員についてはその職務を行うことにより犯罪があると思料するときは、告発義務がある（刑訴法二三九条二項）が、懲戒処分事由に当たることはともかく、処罰規定はないので、実効性がたりない。一般市民については告発することができる（同条一項）というだけである。これを一段と厳しくし、一般市民についても、違法行為を知ったら告発しなければならないとし（ただし、処罰規定はおかない）、公務員については、告発義務の懈怠を処罰することとすべきである。まして、警察官が犯罪を知ったのに告発しなかったら厳罰に処することとすべきである。

せっかく勇気を奮って密告しても、それが密告される部門とつながりがある部門で審査されるようでは、実効性がないので、密告審査部門は、公安委員直属とし、後述のように、その担当者は当該都道府県警察出身者とはしないこととすべきである。

密告者自身が違法行為にかかわっていた場合にはその者自身が犯罪に問われるので、密告も期待しにくい。この場合アメリカで行われている司法取引を導入して、一定の重要な犯罪を密告すれば、その者の犯罪は免責とすべきである。

(4)　不処分への逃避対策

懲戒事案については、一定のものを公表しなければならないとすれば、逆に公表を要しない軽い処分にとどめる可能性も大きくなるので、軽い処分についても、処分が行われないものについても違反があれば発表しなければならないというルールを作るべきである。

そして、警察がこのルールを守っているかどうかに関しても、密告制度を適用して初めて、実効性を担保できる。

(5)　警察官の匿名性から顕名性へ――警察職員の責任の自覚を

提言では、警察官の匿名性をできるだけ排除し、職務責任への個人の自覚を促す方法をとりたいとされている。窓口担当の職員とその責任者は名札を付けるべきであり、日常的に住民と接する制服警察官は識別章を着けるべきである。また、警察手帳を示す際には氏名や階級が記載された頁を見せるように徹底すべきであるとされている。

これに対し、現場の志気が下がるだけという反論があるが、なぜこれで志気が下がるのか、むしろ、交番どころか、交通取締りをしている警察官にも着用させて自分たちの適正な法の執行にプライドを持ち、庶民にそれを感じてもらうということが適切であり、殺人事件の取締りで犯人に遭遇した時でも、逮捕令状を提示する場合は警察手帳を見せるのであるから、胸に名札をつけておくことに支障はないはずである。

しかし、提言では、「警察職員が取り締まりの妨害、捜査の牽制などの意図を持った集団や個人からの攻撃や嫌がらせの対象になることについて配慮が必要である」としている。

さらに、警察官も故意又は重過失により違法行為を行った場合には、国家賠償法上、都道府県から求償される立場にある（国家賠償法一条二項）。行為者の氏名が外部に表示されれば違法行為の抑止効果も働くし、最終的には賠償責任も追及する方向に働くだろう。

そこで、担当者の名前を示すということは良い方向である。ただ、警察手帳を示すときに氏名や階級が記載された頁を見せてもらったところで、そのコピーをもらわなければ、あとで水掛け論になる。本来は警察手帳を見せるだけではなくて、その該当頁のコピーを提供すべきである。そうしてはじめて警察官が無法な行動にでないように抑止する効果が発生するのである。

3　監察の強化

(1)　内部監察の強化

提言では、不祥事対策として、「警察内部の自浄能力を高めることが先決」だとして、都道府県警察の監察担当官の増強、警察庁や管区警察局の体制の増強、管区警察局の監察部（仮称）の設置などを行ったうえで、都道府県警察に対して監察を頻繁に実施するなど国の関与を強めるべきとされている。そして、都道府県警察の首席監察官を国家公安委員会の任命とすることにより監査部門を格上げして、人事面で本部長からの相対的な独立性を確保することも有益である。警察本部と警察庁との二重の監察が強化されるとある。これは都道府県警察の監察官が都道府県内部のもみ消しを行ったというこれまでの実情に対する対策でもあろう。

ここで、警察の組織や業務に精通している者があたらなければ実効ある監察とはなりえないこと、職員の不祥事の調査は捜査活動と密接に関連する場合も少なくないことから警察組織以外の者に行わせることは適当ではないこと、厳正な処分を行い業務運営上の問題点の解決を図るためには監察と人事の緊密な連携が不可欠である、公安委員会が第三者機関的な監察点検機能を十分に果たしうることなどから、いわゆる外部監察は必要ないものと考えるとされている。

(2)　内部監察の必要条件

しかし、内部監察の強化を行ったところで、都道府県警察首席監察官が結局は当該都道府県警察のなかの有力幹部の中から任命され、また有力幹部に戻るのであれば、実際上当該都道府県警察の中で独立の地位を確保することはできない。自分の仲間に対して厳しい監査をすれば、次に戻るポストがなくなるというのが日本社会の実態だからである。そこで、都道府県警察の首席監察官その他の監察担当官は当該都道府県生え抜きの者ではなく、むしろ、よその都道府県警察本部から集めることとし、またよその都道府県へ移る、そしてしっかり監察した者が次に出世するというような人事を国家公安委員会が示すべきである。

(3) 外部監察の強化こそ必要

これは監察部性善説に立ったものであるが、しかし、提言も、「組織内部の過度の身内意識は許されないにもかかわらず、馴れ合いによって、監察が十分な機能を果たしていないとみられる」と指摘しているところであって、監察部が不正の温床と疑われているのであるから、警察刷新のためにはこの監察制度にメスを入れるべきで、これを強化するのは筋違いである。[13] 外部監察こそ必要である。

4 公安委員会の活性化

(1) 「管理」概念の明確化

提言は、公安委員会も「国民の良識の代表として警察の運営を管理する機能が十分に果たされていない」とする。外部監察としては、まずは公安委員会の活性化で対応することが適当である。そして、公安委員会は都道府県警察を「管理」するとされているが、この提言では、公安委員会の活性化としてまず、この「管理」の概念を明確化するとされている。おそらくは、公安委員としては、自分の権限がどこまで及ぶか、わからないので動けなかったという言い訳をしているのであろう。

一般に、「管理」とは、行政機関相互の関係を表す場合、「監督」または「所轄」と対比して、下位の行政機関に対する上位の行政機関の指揮監督が内部部局に対する場合と大差ないくらいに立ち入って行われるときを示すといわれる。ただ、警察法では、国家公安委員会とは別に警察庁が警察事務の執行を行うこととなっており、国家公安委員会は合議制の機関であり、その構成員から警察の職務経験を有する者が排除されている（警察法七条、三九条）ところから、提言によれば、国家公安委員会による「警察庁の管理」は、「国家公安委員会が警察行政の大綱方針を定め、警察行政の運営がその大綱方針に則して行われるよう警察庁に対して事前事後の監督を行うこと」を一般原則とするのが相当であるとされてきたという。公安委員会は個別の捜査などに関して監督するものではないという理解である。しかし、「警察事務の執行が法令に違反し、あるいは国家公安委員会の定める大綱方針に即していない疑いが生じた場合には、その是正又は再発防止のため、具体的態様に応じ、個別的又は具体的に採るべき措置を指示することも、『管理』の本来の意味が上記のものである限り、何ら否定されないもの」とされている。

(2)　公安委員会の指示権

改正法では、公安委員会に第三者機関的監察点検機能を果たさせるため、国家公安委員会・都道府県公安委員会のイニシアティブにより、監察について必要があると認める場合は警察庁・都道府県県警に対して個別的又は具体的に指示できることとする（改正警察法一二条の二、四三条の二）。そして、公安委員会はこれを指示した場合において必要があると認めるときは、その指名する委員（仮称、監察監理委員）に当該指示に係る事項の履行の状況を点検させることができるようにする。警察庁の職員、当該都道府県警察の職員に、これを補助させることができる。これにより、国による監察の強化とあわせ、県警本部長から独立したチェックが二重に行われることになる、という。

これは「管理」概念の曖昧さを払拭するため具体化したものであり、『追記』で紹介した高木光説では確認規定ということになる。しかし、実際に発動できるであろうか。公安委員は、実際には警察の方からしか情報を得ていないのであるし、警察の不評を買えば再任も難しいかもしれないという地位にあるからである。

(3)　都道府県公安委員会に対する懲戒事由に係る事案の報告義務

警視総監又は都道府県警察本部長は、前記の公安委員会の指示がある場合のほか、都道府県警察の職員が一定の事由に該当する疑いがあると認める場合には、速やかに事実を調査し、当該職員がそのいずれかに該当することが明らかになったときは、都道府県公安委員会に対し、都道府県公安委員会の定めるところにより、その結果を報告しなければならないとされた。その事由とは、「一　その職務を遂行するに当たって、法令又は条例の規定に違反した場合、二　前号に掲げるもののほか、職務上の義務に違反し、又は職務を怠った場合、三　全体の奉仕者にふさわしくない非行のあった場合」である（改正警察法五六条三項）。

これは前記の神奈川県警本部長のように、部下の非行を発見しながら隠したケースには多少有用であろう。しかし、これを報告すれば、依然として、部下の管理不十分で左遷されるのでは、報告しないで済ませようという気が起きてしまうことは否定できない。

「明らかになったとき」に報告するのであるから、まじめに調べなければ、まだ「明らかではない」として報告しないことができる。本部長の任命にかかわる権限を有する公安委員と実際上の人事権を有する警察キャリア組が、部下の非行を発見する本部長は有能だという認識を共有することが先決であろう。

(4) 公安委員の任命方法の改善を

そもそも公安委員会委員は、筆者の聞くところかなりの場合警察の推薦により知事によって任命されるという実態にあるらしい。そうであるとすれば、これは結局は泥棒が警察官を任命するというのに近いしくみである。今回は公安委員会委員の再任の制限（国家公安委員会委員については二期まで、都道府県公安委員会委員と方面公安委員会委員については三期まで。改正警察法八条二項、四〇条二項、四六条二項）の制度が導入されたが、この程度では焼け石に水だろう。公安委員会が警察を適切に監督できるようにするためには、公安委員の任命については警察は一切口出しできない、警察から嫌われる者ほど公安委員に再任されるというようなしかけが必要である。そこで、都道府県知事が公安委員を任命するときに警察当局の意向を公式であれ非公式であれ聞いてはならないと明確に規定すべきである。

提言は、警察法上、都道府県公安委員会は、国家公安委員会に対して、警視総監や道府県警本部長の懲戒又は罷免に関し必要な勧告をすることができる（現行警察法四九条二項、五〇条二項）が、これの上に監察管理委員のような新たな制度が有機的に運用されれば、公安委員会の監察点検機能は飛躍的に強化されると確信するとしている。改革要綱では、国家公安委員補佐官室を創設するとしている。

しかし、この程度のことで公安委員会が機能するのだろうか。

そもそも、都道府県公安委員会の任命は、知事の選挙対策、地域割りの慣習、市の助役経験者の世襲ポスト、あるいは、警察官の再就職対策に利用されたりしているという疑念も浮かんでいる（読売新聞二〇〇〇年七月一六日二面）。そして、委員はたまに昼飯を食えば済むような名誉職と思っているのではないか。

これに対し、提言では「公安委員会の審議機能の充実のためには、公安委員をより幅広い分野から選任すること」とするとあるが、分野を広くしたところで、公安委員が床の間の飾りものにならないという保証はどこにもない。都道府県公安委員は目下非常勤であるが、地方の実情考慮の上、常勤とすることができるようにすることが適当であるとある。しかし、常勤としたところで、仕事をさぼってしまうという危険が充分にあることには変わりはない。これでは具体的な改善策にはならない。なお、改革要綱では、常勤では人材を得られないとして、非常勤のままになっている。

議会の多数派の同意で済むしくみでのもとで、知事と議会がたいていの都道府県で一身同体である現状では、議会がまともなチェックをすることは難しい。議会の単なる同意ではなくて、累積投票（商法二五六条の三）を行い少数派からも公安委員を選べるようなしくみを同時に導入すべきである。そして、公安委員の見識と業務内容を定期的に住民に公表することとすべきである。そうすれば、議会が、住民からの批判を受けてそれをチェックして次の公安委員の選任の参考にすることができる。また、警察オンブズマンなど、警察の疑惑をチェックする意欲を強く持つ者を公安委員会に送り込むことも可能になり、公安委員会自体は透明になる。

5　警察にまっとうな目標と仕事をするインセンティブを与えよ

私見ではこれだけではたりない。警察がまじめに仕事をせず、ごまかしさえしているのは、警察の目標が曖昧になっており、まじめに任務を遂行するインセンティブが不足しているからである。

そもそも警察は、一見権力的で反市民的に思われるが広く見れば国民に対するサービス産業であって、その質を確保しなければならない。公安委員会は警察に対して、本来の目標に合う活動をするように、しっかりと「管理」すべきである。

たとえば、交通取締りのノルマは、交通警察の目標が、いつの間にか交通事故防止から摘発数に転化している（目的の転移）ことを意味している。公安委員会は、交通警察に対して、その目標を事故防止に切り替えるように、そして、取締りは事故防止を効率的に行うように組み替えることと指示すべきである。

刑事警察においても、個々の警察官にとっては一生懸命やっても普通にやってもたいした違いはない。一生懸命やれという圧力もかからない。報道されたひどい例では、検挙できそうにない事件では被害届を処理しなかった。犯罪がないことにしてしまえば検挙率が上がるからである。ここでは、検挙率だけではなく、被害届の受理数も仕事の目標とするべきである。被害届をでっち上げたら厳罰に処するべきである。

被害者はといえば民事訴訟で加害者を訴えるしかなく、刑事については被害者は何の発言権もない。刑事と民事は完全に分断され、刑事は公共のための国家の公権力の行使であって、被害者のためではないから被害者には何の発言権もなく、これまで起訴されたかどうか、あるいはなぜ不起訴になったかを被害者に言うという必要もないとなっていた。最近被害者の権利なるものが強く主張され、被害者を公判で傍聴させる

（犯罪被害者等の保護を図るための刑事手続に付随する措置に関する法律二条、二〇〇〇年施行）とか、意見を陳述させる（刑事訴訟法二九二条の二、二〇〇〇年施行）とか、被害者に説明することになったが、これも被害者には加害者を処罰することについての権利を認めたものではない。これでは警察官は仕事をさぼったときに何にも不利益を受けないし、仕事をさぼるなという圧力もあまりかからない。

むしろ、被害者には加害者を処罰せよという申立権を与え、その結果について十分な説明を聞き、処罰せよという申立てを高等検察庁にすることができる制度を導入したらどうか。警察、検察としても大変な負担であるが、そのような圧力がかかり、そして自ら書類不送検、不起訴にした事件が再捜査の結果起訴され、有罪になるといった場合にはその検察官あるいは担当の警察官にとって失点になるということになれば、起訴すべきは起訴するというまじめな職務遂行を促すことになる。

6　民事不介入の誤解の払拭と警察官の見識向上の必要性

警察が「国民の批判や意見を受けにくい体質」を持つという指摘は正しい。これまで、いわゆる「民事不介入」についての誤った考え方を払拭しないまま必要な捜査、保護等を行わない事例が目立つ一方、「匿名性」に隠れて、緊張感を欠く職務執行を産み出している、といわれる。そこで、「警察官は悪を憎み、被害者とともに泣くという警察の原点に今一度立ち返るべきである」とされる。警察にとって事前に犯罪防止をすることは重要な責務の一つである、という。

ここで誤解が生じないようにする必要がある。ここでいいたいのは、民事不介入に名を借りて、刑事事件の事前予防を怠るということがないようにしなければならないというだけである。警察の民事不介入の原則は、オイコラ警察の反省から市民生活への過度な干渉を避けようというものでもちろん今後とも維持されなければならない。警察官が民間の紛争について介入することは越権行為であり、民間同士の適切な紛争解決を妨げる。警察権力と強大な権力を背景に民事の正しい解決を妨げることはあってはならない。また、警察官に裁判官と同じように判断するための資料も法律的見識もあるはずがない。この改革に名を借りて民事に介入することを許さないようにするしっかりしたルールが必要である。

ここで、刑事と民事の区別が難しい。これまでも、「淫行」なり「みだらな性行為」を取り締まる青少年保護条例では、一八歳と一七歳の男女の間に入って、「みだらだ」などと警察官が思えば、とりあえず取り締まることができることになっていた。警察官が適切に判断できるとは思えない。ストーカー、児童虐待、ドメスティック・バイオレンス（ＤＶ、妻や恋人への暴力など）は民事の問題なのか、民事から犯罪へ移行しているのか、という判断は難しい。夫婦げんかですぐ逮捕すれば行きすぎになる。彼女に会いたいという男を直ちに逮捕するのも行きすぎである。警察官の恣意が横行する可能性がある。苦情の中から犯罪の芽を見分ける高度な洞察力・判断力が求められている。

これについては、相当の事例を分析して整理して現場警察官の教育を徹底させるということが大事であり、また警察のほうで相談を受けた時に丁寧に事実を分析するということが必要である。現場警察官の資質の向上こそがポイントだと思われる。しかし、いずれにせよ、個々の警察官にとっては重すぎる判断である。

ストーカーについてはストーカー行為規制法ができたことであるし、個々の警察官がその判断で警告するのではなく、法定のルールにのっとり、警察内部で検討して、県警本部長が判断する（少なくとも署長段階で判断する）とすべきである。

7　苦情処理

改革案として、提言は、苦情を言いやすい警察として、警察職員についての職務執行についての苦情を誠実に受け付けることを制度化し、適切に処理するとしている。そのため文書の苦情申出は公安委員会に集結し、結果を文書で回答する制度を創設すべきである、とある。これは改正された警察法七八条の二により制度化された。

全くその通りで、今、苦情を提出しても、文句を言ってくる、むしろ組織の膿を出せないようにという対応が多いが、むしろ、組織の膿を出すという対応が必要である。

ここで個別に回答することになったが、それは「処理の結果」である。理由を付けるのであろうか。単にダメです、無理ですというのでは、意味がない。どのような事実に対してなぜダメなのか、事実と法令に照らしてわかるように説明すべきである。

この苦情の申出先は都道府県公安委員会であるので、警察署長に申し出ても返事がないかもしれない。しかし、そうすれば次に都道府県公安委員会に苦情の申出がなされるので、警察署長も対応するだろうという見方もある。

ここで注意すべきは、これまでの行政体制では、苦情を申し立てても、結局はその担当の原局に申立書が転送されるので、原局は自己弁護的な回答しかしないということである。公安委員会が苦情を受け付けたら、原局には回さず、第三者的な立場で検討することとすべきである。公安委員会はいわゆるオンブズマンとして、警察をチェックすることを重要な任務とすべきである。

政治家にもみ消しを依頼することを防ぐために、政治倫理法を制定して、議員（都道府県、市町村、国の議員全部）は行政の個別案件に口を出すことは許さないという規定を置くべきである。政治倫理法を制定しなくても、警察法のなかに、議員は警察活動について個別案件処理の依頼・問い合わせをしてはならないと規定し、個別事案の処理は公安委員会が受け皿になるべきである。

8　住民の意見の反映

改革の大きな柱として、提言は、住民の意見を警察行政に反映させせよとする。警察は犯罪予防、関係機関との連携、犯罪被害者支援方策などに関して住民の生の声を運営に反映させせなければならない、そのためおおむね警察署ごとに保護司会、弁護士会、自治体などの地域の有識者からなる警察署評議会（仮称）を設置して、警察が住民の声に基づいて行動するようなしくみが確立されなければならないと。改正された警察法五三条の二はこれを警察署協議会として制度化した。その権限は、「警察署の管轄区域内における警察の事務の処理に関し、警察署長の諮問に応ずるとともに、警察署長に対し意見を述べる」ことである。

これまで役所の中で住民の意向を一番無視しているのは、裁判所、検察庁、警察といった独立性のある部署である。独立性が独善性になっているのである。放置自転車対策でも、市町村は住民の声を受けて対応しているが、警察は協力しないし、警察は駐車違反を適切に取り締まらないので、大型車、普通車、二輪車と放置されていると、大型車は捕まらず、普通車は時々レッカー移動され、二輪車は撤去される。「大物を見逃して小物退治」をしているのである。道路公害訴訟判決（尼崎公害訴訟神戸地判二〇〇〇年一月三一日判タ一〇三一号九一頁、名古屋南部公害訴訟判決名古屋地判二〇〇〇年一一月二七日）が賠償のほか、差止めを認めたのを受けて、交通規制が必要であるが、警察は権限を有する（道交法四条）のに、消極的であると聞く。

そこで、警察署協議会も一つのアイデアであるが、ただ難しいのは、地域の住民ははたして警察に厳しい意見を言えるであろうか、うっかり言えば次に交通取締りとか駐車違反取締りで不利なことはないか、万が一捕まった場合に自分だけが他の人よりも厳しい処分をうけたりはしないかという心配が先に立たないかという問題がある。むしろ結局今の学校のＰＴＡのように警察署支援団体にならないかという心配があるので、この集まりが警察と癒着しないようにするためのしかけをもう一つ工夫する必要がある。

この委員の委嘱権は都道府県公安委員会に属するが、本来警察はこれに実質的に関与できないように、警察とは関係なしに地域の人たちが参加する、たとえば自治会長が職名で指名されるというようなしかけが必要であろうし、その警察署協議会の活動の状況が住民にわかるように情報公開の上住民と意見交換をすることが必要である。そこでは個別案件の処理は行わない、一般的に警察のあり方について議論し、たとえば駐車違反取締りのやり方がどうあるべきかといったことを議論するべきである。(14)

9　警察官の犯罪は特別に重く処罰せよ

先に述べたように裁判所は警察官の犯罪も執行猶予付きにしてしまうが、これは権力を使った大変な罪悪だという認識が欠けているためである。裁判所がそのような立場であるならば、刑法に、特別公務員の犯罪という章をつくって、警察官、検察官の証拠隠滅、冤罪の惹起などは特別の重罪とすべきである。

10　警察の人事と捜査能力の向上

警察官の人事のあり方が問題である。それはキャリアとノンキャリアの区別が問題だという意味ではない。ノンキャリアからはキャリアに対する怨嗟の合唱が聞こえるが、それはどこの社会でも同じことである。どこでも、参謀が必要で、それを一兵卒から育てては人生がたりない。ただ、警察も領域が広く、とても一人の人生では対応できない。それにもかかわらず、上位のポストでは全ての問題に対して迅速に判断しなければならない。たとえば、外国との情報交換とか法令審査、予算なども重要ポストであるが、それで優秀な者を処遇するには県警本部長、管区警察局長に充てることになるが、このポスト、特に県警本部長は、現場の総指揮官なので事件が起きたときの瞬時の判断が求められる。仕事は全く異質である。これを一人の人生でやれというのが無理である。他方、ノンキャリアを登用したところで、これまでなら、県警の部長なり主要署長で終わった者が小さな県警の本部長になるというだけであるが、ノンキャリアの人事も、きちんとした現場の能力主義による評価に基づいて行われていないのではないかという疑念が大きい以上は、警察がよくなるわけはない。

ここでは、警察官の職務が多様であり、専門的であることを正面から見据えて、専門家人事を行うべきである。そして、長がつけば偉く、給料の格付けも高いという固定観念をうち破らなければならない。たとえば、警察関係の法令立案、予算、会計などを担当している者でも優秀であれば、本部長などにならなくても、上位の給与を得ることができるとすべきだし、現場の総指揮官は、実戦で戦果を挙げた者から選ぶべきである。他省庁との小規模本部長交流人事は、もともと本部長は実戦の判断をしなくても済むという前提によるもので、本部長の職務軽視の発想によるものであったというのが私の見方である（もし、交流本部長が現場でまともな指揮をしていたというのであれば、本部長は専門的能力をつちかわなくてもなれるポストということになる）。また、現場の総指揮官といっても、個々の事件に関しては、警察署長を充てるべきで、本部長は警察署相互の調整などを担当し、また、署長の人事評価を任務とするくらいにとどめるべきである。本部長が個々の監禁事件の指揮を執る（新潟の事件の例）というように、何でも権限を持つから、実際上は適切に対応できないのである。

キャリア改革の目玉として、今入省四年目で警視に昇進して県警の捜査第二課長や公安課長などのポストに出向しているが、もっと現場経験を積ませ、これを入省七、八年後とするとされている。現場の総指揮官が現場の経験と実力を伴わないのでは、資格がないから、現場の指揮官になる以上はこうした訓練で本当に判断力が備わっている者だけを配置するべきである。

11　提言の最後の指摘について

この提言の最後に三つのことが指摘されている。第一に、国民に顔を向けず組織の上ばかり見ている警察幹部が増えつつあるとの危惧を抱かずにはいられないとあるが、組織というものはすべてそのようなものである。上の方が自分の方ばかり向いている部下を優遇するからこのようになるのであって、上の方が部下の処遇において国民の方を向いている者を評価せよという評価基準をきちんと作って、公表することがまず第一に必要である。本部長の場合にはその県警が本部長に就任前どのような状況にあり、本部長に就任したのち、従来よりもよくなったか悪くなり腐ってきてるのかということをいろんな角度から評価していく、膿を出してより良くしようと努力している本部長を高く評価することが必要である。

第二に、社会と市民生活の安全の確保は国民と警察が責任を共有しながら自発的に協同してこそ初めて創出可能なものであると。その通りであるが、警察と国民が責任を共有するというのはどういうことか、自発的に協同するというのはどういうことかということは、わかったようでわからない。

第三に、大切なことは、警察が自ら改革案を提示できるだけの自発性と意欲を持ち続けることであろう、国民もまた警察の信頼回復に向けた取り組みを監視する必要がある、としている。

警察組織それ自体はかなり腐っているが、何とか今の段階で警察組織の残っているノブレス・オブリージェを生かして改革させることが必要である点については、私も同じ意見である。

今回の緊急提言は、国民のニーズに柔軟に対応し、国民生活に密着した制度を作るという点で、重要な転換である。そして、そのためは、個々の警察官に対する教育を充実する一方で、一線の警察官が報われるような業務評価の基準や報奨制度を作ることであろう、と氏家齊一郎刷新会議議長は述べているということである（読売新聞二〇〇〇年七月一四日二面）。

その意味で、これはこれまでと比べて警察の刷新を大胆に実現するものであるが、なおかつたりないところが少なくないと思われる。

最後に、改革要綱では、警察は現在の定数二二万八〇〇〇人を今後数年間で一万数千人増やしたいということであるが、たとえば、スピード違反のねずみ取り、安全なところの駐車違反取締り、何をやっているのか不透明な警備公安警察のような無駄な職務の見直しを図れば、かなりの人員をひねり出せるはずである。

〔追　記〕

国会には民主党の対案が提出された。政府案よりは、警察に対する監視機能を強化している。提案者によれば、政府案では公安委員会が警察の防波堤のような役割を果たすが、これは国民の代表としての公安委員会が国民の目線で警察を管理することになるということである。これについては、二〇〇〇年一〇月二六日衆議院地方行政委員会で審議され、否決されているが、その内容を紹介しておく。

一　国家公安委員会の改革として、①その所掌事務を強化する。一つは、国家公安委員会に関する国の予算に関する事務は自らつかさどる。二つ目は、重大な不祥事が発生した時などには必要な監察を行う、②国会に対する報告義務、③委員の任期は現在五年のところ、三年に短縮して、再任は一回かぎりとする。専任事務局を置く。

二　都道府県公安委員会の改革として、①重大な不祥事が発生した時などには必要な監察を行う（都道府県警察に対する監察の指示などに関する規定はない）、②都道府県警察の職員の法令違反の報告義務（成立した法律に同じ）、③委員の再任は一回だけ、④専任事務局を置く。

三　苦情処理委員会　都道府県公安委員会に苦情処理委員会を置き、それに事務局を置く。この委員会は、苦情申し出人の相談に応じ、また、公安委員会に勧告することができる。誠実に処理し、処理の結果を通知する。

四　情報公開の推進　情報公開の積極的な推進を図る。

五　警察署協議会は政府案に同じ。二〇〇〇年一〇月三一日衆議院地方行政委員会で開催された公聴会で、学習院大学高木光教授は主に政府案と民主党案を比較して、基本的には政府案に賛成している。そのうち、注目すべき点を挙げる。

政府案は、市民の代表として警察活動をチェックするという公安委員会の制度趣旨を前提とした上で、その活性化を提言している。民主党のように、公安委員会に事務局を置くのは、公正取引委員会のように独自の事務局を抱え、自ら規制制限を行使する合議制の行政機関と同様の機能を果たすことを期待することになるが、それは、組織を複雑にし、それなりのコストをかけることになる。政府案で公安委員会の活性化が期待できるのであれば、当面は、事務局を置くことを見送るのが穏当である。

委員の任期も、より短い民主党案よりも、政府案の方が穏当である。

管理の概念については、「緊急提言」の別紙3において、〈国家公安委員会による「警察庁の管理」は、警察行政の運営がその大綱方針に即して行われるよう警察庁に対して事前事後の監督を行うこと〉を一般原則とするが、〈警察事務の執行が法令に違反し、あるいは国家公安委員会の定める大綱方針に即していない疑いが生じた場合には、その是正又は再発防止のため、具体的事態に応じ、個別的又は具体的に採るべき措置を指示すること〉も「管理」の意味内容に含まれると整理されたところで、監察に関して公安委員会から個別的指示をなしうるという政府案の条文は、理論上の「確認的規定」である。そうすると、民主党案のように規定を置かなくても、理論上は特に不都合はないが、「緊急提言」に従って明確な規定を置くことに積極的な意味がある。

第四に、苦情処理については、文書による苦情申出制度を創設し、書面による苦情に対しては回答義務を定める政府案に対して、民主党案は、更に苦情処理委員会の創設を提言しているが、理論的な観点からは、苦情処理は法律によって規律することが難しいので、政府案の程度にとどめるのが穏当である。回答義務ということ自体、従来の制度や他の分野と比較いたしますと、積極的な意味が認められる。

(1)　これらに事例については、黒木昭雄『警察はなぜ堕落したのか』(草思社、二〇〇〇年)八頁以下、久保博司ほか『日本の警察がダメになった50の事情』(月刊宝島、二〇〇〇年)、小林道雄『日本警察腐敗の構造』(ちくま書房、二〇〇〇年)に詳しい。

(2)　産経新聞特集部＝宮本雅史『検察の疲労』(角川書店、二〇〇〇年)、小林『前掲書』一九四頁以下。

(3)　阿部泰隆『政策法学と自治条例』(信山社、一九九九年)三〇頁。

(4)　武田真一郎「交通反則金不当利得返還請求上告事件」愛知大学法経論集一五一号(一九九九年)四一頁以下。

(5)　黒木『前掲書』一三〇頁、杉浦生『警察署の内幕』(講談社、二〇〇〇年)五〇頁以下。

(6)　小林道雄『警察は変わるか』(岩波書店、二〇〇〇年)一六頁以下、杉浦『前掲書』一八八頁は「警察の会計はブラックボックス」であることを指摘している。

(7)　監察官自ら組織犯罪の隠蔽工作の中心的役割を演じてきたといわれる。黒木『前掲書』二〇九頁。

(8)　黒木『前掲書』二一四頁。

(9)　黒木『前掲書』二一八頁。

(10)　杉浦『前掲書』一三〇頁以下。

(11)　阿部泰隆「執行猶予付き禁固刑による公務員の失職の適用違憲性」判タ九五五号五五頁以下(一九九八年)。この事件は最高裁二〇〇〇年一二月一九日判決(最高裁ホームページ)により、先例通りという、理由にならない理由で失職は合憲とされた。

(12) 丸田隆「企業の不正行為と内部告発責任」法セミ五四九号八二頁以下（二〇〇〇年）。

(13) 黒木『前掲書』二一三頁。

(14) 阿部泰隆「駐車違反対策と道交法・車庫法の改正」ジュリ九六二号一〇七頁以下、九六三号一〇二頁以下（一九九〇年）。

警察法の一部を改正する法律新旧対象表（抜粋）

○警察法（昭和二十九年法律第百六十二号）　（傍線の部分は改正部分）

改正後	改正前
（委員の任期） 第八条　（略） 2　委員は、一回に限り再任されることができる。 （監察の指示等） 第十二条の二　国家公安委員会は、第五条第二項第二十一号の監察について必要があると認めるときは、警察庁に対する同項の規定に基づく指示を具体的又は個別的な事項にわたるものとすることができる。 2　国家公安委員会は、前項の規定による指示をした場合において、必要があると認めるときは、その指名する委員に、当該指示に係る事項の履行の状況を	（委員の任期） 第八条　（略） 2　委員は、再任することができる。

点検させることができる。

3 国家公安委員会は、警察庁の職員に、前項の規定により指名された委員の同項に規定する事務を補助させることができる。

（委員の任期）

第四十条 （略）

2 委員は、二回に限り再任されることができる。

（監察の指示等）

第四十三条の二 都道府県公安委員会は、都道府県警察の事務又は都道府県警察の職員の非違に関する監察について必要があると認めるときは、都道府県警察に対する第三十八条第三項の規定に基づく指示を具体的又は個別的な事項にわたるものとすることができる。

2 都道府県公安委員会は、前項の規定による指示をした場合において、必要があると認めるときは、その指名する委員に、当該指示に係る事項の履行の状況を点検させることができる。

3 都道府県公安委員会は、都道府県警察の職員（第六十条第一項の規定による援助の要求により派遣された警察庁の職員を服務。）に、前項の規定により指名された委員の同項に規定する事務を補助させる

（委員の任期）

第四十八条 （略）

2 委員は、再任することができる。

ことができる。

（方面公安委員会）

第四十六条　（略）

2　第三十八条第二項及び第六項並びに第三十九条から前条までの指定県以外の県の県公安委員会及びその委員に関する規定は、方面公安委員会について準用する。この場合において、第三十八条第六項中「及び他の都道府県公安委員会」とあるのは「並びに他の方面公安委員会及び都道府県公安委員会」と、第四十三条の二中「都道府県警察」とあるのは「方面本部」と、同条第一項中「第三十八条第三項」とあるのは「第四十六条第一項」と読み替えるものとする。

（警察署協議会）

第五十三条の二　警察署に、警察署協議会を置くものとする。ただし、管轄区域内の人口が僅少であることその他特別の事情がある場合は、これを置かないことができる。

2　警察署協議会は、警察署の管轄区域内における警察の事務の処理に関し、警察署長の諮問に応ずるとともに、警察署長に対して意見を述べる機関とする。

3　警察署協議会の委員は、都道府県公安委員会が委嘱する。

4　警察署協議会の設置、その委員の定数、任期その

（方面公安委員会）

第四十六条　（略）

2　第三十八条第二項及び第六項並びに第三十九条から前条までの指定県以外の県の県公安委員会及びその委員に関する規定は、方面公安委員会について準用する。この場合において、第三十八条第六項中「及び他の都道府県公安委員会」とあるのは、「並びに他の方面公安委員会及び都道府県公安委員会」と読み替えるものとする。

他警察署協議会に関し必要な事項は、条例（警察署協議会の議事の手続きにあつては、都道府県公安委員会規則）で定める。

（職員の人事管理）

第五十六条　（略）

2　（略）

3　警視総監又は警察本部長は、第四十三条の二第一項の規定による指示がある場合のほか、都道府県警察の職員が次の各号のいずれかに該当する疑いがあると認める場合は、速やかに事実を調査し、当該職員が当該各号のいずれかに該当することが明らかになつたときは、都道府県公安委員会に対し、都道府県公安委員会の定めるところにより、その結果を報告しなければならない。

一　その職務を遂行するに当たつて、法令又は条例の規定に違反した場合

二　前号に掲げるもののほか、職務上の義務に違反し、又は職務を怠つた場合

三　全体の奉仕者たるにふさわしくない非行のあつた場合

（苦情の申出等）

第七十八条の二　都道府県警察の職員の職務執行について苦情がある者は、都道府県公安委員会に対し、

（職員の人事管理）

第五十六条　（略）

2　（略）

国家公安委員会規則で定める手続きに従い、文書により苦情の申出をすることができる。

2　都道府県公安委員会は、前項の申出があつたときは、法令又は条例の規定に基づきこれを誠実に処理し、処理の結果を文書により申出書に通知しなければならない。ただし、次に掲げる場合は、この限りでない。

一　申出が都道府県警察の事務の適正な遂行を妨げる目的で行われたと認められるとき。

二　申出者の所在が不明であるとき。

三　申出者が他の者と共同で苦情の申出を行つたと認められる場合において、当該他の者に当該苦情に係る処理の結果を通知したとき。

4 警察の電話盗聴に関する住民監査請求に思う
――警察オンブズマン構想に寄せて――

広中俊雄
東北大学名誉教授

一　まえおき

一九八六年一一月二七日、警察による日本共産党幹部宅（東京都町田市）の電話の盗聴が発覚した。極秘裡の盗聴を発見された日本の警察にとって、大事件の発生である。盗聴行為をしたのは神奈川県警察本部の警察官であり、発覚は同本部にとっても小さな事件でなかったにちがいないが、日本の警察の中枢部（機構的には警察庁の長官等）にとって、発覚はまさしく大事件であった。被害者は翌日「氏名不詳者」を電気通信事業法違反等の被疑者として東京地検に告訴・告発し、地検の捜査が始まり、翌八七年五月には現職警察官が取調べを受けるに至るが、当時、警察庁長官が国会で「警察におきましては、過去においても現在においても電話盗聴ということは行っていない」（参議院予算委員会会議録・同月七日、二九頁）と断言したのは、発覚が日本の警察にとっての大事件を意味するものであったからこそだといえよう。

この事件が落着をみたのは一九九九年である。発覚後の経過のうち、被害者の告訴・告発が不起訴処分に終わって職権濫用事件としての付審判請求も棄却に確定するまでのことについては、簡単にではあるが別の機会に述べたし（拙著『ある手紙のことなど』〔一九九六年、創文社刊〕一五九頁）、被害者が八八年に提起した損害賠償請求訴訟に関しては、第一審＝東京地裁の九四年九月六日判決（判例時報一五〇四号四〇頁）が出た当時、「盗聴警察官の個人責任を考える視点」と題する論稿のなかで述べた（前掲拙著五七頁以下）。本稿では、神奈川県の住民が盗聴事件に関してとった法的手段としての住民監査請求に目を向け、警察の不法に対して一般市民がとりうる法的手段という分野の問題を考えてみたいと思う。

住民監査請求は二つ出された。一つは八七年一一月に出されたもの（これは住民訴訟に発展した）であり、もう一つは九八年六月に出されたもの（これは住民訴訟の問題にならなかった）である。そして、これらの請求の結末が、八六年一一月におこった「日本の警察にとっての大事件」の幕引きとなったのであった。

二　第一の住民監査請求→住民訴訟、その成果

1　住民監査請求の内容と住民訴訟に至る経過

神奈川県の住民らが八七年一一月にした住民監査請求は、県が盗聴実行者およびその上司に対する不法行

為損害賠償請求権ないし不当利得返還請求権の行使を怠っているとして県監査委員に所要の措置を求めたものである。住民らは、県の請求権の発生根拠につき、①盗聴実行者らが電話盗聴という違法行為に携わっていた間も正規の勤務をしていたかのように装って給与の全額を受領していたこと、②右の違法行為に使う目的で借りたマンションの一室（盗聴アジト）の室料等を県に支出させ、また県の所有する録音機その他の備品等を横領してマンションに持ち込んだ（それらは現物回収不能となった）こと、③盗聴実行者に違法行為をさせた上司にも責任があることを主張したが、翌八八年一月、監査請求は理由がないとの通知を受けたので、翌月、県に代位して損害賠償請求ないし不当利得返還請求の訴訟（住民訴訟）を提起した。この住民訴訟は二つの意図をもっていたと思われる。第一には、電話盗聴という違法行為への公金支出等の被害を受けた県のため、ひいては県民全体のために、被害の回復をすることが意図されたであろう。しかしまた、第二の意図として、盗聴実行当時の県警察本部長をふくむ「上司」らも被告に加えられていたことが示唆するように、電話盗聴が組織的なものであったことを司法機関に解明させようとする意図もあったにちがいない。

2　盗聴が組織的なものであったことの認定について

住民訴訟についての第一審＝横浜地裁の九六年三月一八日判決（判例地方自治一五一号八六頁）は住民らの請求を棄却し、住民らは控訴したが、控訴審＝東京高裁の九九年二月二五日判決（判例時報一六八四号五二頁）で控訴は棄却され、住民らの敗訴が確定した。しかし、住民らの上記第二の意図は達成されたとみてよいようである。東京高裁の右判決は、この電話盗聴事件についての、付審判請求に関する各審級の決定、被害者の損害賠償請求に関する第一審判決（一参照）および控訴審判決（三1参照）をふくむ一連の裁判のうち、時期的に最後のものでもあるので、その判断の重要性にかんがみ、つぎにそれを引用しておこう。

「……本件盗聴行為が行われていた……現場には、四季を通じた生活の場として使用するために用いていたと推定される様々な日用品が持ち込まれており、同所に遺留された多数の新聞紙や家具には、被控訴人A〔巡査部長〕、同B〔巡査〕及び同C〔警部補〕のものと疑われる指紋が残されており、同被控訴人らは、当事者として訴えられた別件訴訟〔被害者の提起した損害賠償請求訴訟〕においてもそのように主張されていたのであるから、それが自らのものではないことを立証しようとするのであれば、自らの指紋の検証等によって反証を挙げることが容易であるはずであるのに、別件訴訟及び本件訴訟を通して、このような立証活動をしようともせず、また、これをしないことについて何の弁解もしてこなかったことに照らすと、結局のところは、それらの指紋は同被控訴人らの指紋であり、それゆえに同被控訴人らが反証活動をしなかったにすぎないと推定するのが相当である。したがって、日本共産党に関する情報収集活動をその所掌事務に含む県警本部公安一課に所属する警察官であった被控訴人A、同B及び同Cは、その職務活動の一環として……本件盗聴行為に共同で従事ないし関与していたものと推認するのが相当であり、これを覆すような証拠はない。そして、予て警察庁警備局は日本共産党の活動を常時監視する必要があるとの姿勢を打ち出していたものであるが、本件盗聴行為は現職の警察官により、その所属する県警の警察活動の管轄区域外に所在する日本共産党の幹部自宅の電話を継続的に盗聴していたというものであり、しかも、それが合法的捜査活動であると認め得る証拠が全く認められないことに照らすと、警察組織の末端に位置する一部の警察官限りで敢行されたものであるとは考え難いのであって、これに従事していた前記被控訴人らの直属の上司〔公安一課長〕であった被控訴人D及びEが、その所掌する事務として、組織的にこれを指揮命令していたものと推認することが相当と判断されるのみならず、その上司で県警警備部の責任者〔警備部長〕であった被控訴人F及び同G、さらには県警全体の責任者〔本部長〕であった被控訴人H及び同Iについても、その組織の性格に鑑みるならば、事前に本件盗聴行為に関する報告を受けていなかったとは通常考えにくいところであるというほかはなく、右被控訴人らもこれを承認していたのではないかと疑うべき余地があるといわなければならない。」

本稿のはじめに引用した警察庁長官の国会発言はまったく事実に反する強弁であったということ、しかも長官によってまっこうから否定された電話盗聴は組織的に行われていたものであるということが、裁判所によって明らかにされたといえよう。A巡査部長とB巡査につき八七年八月に検察官の不起訴処分〔起訴猶予〕があったあとの神奈川県警察本部長の記者会見で本部長が「県警は組織的に関与していない」と述べた〔別件訴訟で原告＝被害者と被告側と双方が認めた事実〕のは、厚顔無恥の発言であったというほかあるまい。

3　県に代位しての請求が棄却されたことについて

住民訴訟を提起した住民らは、以上のような事実認定をかちとった反面、県に代位して請求した損害賠償ないし不当利得返還をかちとりえなかった。この点はどのように考えるべきであろうか。

東京高裁判決はつぎのように述べている。

「……本件証拠によっては、被控訴人らのうち、本件盗聴行為やその準備行為に関与した者について、それがその勤務時間中の行為であって給料を減額すべき時間帯であると断定することができないし、また、どの被控訴人が実際にいつ本件マンションに出入りをして本件盗聴行為に関与したのかすら確定することができない以上は、単に被控訴人らが共謀して、そのうちの一部の者が半年余の期間中に交代して継続的に本件盗聴行為に及んだことが推認されるというだけでは、神奈川県においてはいずれの被控訴人らのいつの給料を減額し、あるいはどの手当の返還を請求するべきかを確定し難いというほかはないのであって、結局、控訴人ら〔住民ら〕の主張立証を前提とする限り、神奈川県において違法にその請求を怠ったとは言い難……い。

次に、給料相当額以外の金員ないし備品の騙取又は横領の主張についてみるに、……本件盗聴行為は、被控訴人らの一部の者がその職務として組織的に敢行したものと認められるから、これに要した諸費用が公金から出捐されたものであり、また、これに用いた備品の全部ないし一部が神奈川県の所有する備品ないしは公金により購入されたものと推認してまず間違いがないものと考えられるけれども、そのどの部分がいつどのような手段方法費目でもって公金から支出され、あるいは横領されるに至ったかが明らかではなく、そうである以上は、神奈川県がその返還の請求をすることは困難というほかはないのであるから、前同様の理由により、これを請求しないことをもって、違法にこれを怠っているものということはできない。」

以上の説示のうち、給与に関する部分については、そもそも盗聴実行者Ａ・Ｂ・Ｃに減額＝返還の責任を負わせるべきなのかという疑問がある。判決も認めたように彼らは「職務行為として本件盗聴行為に従事していた」のであるから、彼らに対して指揮命令する関係にあった公安第一課長Ｄ・Ｅ、その上司たる警備部長Ｆ・Ｇないし県警全体の責任者であった本部長Ｈ・ＩがＡ・Ｂ・Ｃを違法行為に従事させながら給与ないし手当の支給を受けさせたことによる責任を負うことは是認されうるとしても、Ａ・Ｂ・Ｃ各本人に給与ないし手当の返還を義務づけることは過酷ではないだろうか。また、盗聴行為のために県から公金が支出され備品が持ち出されたという住民らの主張に関する部分については、それらの金銭や備品は国費に由来するものではなかったかという疑問がある。本件盗聴行為は、上掲判決文にもあるように、日本共産党の活動を常時監視する必要があるという警察庁警備局の方針に従って神奈川県警察本部警備部公安第一課が行った組織的な情報収集活動の一環なのであり、そのために必要な費用や備品は、全部でなくとも大部分、国費に由来する金銭でまかなわれたのではなかろうか。この点については、第一審＝横浜地裁の判決で明示的に、「本件盗聴行為について、警察庁警備局及び同局公安第一課等が関与した疑いがあることを考えると、本件マンションの賃料等の本件盗聴行為に必要な資金の出所が県警本部の予算によるものと断定することにも疑問が残る（なお、警察法三七条一項七号参照）。……更に……本件備品等は……被告らが……管理担当者から騙取したものか、県警本部から持ち出し横領したものかも判然とせず、……そもそも、県警の備品であるかどうか、その所有関係すら不明といわざるを得ない」と述べられていたことが注意されよう。

住民訴訟は既述のように二つの意図を持っていたと思われ、主たる意図はおそらく、本件盗聴が組織的なものであったという事実を解明することにあって、この意図は2で述べたように達成されたとみてよさそうなのに反し、電話盗聴という違法行為への公金支出等による県の被害を県のために回復するというもう一つの意図は、代位行使しようとした請求権に関する所要の立証ができなかったため達成されなかった。しかし、この第二の意図については、特に盗聴のための費用・備品が国費に由来するものであった可能性を考えれば、意図そのものに無理があったという側面も指摘されうるように思われる。

三　第二の住民監査請求、その顛末

1　住民監査請求の背景および内容

神奈川県の住民らが九八年六月にした住民監査請求は、盗聴の被害者が提起した損害賠償請求訴訟の結果を踏まえたものである。この訴訟においては、一で触れた九四年九月六日の東京地裁判決が出たあと、原告（被害者）と被告（国、神奈川県および盗聴実行者A・B・C）との双方から控訴があった。そして、九七年六月二六日に控訴審＝東京高裁の判決（判例時報一六一七号三五頁）が言い渡される。この判決は、A・B・Cの三人が「県の職務を行うについて……故意により……違法な本件盗聴行為を行った」とし、県および国が国家賠償法による賠償責任を負うとして総額四〇〇万円余の賠償金（うち慰謝料合計三六〇万円は第一審判決認容額の二倍）の支払を命じるとともに、第一審判決が認めたA・B・Cの個人責任を否定して同判決中A・B・Cの各敗訴の部分を取り消したうえ、三人に対する被害者の損害賠償請求を棄却した（確定）。この判決に基づき、神奈川県および国は、九七年七月一一日、利息を加算した賠償金全額を折半して（県は三〇九万七五四一円、国は三〇九万七五四〇円）被害者に支払ったようである（県と国とで折半したことにつき、九八年七月に神奈川県警察本部が作成した後述『監査説明書』は、「双方が関与を否定している本件事件のケースにおいては、賠償金額を単純に敗訴当事者間で均等割りとすることが適当であると判断したもの」という）。

九八年六月、神奈川県の住民一七〇人から「監査委員が神奈川県知事……に対し、知事が、東京高等裁判所の平成九年六月二六日の損害賠償請求事件控訴審判決に基づき支払った損害賠償金について、同判決において故意による違法な盗聴行為を行ったと判示された三名の警察官（以下「関係職員」という。）に対し、神奈川県……が有する求償権の行使を怠る事実を改め、県が支払った金額の補塡として関係職員に対し、三〇九七、五四一円の支払を請求するよう勧告することを求める」という住民監査請求をした。根拠として、「国家賠償法第一条第二項は『公務員に故意又は重大な過失があったときは、国又は公共団体は、その公務員に対して求償権を有する』と定めている」こと、「本件盗聴は、法秩序を維持すべき警察官が実行した犯罪という点で特異なものであり、その違法性は重大であるから、その責任は厳しく追及されねばならない。……権力犯罪の根絶と公務員の綱紀の粛正を期するためにも、違法行為を犯した公務員個人に対する法的責任を曖昧にしてはならない」こと等が述べられている。

2　監査実施の経過と請求についての結論

監査が実施され、「本請求を棄却する。」との結論がその理由とともに九八年八月一三日付の書面で請求人に通知されたが、通知書に記載された理由は意外なものであった。通知書は「監査の結果」という見出しの箇所でつぎのように述べている。

「1　確認した事実

(1)　県は、……控訴審判決……を受け、損害賠償金及び遅延損害金として三、〇九七、五四一円を平成九年七月一一日……原告……に支払った。

(2)　関係職員は、神奈川県警察本部総務部会計課長に対し、平成一〇年三月二七日付けで申立書（関係職員連名で、そのうち一名を代表として記載してある。）を提出して『個人被告三名の合意により、平成九年七月一一日に県が支払った賠償金全額を、県の支出に対する補填として、任意に弁済したい』旨の申立てをし、代表者名義で平成一〇年四月九日に、県が支払った損害賠償金三、〇九七、五四一円にその振込手数料四二〇円を加えた額及びその額に平成九年七月一一日から平成一〇年四月九日までの日数に応じ、年五パーセントの割合を乗じて得た利息相当額の合計額三、二一三、三九一円を県に納付していた。

(3)　神奈川県警察本部は、前記(2)の関係職員の申立てに対し、その意思を尊重し、県が支払った損害賠償金の補填として三、二一三、三九一円の弁済を受けた。

(4)　関係人調査により、関係職員から前記(2)の事実及び各人が弁済金の一部を負担し、代表者が一括して県に納付したことを確認した。

2　請求に対する判断〔＝請求棄却〕の理由

(1)　……県は関係職員に対し、国家賠償法第一条第二項の規定により求償権を有するものと認められる。
(2)　関係職員が弁済した金額三、二一三、三九一円は、関係職員及び神奈川県警察本部の双方に、控訴審判決により県が支払った損害賠償金を補填するための弁済であるとの意思及び認識が認められ、金額においても県が支払った損害賠償金に対応したものということができる。
(3)　なお、関係人調査の結果、関係職員の当該弁済は、その負担によるものと認められる。
(4)　以上のことから、関係職員により既に弁済が行われており、現時点では、県には求償すべき損害が何ら生じていないと認められるので、知事に求償権の行使を求める本請求には、理由がないものと判断する。」

上掲中2の(2)に述べられている「神奈川県警察本部の……認識」は、神奈川県警察本部（総務部会計課／警務部監察官室）作成の『平成一〇年七月一六日実施／監査説明書』のなかの、

「被告とされた個人三人から『判決の事実認定には不服であるが、個人への求償などの問題を今後残したくないので、県の支払った賠償金に対する補填として、その全額を任意に弁済したい。』旨の申立てがあり、賠償金の補填として、平成一〇年四月九日、賠償金とこれに対する法定利息を含めた三二一万三、三九一円を収入している。……

（申立　平成一〇年三月二七日　　調定　同三月三〇日　　収入　同四月九日）」

という記載に対応するものと考えられる。

他方、前掲中1の⑷および2の⑶に述べられている「関係人調査」は、同じ通知書のなかに「平成一〇年七月二八日及び八月三日、関係職員に対して」行われたものと記載されているが、この調査はやや複雑な経過をたどったようである。神奈川県監査事務局の資料に徴すると、七月二七日付で依頼状が出されたあと、翌日、「関係人事情聴取書」によって（以下、「××」は住民への資料開示の際に黒く塗りつぶされた部分）、三人に対し、

「1　申立書について

神奈川県が支払った賠償金を補填弁済するため、××氏を代表とした申立書が提出されたことに関連して、

①　この事実を承知しているか。

②　その内容は合意によるものか。

2　弁済金について

平成一〇年四月九日に弁済金として三、二一三、三九一円が納付された件に関連して、

①　この事実を承知しているか。

②　自己負担はされたか。」

ということの聴取が行われることになった。ところが、七月三一日、「内一名については××××××××××××事情聴取が極めて困難な状況となっており……このため……文書により回答を求めること」となって、この方法による調査のためにつぎのような「調査表」が作られる。

「調　査　項　目

1　申立書について

神奈川県が支払った賠償金を補塡弁済するため、××さんを代表とした『申立書』が提出されていますが、

①　この事実を承知していますか。

②　その内容は合意によるものですか。

③　提案者はどなたですか、連絡方法は電話ですか。

2　弁済金について

平成一〇年四月九日に弁済金として三、二一三、三九一円が××さん名義で納付されていますが、

①　この事実を承知していますか。

②　自己負担はされましたか、その額はいくらですか。

③　自己負担した場合、××さんにどのような方法で支払われましたか。

回　答　欄

平成　年　月　日

氏名　　　　印」

回答は「平成一〇年八月三日」付で書かれているが、回答欄は全面的に黒く塗りつぶされて判読不能であ

り、氏名も黒く塗りつぶされていてわからない。
経緯はともかく、以上のようにして三人（A・B・C）を対象とする「関係人調査」は完了したこととされ、「関係人調査結果」という標題のつぎのような書類が作成された。

「関係人調査結果
（平成一〇年七月二八日及び八月三日実施）

聴取項目	聴取結果
本人確認について	監査事務局は、関係人に住所、氏名を口述させ確認した。
1　申立書について 神奈川県が支払った賠償金を補填弁済するため、××氏を代表とした申立書が提出されたことに関連して、	
①この事実を承知しているか。	三人とも承知していた。
②その内容は合意によるものか。	三人が電話等で相談し、平成一〇年三月二七日××氏が代表して、申立書を警察本部会計課に提出した。
2　弁済金について 平成一〇年四月九日に弁済金として三、二二三、三九一円が納付された件に関連して、	
①この事実を承知しているか。	三人とも承知していた。

②自己負担はされたか。
　三人で話し合い、各人がその一部を負担（×××××
××××××××××××××）することとした。
××氏が、他の二人の負担分を預かり、平成一〇年四月
九日一括して支払った。」
「関係人調査」は円滑に運ばなかったようであり、はたして申立書はA・B・C三人そろっての自発的意思によって発案され文章化され提出されたものだったのであろうかという疑問を抱かされる。もし住民監査請求がきっかけとなって神奈川県知事が求償訴訟を提起し三人中一人でも応訴して争うような事態に発展したら警察にとって一大事だったはずであり、「判決の事実認定には不服であるが、個人への求償などの問題を今後残したくないので」という文言で始まる申立書が作られることとなるについては、県知事に求償権の行使を求める住民監査請求が出されることになりそうだという情報を県警察本部が入手してお膳立てを始めたというような経緯もあったのではなかろうか。申立書提出三月二七日（金）、調定三月三〇日（月）という、いかにも年度末にばたばたと処理されたようにみえる過程も、不自然という感じを与える。三月二七日に県警察本部総務部会計課長が三人の代表者から突然「個人への求償などの問題を残したくないので」というような書き出しの申立書を渡されたとすれば、普通ならびっくりして「君たち、よく考えたまえ。求償は国からも来る可能性があるんだよ。早まったことをするな」と言うであろう。県も国も求償権を有するとして、両者で異なるのは住民監査請求制度の存否である（県に対する関係では存在するのに国に対する関係では存在しない）ということが想起される。

四　総括的感想と警察オンブズマン構想に関する附言

1　警察機構の問題性について

第一の住民監査請求およびその展開としての住民訴訟は、〃県が電話盗聴という違法行為に起因する損害ないし損失を被ったかどうかの不明確〃という問題を浮かび上がらせた。盗聴を実行したA・B・Cは神奈川県警察の職員たる警察官（地方警察職員）であるのに対して神奈川県警察本部長も同本部警備部長も国家公務員であり、本部長は県警察に属する警察職員を指揮監督することになっているという次元でいえば、第二の住民監査請求で取り上げられた県の求償権は国に対するものとして考えるべきではないのかという問題もあるが、ここではこの問題に論及しないことにして（簡単には前掲拙著六三頁参照）、経費の問題を考えてみよう。一般に、都道府県警察に要する経費でも「警備に要する経費」は国庫が支弁することを警察法が定めているが（同法三七条一項七号参照）、具体的な事件と関係のない一般的な警備情報の収集に必要な経費はどうなるのか。本稿で問題にしている電話盗聴のように、対象が特殊的に日本共産党の幹部（具体的には国際部長）であるばかりでなく情報収集手段も特殊的に管轄区域外に準備されている場合の警備情報収集は、警察庁（警備局）の事務であってその経費は当然に国庫支弁なのか、あるいはそうとも限らないのか。また、右の場合のような事務についての地方警察職員の職務行為が違法なものであったときの被害者に対する賠償は国の責任とされるのか、そうでないのか（これは素人にとってわかりにくいだけではない。神奈川県の地方警察職員の電話盗聴による被害者の損害賠償請求訴訟で第一審判決が「国は、国家賠償法一条一項、三条一項に基づき……賠償すべき責任がある」としたのに反し、控訴審判決が「国は国家賠償法一条一項による損害賠償責任を負うものではなく……三条一項による損害賠償責任を負うべきものである」としたことは、問題が単純でないことを示している。他方、県は被害者に対する関係で賠償責任を免れないとしても、賠償金の最終負担者は国とすべきではないかという問題があり、これが前述の求償問題にほかならない）。これらさまざまの疑問は、結局、都道府県警察の性格が不明確であることから生ずるといえよう。都道府県警察を自治体警察とみる人がいるけれども、国の行政組織に属する国家公安委員会によって任免される国家公務員としての警視総監または道府県警察本部長が都道府県警察の職員を指揮監督する警察を「自治体警察」と考えうるのであろうか。以上に述べたような不明確な性格のため、都道府県ごとに一般市民が住民として警察（警察官の職務活動）のコントロールをすることは非常に難しくならざるをえない。このことは、第一の住民監査請求の例が示唆するように、住民監査請求によるコントロールについてあてはまるし、情報公開制度によるコントロールについても——（警察関係の情報の開示につきまとう一般的困難とは別に）開示を望む情報の所在が必ずしも明確でないことのゆえに——あてはまるであろう。警察オンブズマンの制度を考えようとする場合にも、監視や是正措置の対象が国の機関なのか都道府県の機関なのかという問題に対処しうる制度を工夫しなければなるまい。さしあたりここで念頭に置いているのは、一般市民に対する警察の人権侵害その他の不当取扱いに対してオンブズマンがとりうる措置の問題であるが、最終的には、国レベルおよび都道府県レベルのオンブズマン活動を積み上げていくうちに到達するであろう警察制度改革構想の問題であるように思われる（都道府県警察に自治体警察たる実質を付与することがそこでの中心課題となろう)。

2　下級警察官の境遇について

第二の住民監査請求は、職務行為として電話盗聴に従事した三人の下級警察官がいかに冷酷・無残な境遇に置かれたかということを明らかにした。この三人の例は、広く他の下級警察官たちが受ける可能性のある心理的影響(のちに3で一言する)の点からも重要視されて然るべきものであり、まず、事態の推移をややくわしく振り返っておこう。

私は、被害者の損害賠償請求訴訟についての第一審判決が出たあと、つぎのように書いた。「巡査、巡査部長といったような下級警察官が、上司から公安警察目的の盗聴を命じられた時の迷いや不安、それを振り切った時の虚勢、そのあと人目を恐れながら違法な職務に携わった暗い日々、そして不運にも摘発された時の狼狽を経て、たとえようもない悲哀に落ち込む。その状態において彼は損害賠償請求の訴えを提起される……」(前掲拙著六〇—六一頁)。Aらには、訴えを提起される前から悪い予感があったに相違ない。盗聴発覚の約半年後、八七年五月七日に警察庁長官が国会で、警察は過去においても現在においても電話盗聴ということはしていないと強弁したのは、対内的には《盗聴は隠しとおせ》という大号令をかけたも同然であるといえようが、その約一週間後、盗聴にかかわっていたとみられる彼らの同僚(巡査部長で、年齢はA巡査部長とB巡査との中間くらいの人)が東京地検の取調べを前にして急死した(警察発表で死因は「脂肪肝」とされたらしいが、「怪死」との見方もある)。その約三月後、東京地検がAとBを起訴猶予とした八月四日に、神奈川県警察本部長が記者会見で「県警は組織的に関与していない」と述べ、盗聴が図られた事情についての質問に対し「警官二人は黙して語らずで、どのような考えで行ったか判然としない」（『朝日新聞』の記事による）と、まるでA・Bらを切り捨てるような発言をした。八八年二月に住民訴訟が、同年九月に被害者の損害賠償請求訴訟が提起され、横浜地裁と東京地裁で審理が始まった翌々年の七月に、盗聴発覚当時の同本部警備部公安第一課長Eが自殺した。A・Bらは、裁判所の審理に対してどういう態度をとるかに悩んだであろうが、とにかく審理への不協力を貫く。東京地裁は九四年九月六日の判決で被告A・B・Cの個人責任を認めるとともに、「本件訴訟において、被告個人らは、当裁判所が被告個人ら全員について本人尋問を採用したにもかかわらず、既に神奈川県警察を退職した被告Bを除き、いずれも正当な理由なく期日に出頭せず、本人尋問に出頭した被告Bについても、正当な理由を示さない供述拒否と形式的否認の態度に終始したものであるが、被告個人らが、右のように本件事案の真相解明に協力しないとの姿勢に終始することができたのは、同被告らが、事実認定の結果いかんにかかわらず自分たちが損害賠償責任を問われることはないとの前提に立っていたためであることは疑い得ない」と、不快感のにじむ文章を書いた（私はこれについて、「彼らが供述拒否・形式的否認あるいは不出頭という非協力的態度に終始したのは、警察内部に、そのような態度をとることへの（暗黙の、あるいは明示的な）強い期待があったためではないか。Aらは非協力的態度の原因に関する判決の記述を見当ちがいと感じたに相違ない」と述べた。前掲拙著六四―六五頁参照）。これに対して九七年六月二六日の東京高裁判決がA・B・Cの個人責任を否定したことは、彼らをある程度ほっとさせたかもしれない（住民訴訟の控訴審でもA・B・Cは自殺したEを除きD・F・G・H・Iとともに本人尋問への不出頭を貫いて九八年二月に口頭弁論終結の日を迎え、やっと彼らは裁判所の審理から解放される)。しかし、それは、つかのまの安堵にすぎなかった。Ａ・Ｂ・Ｃは合計三二一万円余を支払う破目になったのだから。

警察庁長官の盗聴否定発言や神奈川県警察本部長の組織的関与否定発言をあたかも裏書きでもするかのように、盗聴はＡ・Ｂ・Ｃが三人で勝手にやった形になってしまった(三二一万円余については誰かがあとで密かに負担してやったかもしれない――そうあって然るべきだと思う――が、外形は厳然と残っているのである)。誤解が生じてはいけないので念のために言っておくが、私は決して、Ａ・Ｂ・Ｃのしたことを憤らないわけではない。しかし、盗聴発覚後、警察庁のトップや神奈川県警察のトップがあのような発言をした陰で下級警察官が苦悩の日々を送ったあげく踏みにじられた状態には、怒りをおぼえる。

警察機構のなかで理不尽な扱いを受ける下級警察官たちの思いを理解し必要な援助の手をさしのべる制度が考えられなければなるまい。オンブズマン制度発祥の地スウェーデンに生まれた議会オンブズマンの一人「軍事オンブズマン」につき「軍曹以上の軍人を対象として、部下への非行を糾明」し「下級軍人の人権を保障」する機能が説明されているが(佐藤竺「人権の守護神としてのオンブズマン」篠原一・林屋礼二編『公的オンブズマン』一九九九年、三七頁)、日本で警察オンブズマンの制度を考える場合にも、その職務・権限には、一般市民に対する警察の人権侵害その他の不当取扱いについての対処と並んで、警察機構内部で理不尽な扱いを受ける下級警察官の保護もふくまれるように設計すべきであろう。

3　〝警察不祥事〟問題と「警察刷新会議」のことについて

以上、一九八六年に発覚した警察の電話盗聴に関し、警察庁長官の盗聴否定や神奈川県警察本部長の組織的関与否定にもかかわらず組織的な盗聴が認められることを明らかにした九九年二月の住民訴訟控訴審判決（確定）までの経過をたどってきたが、九九年秋以降、神奈川県警、新潟県警、埼玉県警、栃木県警と、いわゆる警察不祥事がつぎつぎと露顕したことに対応して、〝国家公安委員会の第三者機関〟という触れこみの「警察刷新会議」が設けられ、二〇〇〇年の三月から会議が重ねられて七月一三日に「警察刷新に関する緊急提言」が国家公安委員会に提出された。そして、その「はじめに」のなかの「一連の警察不祥事」に関する記述の冒頭に、「警察官による多くの職務関連犯罪の発生とその隠ぺいが行われた神奈川県警事件」と、隠蔽を過去のこととするような記述がされている。しかし、神奈川県警の関連で近年最大の不祥事ともいうべき八六年発覚の電話盗聴については、少なくとも警察庁や神奈川県警察本部の「隠ぺい」行為が過去のものとなったことを私たちはまだ確認していない。警察庁トップ、神奈川県警トップの、一方では電話盗聴についての真摯な反省も国民への謝罪もせず、他方で盗聴を実行した下級警察官Ａ・Ｂ・Ｃに対する酷薄な扱いには見て見ぬふりを続けた態度に、神奈川県警の他の下級警察官たち、また八六年の盗聴発覚から九八年のＡ・Ｂ・Ｃの求償債務弁済に至る一連の事実を知った他の都道府県警の下級警察官たちが、深い無力感と絶望感を抱き、このことが九九年秋以降つぎつぎに露顕した「一連の警察不祥事」の一つの誘因になったことは、否定しえないように思われる。警察上層部の前述のような態度に頬かむりしたままの「警察刷新会議」の提言が、日本の警察の体質を変えうるようなものでなかったことは、当然であろう。私は、この提言に対する意見を『朝日新聞』に求められて、

「踏み込みが足りない。一番の不満は、トップの人事権を〔都道府県の〕公安委員会に与えるなど自治体警察としての実質を都道府県警に与えようという議論がなかったことだ。昨秋の不祥事で辞めた神奈川の本部長には『県民に申し訳ない』という姿勢がなかった。中央を気にするのではなく目を市民に向かせるには、警察庁の任務を都道府県警の調整や監察ぐらいと考えなければ。市民感覚を養うために、警部補以下の警察官に団結権を認める決断も欲しかった。情報公開はある程度議論したようだが、国の情報公開法〔に関する警察庁の解説〕を先取りした程度にとどまった、と言っては言い過ぎだろうか。」

と述べた（同紙七月一三日夕刊の談話記事）。その時、私が警察オンブズマン構想に言及しなかったのは、その構想が一般市民になじみのないものだからであったが、国レベルの警察オンブズマンを国会の任命によって設けうるなら、その持続的活動に真の「警察刷新」機能を期待することは可能であると私は思う。それと並んで自治体レベルの警察オンブズマンが都道府県知事の任命によって設けられることも有益であるが、国レベルの警察オンブズマンは、内閣総理大臣とか国家公安委員会とかの任命による行政オンブズマンとして設けるかぎりほとんど役に立たないであろう。

5　マスコミ主体の警察オンブズマンを考える
――警察の民主的コントロールの制度設計

萩原金美
神奈川大学法学部教授

一　はじめに――本稿の課題

本稿の課題は、警察外部すなわち市民サイドからの警察に対する民主的コントロールを考えることである。(1) 警察は市民生活の安全にとって不可欠の存在であり、それだけに警察の腐敗ないし機能不全は市民生活への重大な脅威になる。また、ことの性質上警察権は市民的自由の侵害を招きやすい。市民の立場からの警察に対する適切なコントロールが必要なゆえんである。この場合に留意すべきことは、われわれは現在の日本の警察を問題にしているのであって、抽象的、一般的な意味での警察に対するコントロールの問題を取り扱っているのではないということである（その種の研究の必要性を否定するわけではない。念のため）。かつてある警察研究の文献の中で次のような興味深い文章を読んだことがある。「若しも英国の警察職員が米国の都市に配置されるようなことがあれば彼らは全員二四時間以内に誘拐されてしまうだろうが、これに反して若しも米国警察職員が英国に移されるようなことがあれば彼らは直ちに職権濫用のかどで逮捕されてしまうだろう。」(2) 言語的、文化的、法制的にみて酷似すると思われる両国の警察でさえ、国情に応じて著しく異ならざるを得ないことをこの文章は示していよう。もとより他国の制度や事情に学ぶことは有益である。開国以来一〇〇年、わが国は全ての面において欧米をモデルとして「追いつけ、追い越せ」の努力をしてきた。だが、その目標を到達しえたかにみえる現在、今やわれわれはモデルの存在しない課題の解決を迫られているのである。警察に対するコントロールの問題についてもことは同様といえる。

「追いつけ、追い越せ」型モデル思考には必然的に一種の危険が伴う。それはモデル国がある面でわが国よりも劣る（あるいはそう誤解された）場合には、その面における改善（改革）の努力が安易に放棄されてしまうことである。わが国の警察についてはしばしば世界で最も優秀だという礼賛論がとくに警察関係者によって強調されてきた。(3) この主張は、わが国における市民生活の安全性の高さ、犯罪検挙率の高さなどに関連して語られるのが常である。が、たといその主張が正しいとしても、それが他の重大な市民的権利、自由を代償にして成り立っているならば、そこには当然に改善（改革）の必要性が存在するはずである。(4) モデル思考の論者はそれを忘れ、思考停止してしまうのである。

このように考えてくると、警察の民主的コントロールとしての警察オンブズマンの問題を検討する上で、現在の日本警察の実態を、市民の立場から最もよく知っているはずのマスコミ関係者や弁護士による意見、提言は極めて貴重だと思われる。そこで以下では、このような立場からの執筆者の論考をご理解いただくための総論的意味合いの論述と、あわせてマスコミ主体の警察オンブズマン制度の構想ないし制度設計について、提案をしてみたい。

二　警察とは何か――警察と市民との関わり

警察とは何かという見出しを掲げたのは、一般の市民にとって警察は分かったようで分からない概念だからである。そしてコントロールの対象である警察という概念をキチンと捉えておくことは、警察オンブズマン制度を考えるために不可欠だからである。例えば広辞苑（第五版）は、警察の定義の第一に「社会公共の安全・秩序に対する障害を除去するため、国家権力をもって国民に命令し、強制する作用。また、その行政機関。行政警察。」を掲げ、第二に「警察法所定の普通にいう警察は……行政警察作用のほか司法警察作用をも総称する。」と述べている。伝統的な警察の定義としては法的に正確であるにせよ、一般の市民の考える警察とはかなり違うといえよう。一般の市民の念頭にある警察は、まず犯罪捜査に活躍する刑事警察であり、さらに犯罪の予防・鎮圧に関連する警察活動であろう。しかし講学上の意義における警察の概念ははるかに広範なのである。事実戦前は、消防や衛生などに関する事項も警察の所管に属していた（警察署は消防署、保健所などを兼ねていたといってもよい）。そしてこれが伝統的な行政法学における警察概念である。(5) これに対して、現行警察法（二条一項）において警察の責務を限定的に規定したのは、戦前における警察権の甚だしい濫用の反省に基づくが、それでも「その他公共の安全と秩序の維持」の解釈の仕方いかんでは、警察の責務が法の趣旨を超えて拡大されてゆくおそれがないではない(6)。

他方、今日の複雑社会は様々な市民生活に対する新しい危険を発生させ、これに適切に対応するために警察権の拡大方向における再検討を迫っている。最近の暴力団関係の立法やいわゆる通信傍受法の制定などはその例証である。このような警察権の拡大はそれ自体としては緊急かつ正当な市民のニーズに応えようとするものであるが、そこには常にその濫用による市民的自由の侵害の危険が潜在していることを忘れてはなるまい（警察法二条二項参照）。警察権が他の行政権と異なる最大の危険な特性は、逮捕その他の強制捜査権を行政警察権のために利用しうるところにある。ここから警察権の濫用やそれに対する疑念、恐怖（「江戸の仇を長崎で」討たれるという）が生じ、このことが一方では警察による行政規制を極めて効率的ならしめ、他方、警察に対する市民の批判を封殺してしまうのである(7)。すなわち、警察権は宿命的に「両刃の剣」という性格を帯有しており、それはますます先鋭化・顕在化する傾向を辿っているのである。

このようにして警察に対する市民感情は、基本的に信頼と恐怖がない交ぜになった複雑なものにならざるを得ない(8)。各種の危険が充満する複雑社会においてこの両義的な感情はますます増幅しつつあるといえよう。こういう状況の中で、警察に対する市民の信頼を確保するための最善の方策は、私見によれば警察活動における法の支配を確立することである。言い方を換えれば、警察活動が警察法一条ないし三条を厳格に遵守して行われることに尽きる。節を改めてこの問題を考える。

三　警察と法の支配

警察官は英語で law enforcement officer（法執行官）ともよばれる。単純化していえば行政は法の執行であるから、全ての行政官が法執行官であるといえるわけだが、たしかに警察官は法執行官とよばれるのにふさわしい典型的存在である。このことは交通違反の取締りを考えただけでも直ちに理解できよう。

ところが、この法執行官が個人としても集団としても必ずしも法を忠実に執行していないばかりか、重大な犯罪すら行っているという事実が最近頻々と発覚している。このような現象の背景には何があり、根本的な原因は何なのか？　その全体的解明は本稿のよくするところではないが、まず留意すべき点は、このような現象はかつては存在せず、最近のものだとする見方は正しくないということである。むしろ以前から存在してきた問題が露呈したに過ぎないとみるべきである(9)。したがって、問題の検討は特定の県警や警察集団または個人にとどまらず、広く警察全体について行われる必要がある。本稿の問題関心から重要なものとして、さしあたり次の二点を指摘しておきたい。

第一に、組織一般の問題として考えるとき、組織防衛の病理現象の発生は、警察や軍隊のように組織としての一体性が強く要求されるところでは見易い道理だということである。同様の現象は諸外国の警察についても報告されている。しかもわが国では民間企業さえ一家意識が強く、組織防衛の病状が蔓延しているから（このことが総会屋などの付け入る素地を成している）、まして警察という一種の密室社会ではそれが重篤化してしまう危険が常に潜在しているのである。[10]

そして問題なのは、このような病理現象の矯正装置が警察には内部的にも外部的にも事実上全く存在していない点である。この意味では、警察取材を通じてその情報を多かれ少なかれ入手しているはずのマスコミの責任は重大である（これに関連して**五**参照）。

第二は、第一に関連するが、警察部内における警察（官）の警察（官）は存在しないという思い上がった意識の存在である。これはキャリアとノン・キャリアを通じてみられるが、罪はキャリアのほうがはるかに重いというべきである。その一例について倉田卓次博士（元裁判官）の著書の中に興味深い記述があるので、つぎに紹介してみたい。

これは在外公館に外務省アタッシェとして派遣される他の行政官庁官僚らの外務省特別研修の旅行に倉田判事が参加したときの経験を語ったものである（同氏はこの研修に、裁判官としてドイツ留学するため特に参加していた）。暑い夏の日、京都市内見学中に専用バスが川のほとりで休憩したとき、警察畑の二人（一人は警視長）が素っ裸のまま川で水浴びをするという公然猥褻まがいの行為をしたこと（彼らはパトロールなど全然恐くなかったのだ）、京都から奈良へ向かう途中、そのバスがスピード違反で白バイに捕まったところ、運転手が参加者の警視長の名刺を見せて何か言うと、警官は挙手の礼をして引き下がったことを倉田氏は批判的に記している。[11]つまり、彼らは法執行官としての自覚がないどころか、法の支配の下にあるのではなく、法の上にあると意識していたに違いない。[12]上級者に下級者が倣うのは当然のことであって、この白バイ警官を強く責めるのは酷であろう。

なお、上記の倉田氏の著書には、その警視長が研修旅行終了後に警察予算を使って研修参加者を料亭に招待した話も掲載されている。[13] そんな予算が警察にあるはずはないから、ここでも公文書偽造に類する違法行為が行われていたことが推認される。官公庁における予算流用の問題は、根本的には会計法規の過度の硬直性に由来する面があり、全面的に非難するのは酷かも知れないが、警察の場合には目に余るものがあるようである。[14]

このようにして、結局、誰が警察（官）の警察（官）になるのか、またそれにふさわしいのかという問題が登場する。それは誰が猫の首に鈴をつけるか、という鼠たちの難題にも似た問題であり、本書はまさにこの課題に正面から取り組むものである。

［補　説］　ここに警察法の総則規定である一条から三条までの条文を掲出しておく。それは警察（活動）が法の支配の下にあることを高らかに宣言する、まさにゴールデン・ルールとよばれるべき規定だからである。[15]

「（この法律の目的）
一条　この法律は、個人の権利と自由を保護し、公共の安全と秩序を維持するため、民主的理念を基調とする警察の管理と運営を保障し、且つ、能率的にその任務を遂行するに足る警察の組織を定めることを目的とする。」

ここで「個人の権利と自由を保護」することが最初に述べられていること、警察の管理と運営について「民主的理念を基調とする」とされていることにとくに注目すべきである。

「(警察の責務)
二条　警察は、個人の生命、身体及び財産の保護に任じ、犯罪の予防、鎮圧及び捜査、被疑者の逮捕、交通の取締その他公共の安全と秩序の維持に当ることをもつてその責務とする。
2　警察の活動は、厳格に前項の責務の範囲内に限られるべきものであつて、その責務の遂行に当つては、不偏不党且つ公平中正を旨とし、いやしくも日本国憲法の保障する個人の権利及び自由の干渉にわたる等その権限を濫用することがあつてはならない。」

一項は、警察の職務を戦前の警察のそれよりもはるかに限定し、刑事警察中心とする趣旨を強調するものである。二項は、警察活動の指針としてまさに珠玉の文字を連ねている。「警察官は街頭の裁判官」という言葉があるが、本項を遵守する警察官は、まさに街頭の裁判官とよばれるのにふさわしいといえよう。

「(服務の宣誓の内容)
三条　この法律による警察の職務を行うすべての職員は、日本国憲法及び法律を擁護し、不偏不党且つ公平中正にその職務を遂行する旨の服務の宣誓を行うものとする。」

みられるように、警察法一条ないし三条は民主的法治国家における警察のあり方を格調高い表現で示したものであって、その立法・立案者の識見に深い敬意を表さざるを得ない(16)。しかし、日本国憲法の「公務員を選定・罷免することは国民固有の権利であ」り、「すべて公務員は全体の奉仕者であ」るとする憲法の規定（一五条一、二項）が空文化し、日本が世界に冠たる規制行政の官僚国家になってしまったのと同様（欧米には、日本を最後に残った最大の社会主義国家という見方すらある）、警察法の総則規定もその精神が忘却されてしまっているのではないか。警察改革の原点は、警察法の総則規定にあることを改めて認識すべきである（ちなみに、今国会（一五〇回）に提出された「警察法の一部を改正する法律案」（閣四号）においても、上記の総則規定にはなんらの変更もない）。

四　警察（活動）に対するコントロール

警察（活動）に対するコントロールとしては、現在内部監察が存在するが、それがあまり適切に機能していないことは周知の事実である(17)。しかし、この既存の制度を改善して活性化させることも当然考えられてよい一つの選択肢である。この場合には監察制度の独立性をどのように確保するかが最大の課題である。おそらく十分な独立性の確保は困難であり、その他の監察制度との両立を考えるべきであろう。他方、内部監察機能が肥大化して真面目な現場警察官一般の士気を損ない、本来の警察活動に支障をきたさないよう警戒が必要である。とくにわが国の公的組織は減点主義に陥りやすいから、この問題は決して杞憂といえないと思う（もっとも、次の公安委員会による監察についても同様の問題が生じよう）。

もう一つは、公安委員会の権限として監察を加え、公安委員会ないしその下部機構にそれを行使させることである。この場合、現在の監察制度と両立させるか、それともこれを公安委員会の権限に移すかという問題が生ずる。いずれにせよ、公安委員会内に設ける場合には、充実した調査機能を有する事務局体制の確立が必要である。警察官に加えて、外部から若手の裁判官・検察官・弁護士さらにマスコミ記者の出向などを求めるべきであろう(18)。

このような内部監察ないしそれの修正的制度の策定については、諸外国の制度に関する情報がとりわけ有用と考えられる。そしてこれについては、本書においても刑事法、警察（法）の専門家によって論述されるはずであるから、ここではこれ以上触れない。

しかし、これらの内部的監察制度とくに上記のような事務局を擁する公安委員会監察制度は大きな役割を果たしうると予測されるが、わが国の場合はそれだけでは足りないと思う。より市民の立場に立った外部的コントロールの方策を考える必要があろう。これがまさに本稿の中心課題なのである。

五　警察とマスコミ

警察とマスコミの関係は、率直にいって市民一般からみて必ずしも透明度が高いものとは思えない。警察からの一方的情報に依存し、報道される側の人権に十分配慮したとは言いがたい犯罪報道は後を絶たないし、マスコミの使命である権力批判を忘れ、警察権力と癒着しているのではないかと疑われる報道すら散見する。

警察幹部の養成システムについて指摘したのと同様に、報道記者の養成の在り方にも問題があるのではないかと思う。[19]

しかし、一旦マスコミが本腰を入れて取材・調査を行うとき、それが驚異的な成果を挙げうることは最近における一連の警察不祥事事件の報道に徴して明らかである。神奈川県民である筆者個人に即していえば、神奈川県警の虚偽の答弁に不信感を募らせ、警察と決定的な対立関係に入ったマスコミ報道の威力はまさにすさまじいものがあった。この事件報道にマスコミがこれほどの成果を挙げた原因の一つには、警察内部からのリーク（内部告発）があったといわれる。しかしそうであったにせよ、それをマスコミが正面から取り上げて裏付け調査を行い報道したからこそ、県警本部長ら警察幹部の犯罪という少なくとも表面化したものとしては前代未聞の犯罪が暴かれたのであるから、マスコミの警察批判の威力は率直に高く評価しなければならない（なおこのような内部告発は、警察内部にかなりの不満が鬱積していること、正しい警察（官）像を求める警察官が存在することを窺わせる。前者については職員のための苦情処理制度としてのオンブズマン（類似）制度の必要性を痛感させる。また後者は、警察再生への強い期待を抱かせるものである。いずれにせよ内部告発は、短期的には警察不信を招いても長期的には警察に対する市民の信頼の回復、増強に連なるのであって、決して否定的にみられるべきではない—米国には「内部告発者保護法」が存在する）。

以上の事実は、マスコミによる警察オンブズマン制度が警察に対するコントロールとして最も強力・有効な方策となりうることを予想させるのである。[20] そこで進んで、マスコミによる警察オンブズマン制度の構想ないし制度設計について考えてみたい。

六　マスコミ主体の警察オンブズマンの制度設計

マスコミ各社は、それぞれ激烈な取材競争や視聴率競争に曝されている。この現実を無視した制度設計は空論に終わろう。しかし他方、マスコミ全体が共同しなければ真の意味でのオンブズマン活動は行うことができない。そうでなければ、各個撃破されてしまうからである（取材制限など「分割して統治せよ」の戦略はこの場合にも妥当する）。そこで、オンブズマンの制度設計にあたっては、この競争と協同という両者の長所を結合できるような制度を考えるべきである。この場合一つの示唆を与えるのは、突飛なようだが江戸の町奉行所である。南北両奉行所はいずれも江戸八百八町を管轄し、隔月に開廷した。これは両奉行所を競争させるためではなかったといわれるが（実際には競争意識が働いたであろう）、このアイデアは現代でも有効だと思われる。例えば、各社が一か月交代で自己選出のオンブズマンのもとで事件を担当するのである。全くの試案であるが、このような基本的考えに基づき、やや具体的な提言をしてみたい。以下、アトランダムに必要ないし重要と思われる事項を列挙してみる。

(1)　**オンブズマン機構の設置**　中央（東京）および各道府県単位で設ける。運営主体は、中央は全国紙および全国ネットのテレビ各社が共同で組織し、道府県は上記各社に代表的な地方紙および地方テレビ各社が共同で組織する。各社から一人ずつオンブズマンを出す。

(2)　オンブズマンの資格　オンブズマンにはジャーナリストとして経験豊かで識見の高い人物を選ぶ。年齢制限は必要なく、また現職者に限らず、退職者でも差し支えない。なお、原則としてパートタイムの職で足りよう（地方自治体の公的オンブズマンもそうである）。

(3)　事務局・補助機構　各社の全部または一部から中堅・若手の記者を職員として派遣する。事務局に一─二名の専従職員は必要であろうが、補助機構は事件数およびその難易に応じて適宜増減すればよい。この場合も退職者の活用が考えられる。加えて、法律専門家をスタッフないし助言者として擁することが望ましい。

またオフィスは、中央（東京）の場合には例えばプレスセンターが考えられるが、便宜、各社の社屋の一部などを利用してもよい。

(4)　運営費用　事務局・補助機構を維持するための共益的費用は、各社が分担する。自己選出のオンブズマンおよび派遣職員の人件費は各社が自弁する。

(5)　管　轄　中央のオンブズマンは複数の道府県に関連する事件および東京都の事件を扱う[21]。中央と道府県のオンブズマンとの間では、適宜相互間での事件の回付を認める。

(6)　事件の担当　各社とも一か月交代で担当する。担当の月に受理した事件は、最後までそのオンブズマンが扱う。もっとも、オンブズマンは必要に応じて職務の遂行にあたって、他社の協力も求めることができるものとする。

(7)　手続の開始　原則として市民からの申立てによって開始する。オンブズマンはその性質上職権で手続を開始できるべきであるから、この制度においてもそれを認めてよいが、各社のいわゆる特ダネ競争などを考えると、必ずしもうまく機能しないかもしれない。探知した事件をオンブズマンに委ねるか、社が独自に扱うかは各社の判断に委ねるべきであろう。社で扱った場合には警察から不利な差別的取扱いを受ける恐れがあると判断されるときなどは、オンブズマンに事件を委ねるメリットがあろう。

(8)　調査結果・意見書

調査の結果は意見書にまとめ、各社で報道する。少なくとも担当オンブズマン選出の社はオンブズマンの意見書全文を発表、掲載すべきである（新聞を有しないテレビや通信社については、予め合意した特定の新聞がそれを行う。また、インターネットのホームページに掲載する）。

意見書には当該事件における事実関係の概要、それを裏付ける証拠資料、事案に対するオンブズマンの判断、さらに必要ないし可能であれば当該事件における救済措置（是正策）および関連制度に関する改革（改善）案を記載すべきである。

意見書は当該事件に関係する警察の長ならびに公安委員会にも送付する。それは公安委員会などが固有の監察機能や綱紀・懲戒の処分を行うために貴重な資料（の端緒）となりうるであろう。このように考えるならば、外部監察は内部監察の敵対者ではなく、むしろ良き友人でありうるのである。

オンブズマンの意見書はそれを強制すべき法的効力を有しないのが普通である。しかしオンブズマンの判断の影響力は、法的なものよりもむしろその説得力、そしてそれを自発的に受け入れる成熟した民主的法治国家における公的機関――この場合は警察――の態度によるところが大きい。その意味で、このオンブズマン制度の成否にとって意見書の法的効力がないことはなんら決定的な問題ではないのである。

七 おわりに――警察コントロールにおける競争的共存

今、世界的に裁判に替わる紛争解決制度が盛行しつつある（代替的紛争解決制度（ＡＤＲ（Alternative Dispute Resolution））。これは伝統的な硬直化した国家による裁判に代えてより市民（企業を含む）のニーズに適切に応える紛争解決サービスを求める法的正義へのアクセス（Access to Justice）の動きである。このような動きに刺激・触発されて、国家の裁判も自己改革の努力を真剣に模索し始めている。最近の新民事訴訟法の制定・施行もこの文脈において捉えられるべきである。いわば紛争解決という市場において国家の独占が破れ、市場原理が導入されつつあるといってもよい。

このことは警察コントロールを考える上でもすこぶる示唆に富む。従来の内部監察によるコントロールの独占を廃棄し、コントロール市場における競争原理の導入を図るべきである。従来の内部監察に加え、公安委員会による内部監察、あるいは公安委員会から独立した機関による内部監察、本稿が提案するマスコミ主体の警察オンブズマン、さらには純粋の市民団体による民間オンブズマン等々が考えられよう(22)。本稿が提示するマスコミによるオンブズマン制度も、いわばそのミクロコスモスにおける各社オンブズマンの競争が活性化の動因となろう。もちろん公的部門における競争原理の導入は無条件的に礼賛されるべきでなく、慎重な考量を必要とする。しかしそのことを念頭に置きながらも、少なくとも現時点においては内部的独占の害を矯正するために競争原理のメリットを認めざるを得ないと考える。コントロールの望ましい姿がどういう形で落ち着くか、それを定めるのは自由競争の結果であり、そこに示された警察制度のユーザーである市民の意思であろう。本稿はそういう基本的視点からのささやかな提言である。

（1）「警察刷新会議」は本年（二〇〇〇年）七月一三日、国家公安委員会に対して『警察刷新に関する緊急提言』を提出した。その詳細については本書中の別稿で触れられるであろうから、ここでは本稿のテーマに関連する限りで若干のコメントをしておく。提言の内容は概して高く評価されるべきであるが、警察コントロールに関する部分において、「外部監察は必要ない」と結論し、その理由として「公安委員会が第三者機関的に監察点検機能を十分に果たし得る」としている点は、少なくとも現在および近未来のわが国の状況を見据えた議論としては説得力に欠けると思う。このことは以下の論述を通じて自ずから明らかになるであろう。

（2）須貝脩一＝杉村敏正『英米警察制度』（法学理論篇55〔法律学体系　第二部〕、一九五〇年、日本評論社）「英国警察制度」（須貝）五頁。英国の一警察長の言葉という（ブルース・スミスによる）。これはBruce Smith, Police Systems in U.S., 1940 からの引用と思われる（須貝＝杉村・前掲書五二頁参照）。

（3）例えば、警察官僚を主たる執筆陣とする『警察学論集』にはそういう論調の文章が頻出する。

（4）この点に関連して、日本弁護士連合会編『検証　日本の警察』（一九九五年、日本評論社）四八六―九頁における宮澤節生教授の発言は示唆的である。

（5）熊本信夫「警察の概念」ジュリスト増刊・行政法の争点（新版）（一九九〇年）二三六頁以下、など参照。戦前の警察の実態について例えば、大日向純夫『近代日本の警察と地域社会』（二〇〇〇年、筑摩書房）四六頁以下参照。

（6）このような実定法上の警察概念の転換は、標語的には行政警察中心の大陸法系警察概念から司法警察中心の英米法系のそれへの転換ということができる（警察庁長官官房企画課『警察法解説』（改訂版、一九五五年、警察図書出版）四五―六頁、など参照）。旧警察法の基本方針を確定した昭和二二年九月一六日のマッカーサー書簡は、その内容の一つとして「犯罪調査または犯人の逮捕若しくは公安の維持に関係のない行政的機能は、非警察的機関に委譲される。」を掲げていた（田上穣治『警察法〔新版〕』（一九八三年、有斐閣）二一一—二一二頁参照）。ちなみに、警察法の最高水準の体系書とみられる同書は、このような転換にすこぶる批判的である（同書一七頁など）。

（7）　どこの国でも警察は市民生活の安全にとって不可欠かつ強力な存在であるがゆえに、市民から信頼と恐怖というアンビバレントな反応を示されるのである（和田英夫「警察権力における行政と政治」法律時報四〇巻五号（一九六八年）四頁以下は、この点に関する原理的考察として示唆に富む）。民主的法治国家における警察はそれに耐えなければならない。また、警察に対する市民の批判がややもすると過激な形をとるのは、蓄積され、抑圧されてきた批判がブレイキング・ポイントを超えたときに爆発するからであろう。過激な批判はむしろ、市民による警察批判の困難さを象徴しているといえるのである。警察はこのような市民感情の機微を洞察すべきであり、警察を批判する市民をいたずらに敵視してはなるまい。

あの「恐いもの知らず」とみえる中坊公平弁護士（「警察刷新会議」委員）すら、以下のように語っていることは極めて興味深い。「警察への信頼が揺らいで被害を受けるのは国民なのだから、もっと干渉すべきだった。なぜ、警察を批判しなかったといえば、捜査権を持つ警察は恐い、という意識はだれにもあるからだ。権力に立ち向かって批判するとしっぺ返しされるのでは、とね。だれでも交通違反程度の弱みはあるし。私だって、こういうことを言う時は恐れおののきながらですよ。」（朝日新聞二〇〇〇年三月一〇日付け朝刊三九面）。

（8）　このような警察権の濫用やそれに対する市民の恐怖を増幅するために、マスコミは実質的に警察の共犯者の役割を演じてきたということも指摘しておかなければならない。すなわち、わが国では逮捕＝有罪という社会的評価が支配的で、しかも逮捕の事実は顕名で大々的に報道されるから、逮捕されることは容易に回復しがたい決定的なダメージとなる。マスコミの犯罪報道による人権侵害の重大性についてマスコミ側には深刻な反省が要求される（この点についてとくに週刊誌やテレビの「ワイドショー」と称する番組などは無神経である）。裁判に対する市民参加（陪審制、参審制）を実現するための条件整備という意味からも、わが国の犯罪報道の現状は由々しい問題を抱えているのである。この問題については、**五**で再論する。

（9）　戦前の状況に関するものであるが、大日向・前掲『近代日本の警察と地域社会』二三〇頁以下は、警察官の犯罪や人権侵害について枚挙に遑がないほどの事例を紹介している。

(10)　超一流の企業法務弁護士とくに株主総会対策の第一人者として知られる久保利英明弁護士は、スモン事件に関与した経験を踏まえて次のようにいう。「スモン事件で学んだことは、国も企業も団体も組織維持の原則が働き過ぎれば腐敗し、不正の温床となるということだった。」（同「私と自由人権協会」『人権新聞』二〇〇〇年四月号号外）。

(11)　倉田卓次『続裁判官の戦後史』一九九三年、勁草書房）一八一―二頁。

(12)　拙稿「法の支配・法曹人口・法科大学院―司法改革三題話―（下）」判例タイムズ一〇二六号（二〇〇〇年）一四頁注(6)(b)。筆者はこれに続けて「このような特権意識の延長線上で神奈川県警本部長の犯罪などは、起こるべくして起きたのであろう。問題の根本的解決は警察幹部の教育・養成のあり方と密接に関わるといわなければならない。」と書き、警察幹部に裁判官・検察官・弁護士と同様の法曹教育の必要性を強調した。阿部泰隆教授（行政法）も同意見である（同頁注(6)(a)）。

(13)　倉田・前掲書一八三頁。

(14)　筆者の知るマスコミの論説委員クラスの某氏は筆者に対して、警察の最も許しがたい罪悪は予算の極端な不正使用だと断言し、口を極めてその非を糾弾したが、「こんなことは公表できない。一市民としては私も警察が恐いから」と語っている。松橋忠光『わが罪はわが前にあり』（一九八四年、オリジン出版センター）、大橋秀雄＝千葉長人＝松橋忠光『戦った幹部警察官の記録』（一九八五年、オリジン出版センター）、杉浦生『警察署の内幕』（二〇〇〇年、講談社）はその例証に満ちている（著者はいずれも元警察官）。

(15)　警察庁長官官房企画課・前掲『警察法解説』の総則規定の解説も法文の趣旨に忠実になされているといえる（三七頁以下）。なお、この総則規定とくに二条の行政法学的検討については、白藤博行「警察法『改正』の行政法学的検討」吉川経夫編『各国警察制度の再編』（一九九五年、法政大学現代法研究所）二一六頁以下、など参照。

念のため附言するが、総則規定をこのように高く評価することと、同法に関する制定の背景や法構造の全体的評価とは別個の問題である。

(16)　前掲『警察法解説』の「序」において前警察庁長官斎藤昇氏が、現行法は「旧警察法の基本理念である民主警察の精神についてはもとよりいささかもこれを変更するものではないのである。」と述べていることが留意されるべきである。

(17)　警察コントロールの問題についても、刑事警察（市民警察）と公安警察との顕著な異質性に留意しなければならない。本稿ではこの点への言及を割愛せざるを得ないが、これに関連する私見として、刑事警察原型論ないし中心論の意義と効用の再認識の必要を主張する拙稿「刑事裁判と警察」『誤判救済と刑事司法の課題：渡部保夫博士古稀記念論文集』（近刊予定、日本評論社）所収の参照を望みたいと思う。

(18)　警察刷新会議の上記緊急提言は、「必要あると認めるときは、公安委員のうち一名を監察公安委員に指名する」としているが、果たして全国的な規模で適任者を得ることができるのだろうか。このような委員は、知力・体力・気力ともに優れた人物であることを要するけれど、わが国における過去の各種行政委員会などの委員の実態等からみて著しく悲観的にならざるを得ないと思う。また、かりに適切な人材を得られるとしても、十分な補助機構が伴わなければ、結局は「裸の王様」に終わるであろう（この補助機構について提言はさらに、「都道府県公安委員会が必要あると認めるときは、警察職員……を監察調査官に任命し、具体的・個別的な指示に関する監察の遂行状況の調査を補助させることができることとする。」という案を示しているが、到底不十分と評すべきである）。

ちなみに、この事務局や後述するマスコミ主体のオンブズマンの補助機構に法律専門家をスタッフないし助言者として擁することの現実的可能性は、現在進行中の司法制度改革における法曹人口の飛躍的増加の問題と密接に関連することを指摘しておきたい（拙稿前掲「法の支配・法曹人口・法科大学院―司法改革三題噺―(上)」三九頁など参照）。

(19)　一般に入社して間もない記者が警察回りを担当させられるようであるが、これには大きな問題があろう。初めて知る生々しい警察現場の現実の重みに圧倒されてしまい、警察を批判的にみる余裕がないまま、現場警察官の苦労や素朴な正義感に感動したりして、安易に警察官と心情的に一体化してしまう危険がある。筆者は駆出しの判事補のころ、同世代の某記者と親しかったが、彼が「あんた方は、座っていて目の前にある証拠について判断するだけでいいけれど、刑事たちは何もない状態の中から歩き回って証拠を探し集めてこなければならないんだから大変だ」と語ったのを覚えている。そのとおりだと思うが、このような一体感から警察に対する批判的見方ができなくなってしまったら、記者としては失格であろう。もっともこの点については、法学部出身の記者に関する限り、大学の法学教育が手続的正義の感覚を涵養・練磨する面で著しく不十分であったことについて、法学教育の側も責任を免れないと筆者は考えている（拙著『スウェーデンの司法』（一九八六年、弘文堂）三八八頁、三九六頁注(24)参照）。

(20) 宮澤教授は、「現在の日本で考えうる警察監視機構は、弁護士会とマスコミとの連携に依存したものにならざるをえない。」という（宮澤節生「警察に対する市民の態度と警察監視機構の可能性」法学セミナー増刊・警察の現在（一九八七年）九一頁。

(21) 中央と道府県単位のオンブズマン組織の設置およびその管轄については、筆者が中央審査会の特別委員をしている建設省建設工事紛争審査会に関する法規定（建設業法二五条以下）に示唆を得た。

(22) 神奈川県の市民団体は、二〇〇〇年七月二一日に、県民が警察の不正を監視する「警察見張番」を設立した。今後このような動きは全国的に広まるであろう。外部監察は不必要としてこれらを拒否、一蹴する態度が、警察に対する市民の信頼を回復する道だとは到底思えない。上記緊急提言は、少なくとも監察機能の部分に関する限り、無意識的に右手と左手が反対のことをしているのではあるまいか。

ちなみに、当日の創立総会では、朝日新聞横浜支局次長の飯島武彦氏が「警察見張番に期待するもの」と題する講演を行い、その中でメディアの弱点と従来の民間オンブズマンの活躍などに言及したようである―同氏のレジュメによる。ここにはしなくもマスコミ主体のオンブズマンと純粋の民間オンブズマンとの相互補完関係が示唆されているように思う（上記レジュメを含む創立総会関係の資料は山田泰弁護士のご好意により入手しえた。記して謝意を表する）。

〔後　記〕　本稿は、自分の本来の専門分野に属しないテーマについて、一市民としての立場、視点を自覚的に保つよう努めながら書いたものである。そのため論述の内容も水準も、中途半端なものに終わっていることをおそれるが、本稿のテーマについてはこの種の論考も必要ではないかと考え、あえて執筆に踏み切った次第である。

コラム　専門家集団に外部の目を

飯野　奈津子
NHK解説委員

二一世紀を目前にして、日本社会の行き詰まりがあらゆる場面で表面化している。その一つが、「不正をしない」ことを誇りにしていた警察の不祥事だ。

身内の警察官の犯罪を組織ぐるみで握りつぶした神奈川県警や、交通違反をもみ消した新潟県警、それに埼玉県で起きたストーカー殺人事件や栃木県でおきたリンチ殺人事件では、家族からの捜査の要請に警察がとりあわず、国民に冷たい警察の姿が浮き彫りになった。国民の安全を守るはずの警察はいったいどこに行ってしまったのか。警察への信頼は大きく揺らいでいる。

時を同じくして、全国の病院で医療事故も発覚している。患者を取り違えたり薬を間違えたり……警察と同じように、病院あげて事故を隠そうとしたケースもみられ、国民は、自分の健康をどこに託せばよいのか戸惑っている。

こうした警察の不祥事や医療事故は、表面的には違って見えても、底流にある問題は共通しているように思う。その共通項は「組織の閉鎖性」。

今回の一連の問題は、専門家集団が情報を独占して密室化してしまうと、いかにモラルを低下するかを示していると思う。

警察と病院は、いずれも大きな権限をもつ専門性の高い集団だ。警察には捜査権や逮捕権という権限が、病院には、人の体にメスを入れるという権限が付与されている。その業務は、いずれも専門性が高く、国民からは見えにくい。見えにくいというより国民に見せないしくみが作られてきた。警察は犯罪捜査を理由に、これまで情報公開の対象にもならなかったし、病院も、患者にカルテを開示しないことを許されてきた。

大きな権限を持つ専門家集団に、外部の目が届かなければ、どんな問題が起きるだろう。組織の中に奢りや甘えが生まれ、国民への配慮が薄くなる。万一問題が起きたときには、組織防衛を優先してしまう。警察も病院も、こうした密室の専門家集団が陥りがちな「落とし穴」にはまっているように見えるのだ。

身内の犯罪を握りつぶした神奈川県警の元本部長らは「警察官が覚醒剤を使っていたことがわかれば組織への大変なダメージになると思った」と供述した。犯罪を捜査するという原点を忘れ、組織防衛に走った結果といえるが、その意識の中に、「警察内部で何をしてもわからない。警察は何をしてもゆるされる」という奢りと甘えがあったのではないだろうか。

事故を隠そうとする病院にも、「患者にはわからないのだから」という意識が見え隠れする。

労災事故で言われるハインリッヒの法則というのをご存じだろうか。一件の重大事故の背景には、二九件の同種の軽症事故、さらに、三〇〇件の同種のインシデントが存在するという法則だ。だから、重大事故を発生させないためには、ミスが小さいうちに原因を分析して、予防的な対応を組織的に行うことが必要だと考えられている。

私は警察や医療の現場にもこの考えがあてはまると思う。小さなミスが起きたときに厳格に対応し、予防的な対策をとっていれば、大きな不祥事や医療事故は起こらない。ところがこれまでは、組織内部で起きたどんな小さなミスも、密かに握りつぶしてきたのだと思う。この結果、少しぐらいのミスや不正はかまわないという甘えが生まれて、組織全体が病んでしまったのではないだろうか。小さなミスが持っている多くの教訓を活かしてこなかった結果が、今の警察や病院の姿だと思う。

私は警察や病院を健全化するためには、組織をガラス張りにして、外から活動をチェックできるような仕組みを作ることが必要だと思う。もちろん、組織の内部で、ミスの原因を分析して再発防止につなげていく取り組みも重要だが外から監視の目が届くようになれば、緊張感が生まれて、ミスや不正がなくなると考えるからだ。

そうしたシステムを考える上で、不祥事の発覚をきっかけに、住民との関係を見直したアメリカの警察の取り組みが参考になる。州によって警察組織のあり方に違いがあるが、アメリカでは、地域の警察署ごとに、弁護士や学識経験者などによる第三者機関を作っていることが多いという。そして、警察官の不祥事があった場合には、警察から報告を受けて、この第三者機関のメンバーも一緒になって対策を検討する。また、警察も情報公開制度の対象になっているので、犯罪の捜査に関わらない範囲で住民も情報を得ることができる。地域の住民も警察の活動に責任をもてるしくみを作っているのだ。

また、イギリスでは警察の不祥事を監視するために、三つの独立した機関を設けている。日本の公安委員会と同じように、地域住民の代表からなる警察管理委員会、警察署長経験者などからなる警察監察局、それに警察官の行動に対して一般市民から申し立てを受け付ける警察不服審査庁だ。これらの機関が別々に、警察の活動を監視し、問題があれば警察官の処分を勧告したり、指導したりできるようになっているという。

日本でも、アメリカのような第三者機関を設けて、警察や病院の活動に住民の監視の目が届くようにしてはどうだろう。警察にはすでに公安委員会があるが、公安委員会の委員は、財界人など「地元の名士」が多く、警察から報告を聞き置くだけという委員会も少なくないといわれている。警察にはっきりものをいえる委員を選ぶなどして、公安委員会を活性化した上で、第三者機関を設けたり、市民からの申し立てを受け付ける独立機関をつくったりして、警察や病院の活動を何重にもチェックできる仕組みをつくっていく必要があると思う。

また、情報の公開も欠かせない。現在すべての都道府県で情報公開条例が制定されているが、警察を対象にしているところはまだ少ない。病院のカルテの開示も法制化が見送られてしまった。組織が情報を独占していては、健全化ははかれない。

情報を公開して、国民の判断を仰ぐという姿勢が、不正やミスをなくすことにつながっていくのだと思う。カルテの開示にふみきった病院では、患者にわかりやすいカルテを書くことで医師の姿勢がかわり、患者からも意見が出るようになったという。

さらに、組織内部の風通しをよくすることも忘れてはならない。警察も病院も上下関係が厳しい階級社会で、上司に対して意見が言いにくい雰囲気がある。末端の警察官でも、上司の行動に疑問があれば声をあげ、医療現場で働く看護婦でも、医師に対して意見をいう。働く者同士が対等な立場で、意見を出し合うことができれば、組織内部のチェック機能が働くのではないだろうか。

こうした組織の透明化や情報の公開は、警察や病院が、住民の立場に立って仕事をしていく上でも必要だと思う。密室化した状況では、内部の関係ばかりを重視して、外に目を向けることが難しくなってしまう。組織の活動を多くの人に知ってもらって、住民に意見を求める中で、本当に、住民のためのサービスを提供できるのではないだろうか。警察官一人一人が、住民の声に耳を傾け、必要な支援を行い、医師一人一人が、患者の要望を聞きながら、その人にあった治療を行う。こうした理想の姿をぜひ、取り戻してほしい。

最後に、マスコミで働く者として、私自身の反省を込めて少々意見を述べたい。今回、警察の不祥事や医療事故などが一気に表面化してきたが、これまでこうした問題が全くなかったかというと、そうではないと思う。にもかかわらず、問題を深く追求せずに、放置してきたしてマスコミの責任も、大きいのではないかと感じている。

自らの取材活動を振り返っても、警察の不祥事や医療事故を取材することは不十分であったし、事件や事故の被害者の立場にたって掘り下げて取材することも少なかった。

私は、三年前、捜査や裁判の過程で心を傷つけられている性犯罪の被害者について、番組で紹介した。そのとき強く感じたのは、なぜもっと早くこうした問題に目を向けてこなかったのかということだ。私が記者になった一七年前にも、同じように苦しむ被害者がいたはずなのに、その存在すら気づかなかった。

また、交通事故の被害者においても、東京世田谷区の片山隼君の両親が声をあげたことで、はじめて問題がクローズアップされたが、本来ならば、事件や事故を取材している私たちマスコミがもっと早く問題を指摘すべきだったと思う。

さらに、最近では、犯罪被害者へのマスコミの対応が、被害者の人権を守るどころか、侵害しているという指摘さえなされている。

私は、警察や病院ばかりでなく、マスコミのあり方も今大きく問われていると思う。誰のために、何のために、報道するのか。私自身、報道の原点を今一度見つめ直して、国民の立場にたった報道を心がけていきたいと思う。

6　警察サービスと「顧客・市民・コミュニティ」

今川　晃
四日市大学教授

一　警察サービスの顧客から市民へ

アメリカでは、犯罪件数の多い都市などで、黒人市長候補と白人市長候補が対立する場合、黒人市長は警察による人種差別撤廃の観点からの人権擁護を、白人市長はより犯罪を厳しく取り締まることを公約とする警察サービス拡大の観点からの刑事警察活動増強を主張することがある。ここには、前者は比較的に黒人やマイノリティあるいは人権擁護団体の支持を、後者は白人中間層の賛同を得られるという基本的な構造がある。したがって、アメリカでは自治体行政活動のひとつとして警察活動も含まれているため、市長選挙の際の争点となりうる場合もあるし、市民自らも警察活動のあり方に影響力を持ちうることとなるのである。

日本の場合、我々の生活防衛に関するサービスが拡大すればするほど警察は歓迎される傾向にある。しかしながら、一般には警察活動が市民によるコントロールの下にあると認識されることが少ないため、収賄など警察内部に特別な事件が生じた場合ならばともかく、警察活動の課題や批判が地域社会で日常的に話題に上ることはまずない。そこで、外勤警察官の強圧的な態度に不満があったとしても、泣き寝入りせざるを得ないのが一般的である。すなわち、日本においては住民は警察サービスの受け手としての顧客であっても、警察サービスの内容改善のための手段を持ちうる「市民」にすらなり得ていないのである。

アメリカと日本とでは人種・民族問題など地域社会状況はかなり異なるものの、警察との関係で地域社会の主人公としての「市民」をどのように保障していくのかを考える場合に、アメリカでの警察を管轄する公的オンブズマン等の警察から独立した機関の活動は有益な示唆を提供してくれるものと思う。

二　アメリカの都市警察を管轄する公的オンブズマン等のジレンマ

アメリカでは一九六〇年代、ブラックや少数人種・民族の政治的権利の擁護や人種差別撤廃を求めた公民権運動による公民権法成立後、一九六四年のロサンゼルスのワッツ暴動を皮切りに四年間北部を中心とした各都市で発生した実質的平等を求める黒人暴動が、都市におけるオンブズマン設置に大きな影響を与えることとなった。ジョンソン大統領が一九六七年に設置した「市民暴動に関する国家諮問委員会」（The National Advisory Commission on Civil Disorder）の報告書には警察に関して、苦情を処理する警察内部の審査委員会はコミュニティの信頼性を高めることも、根拠のない批判から警察を守ることもできなかったとそれまでの状況を判断する。そして、警察のみではなく他の公務員と同様に、オンブズマンなどの独立した機関による審査に服すべきであると指摘するのである。この報告書は、各都市のオンブズマンの設置に少なからず影響を与えることとなったのである。

ともあれ、ブラックやその他の少数人種・民族が実質的な権利意識に目覚め、政治・経済過程に加わっていこうとする時代に、オンブズマンや独立した苦情処理機関がこのような人々の権利を擁護するものとして注目されるようになったのである。

ところが、ブラックや少数人種・民族の実質的な権利が保障されればされるほど、多様な問題が生じることとなる。いくつかの事例によって確認しておこう。

①　フリント市・オンブズマンの苦悩と発展

人種間の緊張関係に加えて、ブラックや少数人種・民族といった従来の疎外層が力をつけていく過程で、同時にフリント市（City of Flint. Mi）の財政事情も影響して、いわゆる中間層を中心とした勢力の反発を招くことがある。

フリント市では一九七四年にチャーター改正によってシティ・マネージャー制から強市長制への統治制度の変更を行い、この改正に伴って議会任命によるオンブズマン制度を設置したのであった。シティ・マネージャー制は議会が行政の専門家としてのシティ・マネージャーを任命することによって、行政への政治的影響力を排除しようとするものであったが、強市長制における市長は選挙で選ばれ強力な権限を有することとなるため、市民によるチェック機構としてオンブズマンは歓迎されたのであった。毎年、オンブズマンへの苦情の半数以上は警察部に関連するものであり、オンブズマンと警察部との対立も生じることになった。

一九八〇年一一月にオンブズマンの存続賛否に関する住民投票が実施されたが、その時の主要な争点となった事件があった。それは、強盗の嫌疑をかけられた一五歳の黒人少年が白人警察官に射殺された事件であり、ブラック・コミュニティにかなりの騒動を引き起こすことにもなった。オンブズマンはこの件について、警察を批判したため住民投票における争点となったのであった。オンブズマン活動に関する批判としては、納税者によき結果をもたらしていない、警察活動を妨害し犯罪を野放しにする、警察部内の苦情処理で充分であるというものであった。他方では、当然のことながらオンブズマンの果たしてきた人権擁護の役割は重要であり、僅差ではあるが住民投票の結果オンブズマンの存続が決まったのであった。

その後もオンブズマンによる警察への批判はつづいたものの、警察部との関係は徐々に改善されてきたのであった。例えば、一九九二年のオンブズマンの年次報告書によれば、警察の職権乱用に関する苦情数は、一九九〇年の七二をピークに減少しつつあり、一九九二年は四二であったと記されている。オンブズマンは警察の職権乱用の改善のためには、警察部の管理システムの改善にあるという姿勢を貫いてきたのであり、この苦情数の減少は警察部の管理システムの改善が行われてきた結果であると分析されている。すなわち、これまで過度な暴行を行う警察官は適切に訓練されていないし監督も十分ではなかったということであった。

人種・民族問題による偏見も複雑に絡み合っている人権擁護か刑事警察活動の強化かという本稿の冒頭で触れたような課題解決へとは向かわないまでも、オンブズマンの活動が、警察部の管理システム改善を導いたのであり、フリント市のような多様な人種・民族が同居する都市においてはとりわけ警察の信頼を高めるためにもオンブズマンは有効であったと考えられる。

②　バークレイ市・オンブズマンの廃止と警察活動への対応

バークレイ市は（City of Berkeley, Cal.）学園紛争の発祥の地でもあり、反「体制」運動の中心地でもあったため、一九六〇年代後半以降注目されてきた都市のひとつであった。また一九六七年に、カリフォルニア大学はアメリカで最初の学園オンブズマンを設置した大学であり、初代オンブズマンにはバークレイ校の工学部教授が任命された。また、このバークレイ校の政治研究所（The Institute of Governmental Studies）では一九六八年に「オンブズマンに関する西アメリカ会議」を開催しているように、オンブズマンについての認識の高い都市であった。

バークレイ市では、将来はオンブズマンとして発展させることを目的に、一九七一年に社会計画部に市民援助者（Citizen's Assistant）を設置した。一九七四年にはこの市民援助者を市全体の行政について議会に責任を負うシティ・マネージャーの直属とした。さらにはこれを発展させ一九七五年には、議会任命による議会型オンブズマンを議会と住民投票による承認を経て設置したのであった。ところが七年後の一九八二年の住民投票の結果オンブズマンは廃止されたのであった。当時の住民投票のパンフレットには、廃止賛成派は「市民の苦情を聞き、勧告のみをなしうるオンブズマンは、税金の増大によって市が新たなサービスに予算を提供できた一九七五年には、いい考えだったように思えた」と述べている。ところが、一九八〇年代に入ると財政状況は厳しくなり、オンブズマンよりもより重要な行政サービスに予算を振り向けるべきだという意見が出てきたのである。さらには、オンブズマンは少数人種・民族や貧困層中心に役立っている制度であり、中間層からの不満も多くなってきたのであった。

ところで、バークレイは、一九七三年以来警察官の職権乱用行為に関する苦情を調査するバークレイ警察審査委員会（The Berkeley Police Review Commission）が設置されている。一九六〇年代後半の反「体制」運動などの新たな時代を求める動きの中から、市民による行政への参加やコントロールのための市民委員会が多く設置されてきた。この警察委員会も現在バークレイ市に四〇以上ある市民委員会のうちのひとつであり、市民発案による住民投票の結果設置されたものである。

警察委員会はバークレイの市民の中（当然、警察職員は含まれない）から、個々の市議会議員がそれぞれ一名の任命による、九人のメンバーで構成されている。この警察委員会は、シティ・マネージャーの政策によって、警察官を調査に協力するために召喚し、公聴会で証言をさせる権限など開かれたプロセスに基づいて審査する警察から独立した機関である。また、同委員会は、シティ・マネージャーや市議会などへ政策実施の観点から、政策の変更を勧告する権限を有しているのである。その範囲は、少数人種・民族コミュニティと警察との関係、武器などの使用、雇用と研修、取り締まりやパトロールの優先順位、その他市議会で指摘された点など、警察業務全般に関連する。

かつてオンブズマンが設置されていた時、この警察審査委員会とオンブズマンとの管轄範囲をめぐる議論が提起されたことがあった。ことの発端は、警察審査委員会の三人の委員が規則に反した行為をしたという苦情であった。論点は、オンブズマンは過誤行政に関する苦情を処理するのであって、警察審査委員会の調査に対する苦情まで管轄範囲に含めるべきか否かという点、オンブズマンは同審査委員会が審査した事実を再審査できるかどうかという点であった。先に述べたように、警察審査委員会自体が警察から独立した市民委員会であるので、そもそもオンブズマンが介入すること自体、屋上屋を架すことになる可能性もある。警察審査委員会のメンバーは全市議会議員がそれぞれ一名ずつ任命する任命方式によって全体の公平性・中立性を保ったものと考えられるが、それでも何らかの課題があるとすれば、他の手段でそれを補う必要があろう。そもそもこの警察審査委員会はより開かれた体質を維持することによって、同委員会自体が警察オンブズマンとして機能していると解することも可能となるのである。

警察審査委員会の一九九八年統計報告書によれば、過去三年間の傾向として、職権乱用の苦情数が年々増えていること、とりわけ無礼行為や差別行為が目立ってきていることが記されている。ところが、一九八〇年代後半や一九九〇年代前半と近年の苦情数とを比較すれば、かなり減少しているということである。また、バークレイ警察部内の苦情処理部門で登録された苦情数と比較して、警察審査委員会への苦情数の比率はかなり減少している傾向にある。

このように数字から判断すれば、一〇年程前と比較してかなり警察活動が改善されてきたように見える。それにもかかわらず、近年、警察審査委員会はコミュニティに警察審査委員会の役割や利用方法を知ってもらおうと、学校や近隣の地域会合に出向いて説明したりし、より開かれた体質づくりに努力しているのである。また、警察審査委員会は警察政策評価のための公開フォーラムの開催や職権乱用の苦情調査を行うため、警察審査委員会への委任方法についての情報を提供する説明カードの作成をしてきた。

警察部から独立した市民委員会としての性格を有する警察審査委員会の方向性として、より市民の信頼性を高めていくとすれば、開かれた警察審査委員会の道を歩むしかないのかもしれない。

三　顧客と市民とコミュニティ

刑事警察活動や治安維持活動のような警察サービスを受けることによって、住民は安心して生活できる。この領域では、住民は警察サービスの顧客として消極的存在である。しかしながら、この領域においてすら少数人種・民族差別があるとすれば、それはもはや形式的に平等に取り扱われる顧客ではなく、自治体の主人公である市民としての基盤の確立にかかわる課題となる。アメリカの都市においては、このことがオンブズマン存続の重要な意義のひとつとなるが同時に政治・行政上の争点となる可能性がある。

しかしながら、オンブズマン自らがこうした市民としての基盤づくりに有効に機能するならば、警察活動の運営のあり方や政策領域にまで苦情申立人の声は反映されなければならないはずであるし、現実にもこうした方向へ向かいつつあるように考えられる。オンブズマンが警察活動の運営や政策の改善に向けて積極的に活動すると、苦情申立人も主体的に警察をコントロールする主人公としての市民として保障されるようになる。

さらに、警察活動に求められていることは、コミュニティと警察との関係のあり方である。バークレイ市の警察審査委員会のメンバー自体も各々の議員による任命であるように政治的・地域的なバランスを保持する構成になっているし、コミュニティとの関係を密接にする努力を展開しつつある。警察とコミュニティとの関係については、例えばサンディエゴ市（City of San Diego, Cal.）のように、犯罪防止が主要課題ではあるが警察とコミュニティ関係の市民諮問委員会（Citizens Advisory Board on Police/Community Relations）を設け、各地区の代表者や法曹関係者、青少年問題の専門家、社会事業関係者などの構成で活動しているところもある。いずれにせよ、警察が信頼性を保持し、より良い活動を行うためには、ましてやアメリカの都市のように人種・民族あるいは所得階層間によって住み分けが進んでいる場合、コミュニティ間の争いの調整など多様な課題も含まれることもあって、警察とコミュニティとの密接な関係が求められるのである。

日本では、アメリカの都市のように人種・民族間の対立状況が顕著に現れることもないし、犯罪件数も比較にならないほど低い。それでも、近年における少年犯罪の増加なども影響して、刑事警察活動の増強によって安心した生活を望む声も多くなるであろう。ところが、刑事警察活動の増強によって、犯罪取り締まりなどにおける警察官の職権乱用や人権擁護の問題を発生させる可能性を高めることになる。こうした時に、オンブズマンあるいは警察審査委員会のような機関が、住民の苦情を警察組織から独立して調査し、人権擁護は言うまでもなく、警察の運営改善や政策改善に影響を及ぼすような機能を果たすことが求められるであろう。さらにこうした機関がコミュニティとの関係を密接に保ち、よりよい警察活動のあり方を追求していくならば、間接的ではあるが警察職員の士気も高まり、警察内部の不祥事減少にもつながるのではないかと思われる。

第Ⅱ部　警察コントロール制度の多面的検討

7 英米法系諸国の警察とその監察のあり方

渥美東洋
中央大学総合政策学部教授

一　英米法系諸国の刑事法執行・運用のシステムと警察の目的

警察不祥事が多発する中で、あるべき警察活動とそのための組織や仕組み造りについての議論がなされるようになってきた。日本の刑事法運用と警察は日本の実情に合ったもの、住民の良識に合致するようなものでなくてはならないが、英米法系諸国は産業や経済の発展国としてわが国の事情に似たところをもっており、そこでの経験は、良くも悪しくも多くの教訓を日本に与えてくれている。

1　英国の場合

英米法系諸国といっても、刑事法の執行と運用、さらには警察の機能は同一の内容をもつものではない。

英国、とりわけ一九世紀中葉末のイングランドにあっては、刑事法運用は大陸法諸国に似ており、その地方を管轄する裁判官が警察の長（chief constables）を任命し、警察の長が採用・任命した警察官（constables）が住民の犯罪の被害申立てを受けて、受動的に犯罪捜査に従事していた。そして、犯罪捜査と同時に警察の長の下に、犯罪訴追の部門（Solicitor Division）が設けられ、この部署が訴追をするか否かの決定を下した。訴追決定にいたれば、起訴すると同時に、公判維持は公判弁護士（barrister）に委任することになっていた。つまり、犯罪被害者に代って受動的に捜査し訴追決定をする被害者捜査・訴追制度がイングランドでは採用されてきていたのである。

ところで、イングランドでは大都市とそれ以外の地方とでは法執行と警察の機構は根本的に異なっている。ロンドンのいわゆる首都警察（Metropolitan Police）は内務省（いわゆるHome Office）の直轄下にあり、内務大臣（Home Secretary）が警察署長を任命し、警察活動について国家議会（Parliament）に答責する関係にある。いわゆる議院内閣制の枠内において警察活動も展開されている。

他方、とりわけ地方の警察では、一九世紀後半に警察が組織的な部隊（Organized Forces）に変容するまでは、警察の長の下で、犯罪被害者の報告（申告）によって受動的に、組織化されていない独立性の強い警察官（constables）が裁判官の権限の範囲内で法執行と警察活動に従事していた。地方の警察の長は、いわゆるジェントリイ階層出身の地方の名望家がその任に当った。警察の長の任命は、警防委員会（Watcher Committee）という選挙されたその地方の名望家で構成される機構によってなされたが、警察の長は、少なくとも一九一九年の警察法以降、さらには一九六四年のこの慣行を法定した警察法（The Police Act 1964）

により、権限をもつその地方の政治的影響から完全に独立性を与えられたものとなっている。即ち、警察委員会（Police Commission or Authority）によって任命されるとはいえ、その委員会からも独立性を与えられている警察の長が警察活動の政策樹立の権限をもち、警察活動の全国的統一性と効率性を保つために通達を発する内務省の影響下にある。各地方の法執行と警察活動の統一性と効率性を維持する運用基準は、内務省の通達・回状（circular）により定まるとされている。

つまり、地方の警察活動にあって、警察の長は地方議会（local council）に対して答責性は無く、それとは全く独立しており、地方の警察委員会が任命し、内務大臣の承認によって就任する。しかも、このようにして就任する警察の長の地方政治からの独立性は、憲法上の要請だと、英国の最高裁判所（Law Lordsだけで構成される、政治上の上院とは異なったHouse of Lords）の判例で確認されている（この独立性が元来、コモンロー上のものであるかについては英国で議論のあるところではあるが）。

ところで、英国の警察の果たす警察活動は、一九世紀にロバート・ピール（Robert Peel）の樹てた目標である「犯罪の予防」の伝統を既に離れている。リチャード・メインによれば、警察活動は犯罪予防より遥かに複雑なものであり、犯罪予防の他に、生命と財産の保護、それに公共の平穏の保持を目的とするとされた。そして、さらに、今日の英国警察のあり方の基本を定めている一九八四年警察及び刑事証拠法（the Police and Criminal Evodence Act 1984, 以下、PACE《ペイス》と表記する）の制定に先立って王立委員会の審議の結果をまとめた「スカーマン報告書」（一九八一年）によると、公共の平穏の保持に警察活動の目標の中で第一順位が与えられ、他の目標と矛盾する場合には公共の平穏の保持を第一にしなければならない、とされている。

このＰＡＣＥおよび一九八五年犯行訴追法（the Prosecution of Offenses Act）の下に創設された独立した訴追機関（the Crown Prosecution）は極めて限定した権限しかなく、捜査・訴追ともに現在でも、地方では警察委員会とりわけ警察の長が、首都では内務大臣が、いわゆる裁量権と裁量基準設定の権限をもっている。訴追官等にある警察の裁量への制限は、ほとんど無いか全く無いに等しいといえる。

2　米国の場合

このイングランドでの警察の機構と機能と同様の内容を若干含むとはいえ、相当に異なった警察のあり方を米国に見ることができる。米国は合衆国政府の他に州・郡・市等の政府が二重に存在する連邦制を採用しているので、複数の警察または法執行機関が重複または併行して存在している。

例を大都市ニューヨーク市に採って、その概略を描写する。ニューヨーク市には市長に任命された警察の長（Commissioner）がいて、この警察の長を含む警察委員会（Police Commission）がある。だが、それとは別に連邦犯罪を所轄する連邦法執行機関がある。たとえば、ニューヨーク市には二つの連邦裁判所の管轄区があり、それぞれに連邦アトーニー事務所（U.S. Attorneys Office）が設けられている。一方はニューヨーク南区、他方はニューヨーク東区のオフィスであり、マンハッタンとブルックリン・ボローにある。このオフィスの責任はニューヨーク州選出の合衆国議会上院議員の同意のうえで合衆国大統領が任命する一名のＵＳアトーニーにある。両区のオフィスには、ニューヨーク州選出の二名の合衆国議会上院議員に任命される三〇～四〇名のアトーニーが任務の遂行に当たっている。さらに、合衆国司法省や財務省等、各種の法律によって定められた連邦の法執行機関がニューヨーク市の中にも設置されている。司法省に属する法執行機関の中には、マンハッタンのように連邦アトーニー事務所に包摂されている（例えば、連邦組織犯罪対策部）かと思えば、同様の連邦組織犯罪対策部はブルックリンでは独立の機関として活動している。この対策部は組織犯罪の捜査と訴追の双方の責任を負う。連邦の犯罪捜査機関には司法省に属しながら、司法省からの独立性を相当強固に保障されている連邦捜査局（ＦＢＩ）があり、ニューヨーク市内にはマンハッタン、クィーンズとニューロッチェルに合計三つのＦＢＩの事務所がある。つまり、ニューヨーク市内には、ニューヨーク市警察（ＮＹＰＤ）と連邦アトーニー事務所とＦＢＩ事務所及びその他の連邦法執行機関の事務所がそれぞれの権限によって任務に当っている。ちなみに米国内には九三の連邦アトーニー事務所がある。

ニューヨーク市警察はニューヨーク州の犯罪捜査に従事しており、警察の長は市長に任命され、警察委員会の長であるが、そこの警察官は警察委員会に任命され、犯罪捜査に従事する。この捜査事件を訴追する権限をもつ五名のディストリクト・アトーニー（検事正）がおり、それぞれが検察庁の役割を担う多くの検察官（assistant district attorney）を抱えている。ニューヨーク市のディストリクト・アトーニーは各人の属す政党に指名されたのち各地域の選挙指名により選挙により選出され、任期は四年である。ディストリクト・アトーニーはニューヨーク市長、州司法長官からも独立が保障されており、連邦、州その他の法域の高官から命令を受けることなく、訴追活動に従事している。

先に言及したＦＢＩは、申告・報告を受けた連邦犯罪に受動的に対応する捜査機関ではなく、高度の捜査技術を駆使して連邦犯罪を積極的に先手を打って解明・捜査する力量を備えており、ニューヨークにある他の連邦の法執行機関のオフィスと連携し、さらにニューヨーク市警察と個別事件を通して協力する。FBIが捜査した事件を連邦裁判所に訴追する任務に当たるのが連邦アトーニー事務所である。連邦ディストリクト裁判所は、ニューヨーク市ではマンハッタン所在の南部とブルックリン所在の東部ディストリクト裁判所の二つがあり、そこでは連邦アトーニー事務所がFBI等の捜査従事機関が捜査した事件の訴追活動に当たる。連邦アトーニーが訴追活動に当たる連邦ディストリクト裁判所の裁判官はニューヨーク州選出の合衆国上院議員の助言と承認により合衆国大統領が任命し、任期は終身である。

ニューヨーク市警察は四万人の警察官を擁する全米最大の警察本部である。ここでの警察活動は、犯罪捜査に関するかぎりでは、市民の申告・報告による受動的な性格をもち、第一目標は街頭犯罪と秩序維持にむけられており、その活動は極度に労働集約的で捜査にその主力が向けられている。だが、ニューヨーク市警察やロサンゼルス警察などは、他の米国の市警察のもたない積極的・戦略的な捜査、複雑事件の捜査能力をもち、FBI等の連邦法執行機関とともに組織犯罪に対応する部を設けてもいる。

ニューヨーク市のディストリクト・アトーニーや連邦アトーニーのような訴追官制度は、歴史的にはフランスの検察官制度を導入したものであり、この点で警察活動は少くとも犯罪捜査に関するかぎり、訴追官による訴追に関わり、法執行の適正さに関わるかぎり、ディストリクト・アトーニーの関与を受ける。その意味でイングランドの警察活動との間に大きな差があり、とりわけ、イングランドの地方警察の長の独立性は、米国の警察活動と比べて際立っているということができる。つぎに、米国の州や市の警察制度は、その地域の住民や政治と近く、イングランドの地方警察の長がその地方の住民や政治から独立していることを考えると、その両者の警察制度の政治上の性質、社会学上の性質も際立って異っている。

さらに、米国では、連邦法執行機関（例えばＦＢＩとＵＳアトーニー）があり、市や州の警察活動が連邦犯罪に当たる場合（例えば、汚職や組織犯罪へのかかわりや証拠の隠滅等）には、その市や州警察の活動は連邦法執行機関の捜査対象ともなっている。たとえば、一九七〇年のＲＩＣＯ法は、連邦のいわゆるラケッティア活動を規律する法としてＦＢＩの権限を大幅に拡大し、ニューヨーク市に蔓延していたイタリア系アメリカ人の組織犯罪に関与していたとも言われたニューヨーク市警の体質と警察官を大幅に改善することになった。現ジュリアーニ・ニューヨーク市長は、ＵＳアトーニーであったのである。

さて、米国では、市や町の警察が展開する警察活動は言うに及ばず、連邦の法執行機関の展開する警察活動も、ホワイトカラー・クライム、ビジネス・クライム、さらには組織犯罪の解明のように、戦略的・積極的な、犯罪の被害者による申告に頼らない性格をもつようになる傾向をもつ一方、公衆の生活の平穏を保全する、いわゆるコミュニティ・ベイスト、言い換えると、共同体を基盤とする住民に力を与えて公共の平穏を保全する警察活動を着実に展開することによって、犯罪を発生させない環境への先手を打った対応にまで及んでいる。一九六八年のジョンソン大統領の下での犯罪に関する大統領委員会の「自由社会への挑戦――犯罪」と題する報告書は、従来の「捜査」→「訴追」→「有罪の獲得」という刑事法運用のあり方を変えて、犯罪を発生源で喰い止めるため市民・住民との協力のうえに立った警察活動や刑事法運用活動を求めた。

警察活動のこの方向は、実務の上ではすでにこの報告に先立ってとられていたことがＡＢＦアメリカ法曹財団のレミントン教授の指導の下に行なわれた実際の刑事法運用のあり方の調査によって判明していた。大統領委員会のこの報告書の方向にそった警察活動・刑事法運用は各地域ごとにその地域の実情に応じたものとして、実施後三〇年を迎えたシンポジウムでも高く評価されている。

このように、警察活動や刑事法運用が、住民・市民からみて遠い国家・中央という組織の関心から展開されるのではなく、住民・市民の生活の平穏の保全に向けた、市民・住民の積極的な協力と要請に適した性質に変わっていく部分の多いことが、英米法系諸国での最近の一般的で際立った特徴となっている。

ところで、警察活動が、犯罪摘発・予防、人々の生命・財産の保護とともに、さらに公共の平穏の保全を目標とするという英米法系諸国の警察目標に関する共通の伝統からみた場合、相互に対立・矛盾するこれら目標の調整が必要となる。個人の基本権と民主制にもとづく自由社会、つまり自由民主主義を政治目標の基本とする点で、英米法系諸国の政治上の歴史・伝統はほぼ共通している。そこから理解されることは、刑事法運用に当たって、警察を含む刑事法運用機構の各部門には周到で賢明な裁量権が与えられてきたということである。法の硬直した厳格な適用は、各刑事法運用機構の構成部門間の運用の対立・矛盾を生むだけでなく、個人の基本権や自由の抑制・抑圧・侵害を生む。警察活動に従事する機構が、全く独自で、他の機構から独立した「独善的」な刑事法運用活動を展開すると、そこに大きな対立と矛盾、さらには病理的な状態が生まれることもあるし、実際にもそのようなことがあったのである。

そこで、刑事法運用全機構の法運用に当たっての相互調整、相互チェック、抑制と均衡が重要な目標となる。この点については、イングランドとオーストラリアにみられるような単一ライン型と、とりわけ米国にみられる複線型の刑事法運用との間には、チェック・アンド・バランスの効果に相当程度の差がみられるが、先述のように、捜査と訴追機関の相互チェック、捜査・訴追機関と事実審理機関（公判）との相互チェックと相互依存をもたらした点において、米国式の複線型刑事法運用はイングランド・オーストラリアの単一ライン型に対してだけでなく、フランスなど大陸法系の運用型に比べても、優れているといえるだろう。日本は、捜査と訴追との相互依存と相互チェック、捜査・訴追と事実認定機構（公判）との相互チェックの点でイングランド型より米国型に近い。他方、議院内閣制度をとっているため、二重の刑事法運用機構をもつ連邦制・合衆国制をとる米国に比べると、相互依存・相互チェックは、自由民主制を維持する観点からすると十分ではないということができよう。

二　英米法系諸国に共通する警察の基本原則

1　警察の政治的独立性

基本原則の第一は、警察活動を含む法執行を「法」と同一とみるという、とりわけイングランドでの伝統に従った理解からくるものである。米国でもオーストラリアでも、イングランドに似た警察への理解がある。ここから、警察の政治・議会・行政府の長からの独立という原則が抽き出されてきた。

この場合において、法の概念の発展にも目を向けなければなるまい。どちらかというと同質の文化の中で社会を形成し、統治階層が同質であった一九世紀のイングランドでは、中央の地方への強い影響も伴って、国王（Crown）に忠実な地方の警察の長の独立という考え方が生まれた。国王とは、中央政府の議会と共にある国王に主権があるという意味でのイングランド独特の民主制の主権概念を意味する。

イングランドでは一九六四年の警察法において、この警察の独立性が明文上の根拠をもつことになり、裁判所により、この原理は憲法上の要請だとされてきている。

オーストラリアでは、各法域はそれぞれ議会の制定した法と警察活動の同一性という理解から、米国よりもイングランドに近い警察の行政や議会与党からの独立ということが当然だと理解されてきた。

米国では、法とは単に議会の制定によるだけのものでなく、国民の受容によりはじめて議会の制定した法律が「法」となるのだという法の概念が育まれてきている。国民の受容を確認する過程に主としてかかわるのは、裁判所であることから、「法とは裁判所が法だと認定したものだ」とまで言われることも多いほどである。つまり、法とは議会が前法的要素を定立し、裁判所やその他の法裁定機関（独立行政機関を含む）等を通すことによって国民に受容されてはじめて法となるという法の概念は、住民と警察との具体的事例を通した交流の中で、法が住民に受容されていくという考え方を生むことになる。

2　警察官は通常人と同じ地位にある

英米法諸国での警察活動に共通する基本原則の第二は、「警察官は通常人と同様の地位にある」とのノルマン固有の伝統的な理解である。通常人に認められていた重大犯罪を理由とする逮捕、不審事由のある者への停止質問などは広く無令状で行われているが、万一の場合には私法上の不法行為責任を問われるということによって、私人に対してでも警察官に対してでも同様に、その抑制装置となるであろうとの考え方である。

共同体の安全、犯罪予防の権限は共同体構成員に本来固有のものだといった理解がそれであった（もっとも、一九三〇年代以降では米国でも、逮捕について、これとは全く逆の考え方が生まれてきたのであるが）。その後、イングランドでは、通常人と警察官とを同一視する考え方に変化が生じ、むしろ、後述するように「専門能力集団」としての理解に徐々に変わってきている。その結果、警察の長の地方の政治組織からの独立を憲法上の要求だと認める裁判所機構は、個々の警察官の活動を警察の長を頂点とする「行政」組織の構成員としての活動であるとみて、公法、つまり行政法による規律を認める裁判が、イングランドでも顕著になりつつあるのが今日の趨勢である。基本的人権を侵害した警察活動によって入手した証拠の排除を米国では憲法上の要求だとしているのに、イングランドでそうではないのは、通常人と警察官は同様の地位にあるか否かの理解の相違も関係しているとみてよいであろう。

連邦制に立つ米国では、共同体の安全に深くかかわる街頭犯罪、生命・財産の保護に関する警察活動は、本来地方分権的のものであるという性格理解が、他の国に比べてとても強い。州《ステイト》・市《シティ》・町《タウン》・郡《カウンティ》といった警察が、それぞれ相当に強い独立性をもちつつ活動を展開しているのが米国の実情である。ただ、この状態は一九七〇年のＲＩＣＯ法が各州における一定の暴力的または反覆・継続的に他人を犠牲にして不正な利得を受ける犯罪をその適用対象としたため、中央集権的な大統領からも独立した連邦法執行機関、とりわけＦＢＩと財務省下の機関に専門機能を伴った積極的・戦略的で独立性の強い法執行機関を生んだことで、米国でも警察活動のうち捜査については中央集権的になる傾向が、一定の分野で高まっているといえる。

いずれにせよ、社会の変容のなかで、警察官も共同体の通常のメンバーと同様の地位にあるとして、一般の私法上の規律を受けるにとどまり、公法・行政法での規律の対象とはならないとの伝統的な考え方は、英米法系諸国でも急速に弱まっているとみてよい。

3　専門主義にもとづく警察の独立性

第三の特徴として、警察活動を展開する組織の専門技倆と専門判断・専門主義を維持することと、あらゆる種類の属性をもつ人々に適切なサービスを提供するとの観点から、警察の長の独立性を求めるという点を挙げることができよう。

捜査・摘発、予防措置をとるときに生命・身体への危険を生ずるような場合には、戦略・戦術と専門技倆によって支えられた統一的・効率的な警察活動が求められる。いわゆる公安・警備といった重大な危機管理を中核案件とする警察活動の場合がそうである。また、中央集権的な国家体制の下で秩序維持を目指す警察活動にあっても国家中心の専門職としての警察が理念となる。

ところで、中央集権制が採られる場合にも、二つの対極がある。一方の極は、一国が多民族・多文化国家である特徴をもつ場合であって、国民国家形成にあたって、国民の統合を戦略とする「法」というコンセプトは国家に多民族・多文化を統合・集中させる秩序維持の役割を警察活動に求める場合である。他方の極は、一見同質の文化が形成された歴史をもつ社会集団が国民国家として統合されたときに、警察活動に中央集権的特徴をみる場合である。自由で民主的な政治理念、自由社会の理念の下で、この二つの極に分かれる国家経営にあって、警察はどのように位置づけられてきたのだろう。

多文化・多民族的な社会構成を多くの移民を不断に受け入れることで形成してきた米国では、「法」の運用・執行の専門集団である警察が、一部の民族・多数派の文化を代表する政治勢力・政党に支配された時代があった。各レベルの政治・統治組織の首長や議会の多数派が、警察の長や主要幹部、さらには第一線活動に従事する警察官を政治的に任命・指名する場合には、少数派や支配的でない民族への差別的法執行や法運用、最悪の場合には腐敗を生んだのであった。

選挙された首長や議会の多数派による統治という民主制は、多様な自由を抑圧することすらあれ、保障することには通じないという経験をもったのであった。チェック・アンド・バランスを重視しない、権力の分立を原則としない、裸の多数支配は、デモクラシーには忠実となりえても、自由保障や寛容さに欠けていた。この対立・矛盾からみえてくるのは、議会は、法外要素により影響を受けやすい領域であり、議会が立法機関であるときに、そこを通過した法は、自由・民主体制や自由社会の理念の下では、完成された法ではなく、法以前の法となりうる第一候補の形態だと考えられるようになる。現実をみても、議会の要求をそのまま警察活動に反映させると少数派の自由を脅かす。法とは種々の対立する要求を調整しつつ、公共全体の安全・安寧を保全することで、自由を抑圧せず少数派によっても受け容れられるものではなくてはならないという法の理解に立って、警察活動は、この意味での法の執行・運用であるとの前提に立ち、議会や首長と警察との関係をどのようにすべきかという問いが投げかけられることになった。法外要素と「法」の執行・運用を任務とする警察活動の対立・緊張の緩衝装置として、公安委員会や警察委員会を、米国が広く用いた経験をもつのは、このような理念的理解と現実の緊張を考慮に入れるとよくわかるであろう。

4　都市化する社会と警察活動の変化

かつてのような同質的な社会の状態は、今日では維持されてはいない。イングランドにおいても、アイルランドからの移民、第二次大戦後、とりわけ経済復興期以降の旧植民地からの多くの異文化集団の流入、それに加えて、都市化、経済中心の理念に立つ国家経営から生まれた大都市と居住区、大都市と農村、都会と郊外、大都会内部の多文化現象、日常生活に由来する価値意識と経済市場・社会活動に由来する価値意識の分裂・対立などから生まれた階層的な社会の構造に人々は直面している。このような社会においては、日常生活の各人の文化意識とは遠いところにある中央政府や専門集団による刑事法執行・運用は、日常生活を送る人々の生活の平穏についてのニーズを、かならずしも十分に反映できないものとなってきた。

そこにおいては、各共同体のもつ多様な生活様式や文化に対応した、それぞれの共同体構成員のニーズに合致した多様できめの細かい、または国際的な関連をもつ警察活動が求められているのである。

共同体ごとの具体的要求・要望に即した警察活動を強調するフィロソフィーを「コミュニティ・ポリーシング」「地方中心の警察活動の統治」と呼ぶ。この「コミュニティ・ポリーシング」の要求と専門的な立場に立った公平・公正で適切な裁量に基づく警察活動の要求との調整のために米国では警察委員会や公安委員会が中間緩衝装置として設けられたが、今日では、より日常生活に近いニーズに適するように、住民に近い警察活動に従事する者と住民との交流、社会の平穏を実現する共通の意識、協力態勢を樹立する多種多様の方策が求められている。警察の広報、しかも対面的広報の充実、住民のニーズの汲み上げ、住民と警察の協力による積極的・先手を打った犯罪予防、生活の平穏の保全に向かう日常の活動の展開、そのための情報の共有・交換、意見交流、住民の警察活動へのバック・アップ等をどのようにして樹立するかが模索されている。

専門集団としての警察を誇張する場合には、専門集団でしかも危険に常に直面する警察活動の特徴から警察一家意識も生み、「内外《ウチソト》」意識（"We v. Others"）を強化し、内部の違反行為を内部から摘発しにくい体質を生むというのが、スコルニクが指摘してきたことである。

スコルニクによると、警察、とくに現場・第一線活動集団の強い連帯・一体感を生む原因は様々であるが、鍵となるものは「警察の権威」と「直面する危険」の二つとされている。生命・身体への危険に晒された仲間を即座に、躊躇することなく助けること、とりわけ外部からの警察官の活動への抵抗に即座に有効に対処しなければ、警察活動への信頼性は、部内外から生まれにくい。この全体としての警察への信頼性を維持しようとする感覚が重要であることに疑いはない。

問題は、その感覚が限度を超えると、法律上だけでなく道徳上、基本とされる責務を遵守させなくさせる結果を伴う危険が生ずる。仲間が懲戒対象となった際に、警察官が「組織防衛」の感覚から、事実を隠蔽し、嘘をつく傾向が強いということが英米法系諸国の調査の結果から判明している。この組織防衛意識は英米系諸国にかぎらず、それ以外の組織にも共通している。組織防衛と連帯感は、他の官僚機構・経営機構のなかでもみられるが、生命・身体の危険が強く、法の執行・運用を担当する権威を求められる警察組織の場合においてはその体質の一部となる可能性が高い。

「専門的活動は専門家に任せておけばよい」という意識の強いところでは警察の独立性が誇張される。しかし、やがて自由民主主義を理念とし「一定の秩序の下で」の個人やグループの自由の保障の重要さが認識され、権威による強制力の行使に当たって「法の適正手続」「デュー・プロセス」の要求が台頭するようになる。しかも、共同体の安全と文化の維持についての具体的な要請――人種、性別、民族性、信仰、信条、生活習慣で差別されず、それを維持したいという要請――が自覚されるようになると、警察活動を含めた法運用と行政機関の透明性、外部からの見通しの低さ（low-visibility）が問題とされるようになる。この点はジョージフ・ゴールドシュテインの古典的な論文で早くから指摘されてきたところである。この指摘は、今や英米法系諸国での共通の認識であり、また懸念ともなっている。

三　警察の不適切な活動、不祥事

1　英国における対応

以下において、英米法系諸国での警察の不適切な活動の例を、ごく僅かであるが、概略的に描写してみよう。

イングランドでの警察への信頼の低下は、数多くのスキャンダルが一九五〇年と六〇年代に続出したために、一般的なものとなった。腐敗・汚職が起訴され、人種差別に基づく暴力の行使、意図的な隠蔽工作、違法な実力の行使、有罪答弁をさせるために被疑者に適正手続の要求に反した圧力を加えること、証拠の人為操作などが広く報道された。アジア系人種やアイルランド人への蛮行も大きく取り上げられた。このため、警察活動と証拠の採取を規律する対策を検討・審議する王立審議会が設立された。それに由来するのが一九八一年のスカーマン卿報告であり、それに基づいて一九八三年の警察及び警察証拠法（ペイス法）が長い議会審議の検討の結果、制定されたのである。ここでは、警察活動への監督、外部監察機構についてだけ言及しよう。

人の死亡をもたらす警察の蛮行、重大な誤判にいたった不適切なデュー・プロセスに反した警察活動に対する苦情が一九七〇年代と八〇年代の初めに急増した。そのため、スカーマン報告も含めて、英国では、中央政府が警察活動について調査する、警察とは完全に独立した機構が必要だとの結論に達した。一九七六年に警察不服審査会（Police Complaints Board（P.C.B.））が創設されることになった。PCBには、まだ内部監察、調査の性格が強かったと認めて、政府は、職責を変えて再出発する警察不服庁（Police Complaints Authority（P.C.A.））を設立した。だが、基礎的な調査は警察内部に委ねた。また、警察官以外の者の死亡や重大な身体傷害、汚職、そして、重大犯罪にかぎっては、PCAに調査と報告のために事件を送致することが求められ、PCAは、ある警察単位の不祥事の調査を他の警察単位に行うよう命ずることができることになった。PCAは調査の監督、警察活動についての捜査の監督機関とされたのである。調査・捜査担当官はPCAに対し、調査結果を報告する義務を負い、この報告書に満足しないか否かを、PCAが具体的に示す宣告書を発することができることになっている。PCAが監督しない事例では、犯罪に当たるこれらの警察活動を訴追機関の長に不起訴相当として警察の長が送致した理由について、警察の長に説明を求めそれに答える文書を提出するように求める権限がPCAに与えられている。その報告書を検討した結果に基づいて、

ＰＣＡは、刑事訴追を勧告し、指示することができる。

警察不祥事を監察するに当たって「監督する」独立機関であるＰＣＡは国家議会、パーラメントには、直接・間接を問わず責に任じない機関である。また、みずから調査・捜査に当たるものではなく、その議長は弁護士かオンブズマン経験者ではあるが、ほとんど犯罪捜査の経験者ではない。そのため、不祥事を実際上は、警察自らの調査・捜査に委ねるので以前とそう変わらないとの見方が英国では一般的である。そこで、中央政府の中に、警察とは独立した、十分な犯罪捜査能力を具備した、議会と政府に責を負う調査・捜査、苦情処理機関を設けた方がよいとの見方も一部にはみられる。だが、このような二重の組織の創設は、警察を萎縮させ、住民サービスを低下させ、資源配分上は、十分な資源が重要な警察活動に配分されず、議会での政治論争を生み、結局は効果的とはならないという、オーストラリアの経験に基づく報告もある。

ＰＣＡは、警察の内部調査または他の警察単位に捜査・調査を命じた場合に、捜査や調査の内容についてそれを自ら知りうる立場にはない。つまり、捜査記録閲覧権がＰＣＡには欠けている。しかし、英国では、警察内部の監察について、捜査記録を直接閲覧し、捜査内容と結果を監察する警察監査院（The Inspectors of Constabulary）がある。ところで、ＰＣＡには、苦情が寄せられていない事件であっても、警察官が犯罪を行ったか、懲戒対象行為に出たとＰＣＡがみずから思料する場合で、しかも重大な事例では、事件をＰＣＡに送致するように要求する権限がある。また、ＰＣＡがもつ最も重要な権限の一つに、高級警察官、日本でいえば警視監以上の者に対する懲戒権限がある。だが、この懲戒権の行使は、高級警察官の事例をＰＣＡに送致させる命令を下し、調査担当官を任命し、聴聞を行う、大法官指名の一人聴聞・審査・懲戒機関を設置することによって行われる。この懲戒機関によって懲戒事由が証明されたと認定されたのちに、懲戒権をＰＣＡが発動するのである。また、警察の長への懲戒権は、警察の長の「憲法上保護されている」独立性を理由としてＰＣＡにはない。警察の長への影響力は、内務大臣にしか残されていない。これも政治力を行使して警察の長にみずから辞任させるという方法が慣用となっている。

地方の警察活動にあって、警察の長は地方の政治・統治体から完全に独立している。警察委員会から任命されるとはいえ、地方議会に責を負うわけでもない。警察の長は中央政府の内務省の回付状（通達）を通じて警察活動の統一性と基準を保っている。ところで、ある地方での大騒動やロンドンやその他の大都市での暴動などに地方警察力が派遣されるとき、さらには、その地域の警察活動の対象となる社会問題が全国的な課題であるときなどにおいて、地方警察力が出動し派遣されたときの費用負担を地方住民にどのように納得させるか、といった問いが生まれる。全国的に影響を及ぼす可能性が大きいため、内務省の指示の下で、その地方の警察の長が、そのような対象に警察活動の優先順位を置き、その地方の住民へのサービスを、それほど重要視しなかった場合などには、地方税納税者への責任をどう果たすかが問題となる。また、黒人文化、アジア系文化、イスラーム文化等への配慮を欠かず、しかもその地域のイングランド住民への配慮も欠かない警察活動をどう展開するかということが問われることになった。

中央と地方の同一経済圏としての密接な結びつきを強める高度産業化の時代を迎えて、地方の実情とニーズに応じた警察活動を、地方税納税者の立場に配慮して、どのように展開するかが問われるようになったのである。

これらの答責性に応える一つの方策として、スカーマン報告とそれに基づいて制定された一九八三年のペイス法は、警察共同体評議会（Police Community Consultative Group）という仕組みを創設した。この評議会は、警察署単位に設けられたが、地域の多様性や人口密度の高さのため人口当りのサービスを考えて、より狭い範囲で設置することも提案されたことがある。逆に、人口密度が低く、過疎地では、複数の警察署で一の評議会を設けることも予定され、そのように運営されてもきた。地方税納税者への配慮、その地方だけにとどまらない広域、さらには全国的影響を及ぼす対象に地方警察力を展開するときの、その地方の資源と費用分担、文化摩擦を生じたときの地方警察の政策重点の置き方について、内務省と警察の長が責任を採ることが困難となったからこそ、その地方選出のイギリス国会議員や地方議会選出議員を含めた、その地域の共同体のメンバーに、このような警察活動について責任を分担してもらうことも意図してこの評議会は創設されたのである。人種差別によるある人種への警察の蛮行、誤判に導く抑圧的な自白の採取や証拠の人為的作出、証拠や不適切な警察活動の隠蔽、経済活動（正しいか不正なものかは別にして）や政治活動にからむ警察の腐敗を生む警察への非難を、内務省と警察の長だけで受けとめることになると、警察活動の効率性、とりわけ公衆の生活の平穏・安全・安心を保全するという目標を達することが妨げられかねない。このような意図から、実は評議会は創設され、構成された。評議会は選挙で選ばれるものでもなく、地方議会で選出されるのでもない。このように、「評議会」は、警察活動への共同体の意向の反映という要求と、警察活動への非難から内務省と警察の長がある程度逃れるという二面性をもっている。

そのためだけではなかろうが、一九八〇年代中頃から人々の注目を集めたのが、街頭犯罪、しかも思春期の青少年の、個々的には軽微だがあなどりがたい、なかなか断ちきれない犯罪者の多発現象である。警察共同体協議会があっても、これらの若年者はこの協議会どころか、協議会が開催する地域一般集会にさえ参加しない。異なった考え方の者が町を構成しているときに生ずる対立感情は、一九八四年から八五年の炭鉱・鉱山労働者のストライキのときに高まった。警察力の配置と警察単位の共助、中央政府による指示を必要とするストライキへの対応は、地方税の使途をめぐる住民間、政党間の対立を生んだ。住民相互の生活文化習慣の相違、伝統的な人間連帯から切り離された若年層が社会に不安を執拗に与えつづける比較的軽微な犯行の反覆・再犯傾向は、移民と古くからの定住者間の、また、思春期の若者とそれ以外の者との間の対立と不安感を醸成している。そのため、警察諸活動の意思決定への地方の人々の参加は、「協議会」を通じて促進されるとのスカーマン報告の期待は満足させられなくなってきている。

そこで、住民との連絡を密にし、警察集団に特有な「内外《ウチソト》」の体質、一家意識の体質を変え、住民との間で信頼感を取り戻す目標は、「協議会」以外の方策によって達せられなくてはならないと自覚されるまでになっている。警察、とりわけ地方の警察の機構、とくに警察の長の独立と、財政・資源の配分をめぐっての中央政府の通達による警察サービスの展開、警察と訴追機関の相互抑制の欠如または微弱さ、警察の職権乱用活動を犯罪化せず一般住民と警察を同一視する伝統、警察を「法」自体とみる伝統等の点で、イギリスの警察のシステムは日本のそれとは、あまりにもかけ離れている。ただ、住民を中心とする警察サービスへの移行を求める点では、英米法系諸国、イングランドでの関心には、今日の日本の関心と類似したところがある。

2　米国等での対応

つぎに米国では、一九五〇年代から六〇年代にかけ、実に多くの不祥事に見舞われた。暴力の乱用による不必要な蛮行や多様な人種や少数者に対する差別的な嫌がらせともとれる執拗で濃度の高い警察の介入に始まって、道交法違反を見逃すのと引きかえの賄賂収受、薬物取引や不法な賭博、不当な暴力組織の勢力拡大（例えば、魚市場や港湾荷役、そこでの労働組合活動を通した勢力拡大）による不当な財産収益の獲得に関係した金品の受領などにいたるまで、警察の不適切な活動は広く及び、人々の関心を集めた。

オーストラリアにあっても、警察の不適切活動についての調査委員会や王立委員会の多くの報告をみると、過去四〇年ほどの内に、警察が虚偽報告を多く行い、不祥事、警察の不適切な活動への苦情に真面目に対応せず、調査をしない事実や、不法な犯罪捜査活動の隠蔽、犯罪捜査にあたっての不当逮捕、証拠の作出、重要証拠の隠蔽などが、相当広く行われていることが判明する（ビーチ、ルーカス、フィッツジェラルドとウッド調査委員会の報告など）。

企業犯罪、政治犯罪、組織・薬物犯罪などにからむ汚職が蔓延し、その疑いが警察次長にまで及んだため、現在ではオーストラリア国籍ではない英国籍のかつてスコットランドヤードの高官であった方が長官に就任しているニュー・サラスウェールズ州などには、汚職と不当な暴力行使への苦情は多い（ウッド警察活動調査王立委員会の報告書（一九九七年））。この州での警察の汚職は一九六〇年から七〇年が最悪期であったため、七九年に警察活動の調査委員会を任命した。その報告によると、極めて不適切な管理手続と運営の実務、計画の欠如、監察と規律の不備、いずれのラインが責任をとるかが不明確な責任体制の欠如などが余すところなく示されている。

これに先立つ委員会の報告書では、一部の不心得者が賄賂や不当な金銭を受領していたとされていたが、このウッド王立委員会報告によると、一九七〇年以降腐敗は頂点に達し、それは警察全体に蔓延していたとされている。警察の不祥事は、警察官による犯罪の隠蔽から、賭博や薬物犯罪、政治犯罪にかかわる汚職をめぐる訴追妨害、警察官の薬物犯罪への直接関与、重大犯罪遂行への警察官自体の関与などにまで広く及んでいることが判明した。

上級法曹フィッツジェラルドを長とするクィーンズランドの調査委員会は一九八七年から八九年まで調査を行ない、警察の堕落が刑事法運用を破壊するにまで到らせていたとの印象を与えるほどの事実を示している。警察官が公判で、被告人の自白を真意に反した内容にして供述するのがクイーンズランド州の公判の特徴であったとまで言い切っている。さらに、警察内部に、汚職の連絡網、協力のネットワークがあり、ある有力政党との癒着がこの州の警察の効率的な活動の展開を大きく妨げていたことも報告された。そして、一九九一年八月に、クイーンズランド州の前警察長官は、一五に及ぶ汚職の訴因で有罪と認定され、一四年の収監刑を言い渡された。

ところで、こういった警察の不祥事は、米国、英国、オーストラリア、カナダといった英米法系諸国でも、恒常的な警察内部の監察や規律の仕組みを通して明るみに出たものではない。わが国でも、警察官の内部告発や被害者の告発がメディアに伝えられたことで明るみに出ることが多いのと共通している。この点を公平にみた場合、英米法系のこれら諸国に比べて、警察内部の規律のシステムや監察を通して不祥事が発見され、メディアを通して報道される割合は日本のほうが高いと思われる。

英米法系諸国では、王立委員会や州や連邦政府の調査委員会が実施した調査報告が、警察内部の日常的な規律、監察の仕組みによる調査よりも、適切かつ十分な形で警察不祥事の実態を系統立てて示している。つまり、警察内部での監察制度や、被害者を含む市民からの苦情についての警察の内部調査によっては、かならずしも警察の不祥事は明るみに出ないと考えられるのが英米法系諸国の実態なのである。わが国でも、このような傾向にあるのではないかと考える者は多いだろう。

四　警察の不適切な活動の監視と適切な警察サービス実現のための方策

1　六つのポイント

この方策を検討するに当たり、考慮すべき視点には、主としてつぎのものが考えられる。
① 警察のサービスを受ける住民のニーズに適い、しかも住民の警察依存を生まないこと、
② 警察が「法」にだけ責任を負うことなく、法の執行たる犯罪予防、生命・身体・自由の保護、公共の平穏の保全という、しばしば対立する目標を長期的に、しかも具体的事例を通して分別ある周到な裁量によって調整する警察（官）の裁量権を保障し、そのために必要な警察（官）の独立性を確認すること、
③ 各国の政治体のあり方に従って、警察が選挙で支えられた政府機関に責任を負うことができ、そ

の政府機関が警察活動の独立性を害さずに「監督」できる体制を整備すること、

④　警察一家意識を生む体質のマイナス面を除去し、その体質を支えざるをえない警察官のチーム・ワークを崩したり、活動の士気を低下させないこと、

⑤　住民の警察サービスへのニーズを十分に反映できる最も効果的な仕組みを整備し、住民のニーズを汲みとり、警察サービスの内容を住民に周知させる仕組みを整備すること、

⑥　警察の不祥事を隠蔽する警察の体質を改善する管理体制に資する方策を講ずること、

などである。

ところで、これらの警察の果たす機能・サービスの目標は元来は対立矛盾するものである。警察活動の担い手と警察サービス・法のサービスを受ける集団や住民が同質に近い生活様式を営んでいた時代は、すでに遥かに遠い昔の話である。「法」の執行、「法」への答責性、法違反への対処だけを問う、法と警察サービス＝法執行を同一視するコンセプトは、かえって部外者への差別、先住民への抑圧、奴隷や異人種、とりわけ低所得者階層への抑圧、極端な場合には「リンチ法」「リンチ裁判」に繋がる法執行と警察活動をもたらすことがあった。

このように、法イコール警察活動、法とは共同体の同質性を維持する方策だとのコンセプトは、多元文化・多層性が社会・共同体の特徴となっていかざるをえない今日、つまり、産業化と全国化、国際化、さらにはボーダレス化を特色とする、いわゆるポストモダンな社会では、もはや妥当すべくもない。

2　米国における経験

このような現代社会に入った英米法系諸国にあって、警察はその目標の多様化の調整を図るのに当たり、管理機構のあり方に、首長制をとる法域では首長による警察の長を通した警察活動への直接管理とか、代議制の下では議会を通した警察活動への直接監督・査察という制度を導入したが、その結果として、苦い経験を味うこととなった。その例を米国のフィラデルフィアとニューヨークでみてみよう。ともに一九五〇年代の話である。

大戦後、基本権保障運動はステップ・アップ、グレイド・アップした。黒人グループの大戦への参加、低社会層の大戦への協力の大きさ、戦中において米国が標榜した「自由と民主主義」、戦後の世界の秩序を自由民主主義・自由社会の発展を通した平和に求めたこと、米国を世界の『「法」実現＝警察』としての位置づけたことなどによって、国内にあっても、自由民主主義を支える社会の基本原理としての基本権の保障を通して法の下の万人の平等というコンセプトが広く受け入れられることになった。

この基本権運動は、広く社会に行きわたり、その主たる焦点が、警察の行為、法執行活動に向けられた。この運動は「刑事法の革命」をもたらしたと評されたウォーレン首席裁判官を長とする合衆国最高裁判所によって、従来の法の理解よりも基本権保障を日常的に重視し、場合によっては誇張するとまでみられた多くの裁判例をもたらすまでになった。この当時、警察は基本権の抑圧者、悪玉プレイヤーとしてテレビの画面にしばしば登場していたにもかかわらず、警察は、少数者を排除・抑圧してきた政治体の首長や議会の多数派が構成する行政府と繋がっているような印象を与える活動を行ない、少数者の主張する基本権と平和を訴えるデモ行進を妨害するような行動に出たのであった。この大戦後の基本権の保障と平和を求める運動は、すでに中産階層の支持するところとなっていたので、警察のこの種の妨害活動はテレビ放映されることで一層注目の的となり非難の対象となった。

一九五七年に、アメリカ自由民権連合（ACLU）のフィラデルフィア支部は、民間・住民による警察監査委員会の創設キャンペインを張り、成功した。改革派市長ディルワォース（Richard Dilworth）が新しく市長に選出された。しかし、彼が一九五八年に開設したフィラデルフィア警察諮問委員会は、警察友愛組織の強い持続的な反対を受け、訴訟にさえ悩まされる結果となった。この委員会は開設後一年ほど経って、警察友愛会から、警察の独立性を侵害するものとして訴えられたが、警察活動への介入の程度を低くする提案に委員会が同意したためこの最初の訴えは取り下げられた。一九六五年に第二回目の訴えが友愛会から提起され、諮問委員会の聴聞を停止する命令が裁判所から下され、諮問委員会は結局廃止と同然のこととなった。その後の市長選で改革派を破ってテイト（Tate）が市長に選任されただけでなく再選されたため、市側は諮問委員会の聴聞停止命令についての上訴を留保した。諮問委員会の委員は上訴をしたが、中間上訴では上訴適格を欠くとして敗訴した。州最高裁判所は、諮問委員会の側に有利な裁判を下したが、テイト市長は、活動停止になっていた警察諮問委員会を活動させるのに性急である必要はないとして、結局は、この委員会に強く反撥していた警察長官の意を汲んで、諮問委員会を廃止するにいたった。警察側は、警察改革に反対する政治家の助けを借りて従来の立場に戻ったことになる。

ここに、警察への政治の介入という汚点が残された。いずれの側の勝利によるにせよ、警察活動の中立性の維持、警察目標の調整の重要性が強く示された事例である。

一九五〇年代、ニューヨーク市警察内での不祥事が公になったため、司法省は、人種差別や基本権侵害、収賄といった不適法・不適切な活動を止める改善策を講じなければ、直接捜査〔調査〕に入ると警告したほどであった。このような事情も手伝って、一九六〇年代初期には、警察の無責任さを訴える基本権運動は大いに高まった。一九六〇年代のニューヨークでは、警察に対する不服処理制度に対して外部の市民関与の必要性の有無が大きな政治上の争点となっていった。ついにこの点が市長選の中心争点となり、共和党候補者のリンゼイ（John Lindsay）は、この争点について、新警察長官の任命という結果をもたらすことになったとしても致し方ない内容の、市民代表を不服申立委員会の中に組み込むという明確な態度を打ち出した。リンゼイは当選後、民間市民不服申立審査委員会（The Civilian Complaint Review Board）の設立に着手し、選挙中の公約に従って、この構想を実現する警察長官を任命した。この委員会は市警察本部の命令という法形式で創設され、権限を与えられ、警察が不適切な活動による責任をとるような成果をあげることにより、この争点については、政治家と改革派の勝利に帰したように見えた。しかし、パトロールマン友愛会は住民投票を求め、新制度であるこの委員会を導入すれば住民の生活や生命は危険に晒される結果になると訴えた。保守派の住民達もパトロールマン友愛会を支持し、「公平な審査を求める連合」が早々に決成された。大論争と政治活動の結果、ニューヨーク住民の圧倒的多数が、住民・部外者が支配する警察審査委員会の廃止を支持する投票をした。改革派、外部審査・監察制度を創設することを求めた側は敗れたのである。外部監察・審査の制度は、一九七六年七月から一二月までの僅か四ヵ月しかもたなかった。

実は、米国では、警察と政治の密接な関係が特徴であり、われわれが警察活動に従事していると考える実に多数の組織（全米では四万ほどに達すると言われもしている）のうち八割ほどは、市長・首長に活動の責を負うことになっている。理論上は、このような「民主的に」選出された首長に責を負う警察は、警察がサービスをする共同体により十分な責任を果たすことになるはずである。だが、現実はそうではない。まさに、それぞれの地方の政治事情をよく反映するのが警察であって、法に忠実であったり、少数者の基本権を守ったりするものとはならないのが、そのような「民主的」な警察制度なのである。警察委員会、公安委員会（Police Board）と呼ばれる制度が二〇世紀の三〇年代、とりわけ五〇年代以降に多く導入されたのは、政治家、つまり首長や議会と警察との間の緩衝装置を用意するためだったのである。だが、警察（公安）委員会を首長が任命し、自らが指導力をもつ委員長に就任する場合があり、その場合には、首長の意に添う警察活動が展開され、腐敗や不祥事が重なり、警察官の組合が市長選に大きくかかわる結果まで生んでいた。

このような、首長や議会が直接、警察を外部から指揮し管理する制度は、法執行、犯罪予防、住民の生活と生命と財産の保護、住民の安心の保全という、しばしば対立・矛盾する目標を、その時々の状況に応じて周到に調整する健全な裁量を保障する警察の中立性と独立性の保障には通じない。むしろ、それに反する結果を生んだのである。

米国、とりわけ大都市ニューヨークやロサンゼルス警察本部に例をみる警察審査・監察は、内部監察中心といわれている。だが、住民への広報・住民との対面意見聴取を通した犯罪情報の共有、住民主導の活動の助成、多くの他の犯罪にからむ問題についての異なった部門との連携といった、犯罪や生活への安心を悪化させる関連環境事情の改善とコミュニティ・ポリーシングの活用という計画は、単なる内部監察・審査にとどまるものとはいえない性格をもつ。このようにして警察委員会の下、警察長官が相当な政治的独立性をもちつつ、各地域ごとの特色に応じた戦略を樹て、さらに下部の各班やチームや特別任務隊に多様な、各地域と各犯罪や犯罪組織ごとに多様な戦略と戦術を用い、各地域の住民の要請に応じた多種多様な対応と広報活動を展開する計画は、政党政治や特定の圧力集団から独立した住民の要請に責を負う事項を、多くの異なった警察内部の部局（組織犯罪特別対策班と広報部局など）との相互チェックや相互共助によって実現しようとする「警察活動の審査・監察のタイプ」とみることもできるだろう。

さらには、警察委員会の他に、五〇年代・六〇年代の警察の不祥事に対して、スウェーデンのオンブズマン制度を採り入れることを世界にさきがけて提案されたコロンビア・ロースクールのゲルホーン教授の警察オンブズマン制度も採用された。この制度は、すくなくとも、ニューヨーク市の場合には、現在の市警が多様な住民の要請に対応できるように、警察全体の各部局を働かせるマネージメントを構築するのに役立つ警察委員会の情報に基づいてオンブズマンが対応するときにはじめて意味をもつことになっているといってよかろう。

3　英国等の経験

さて、次に英国とオーストラリアには米国のような抑制均衡の制度がない。つまり、検察制度が捜査に専従する部門を抱え、警察と独立して強い警察への抑制力をもつ米国の伝統とは異なっている。英国では地方警察の長は地方議会で任命されるとはいえ、内務省の承認を前提にし、しかも地方の警察の長は、先に述べたように地方政府から独立し、内務省の回付状・通達によって統一性と効率を保とうとしている。警察の犯罪を通常人の犯罪とは別に処理するのに加えて、警察以外の機関が、警察を捜査し、訴追し、訴追機関が訴追しない処分をしたときに、裁判所が外部から独立に再捜査を命ずるという方策も欠けている。

英国とオーストラリアでは、調査委員会を警察機構の外に設け、そこで、警察の不適切な活動や運営があったとの主張を調査するという方式を選んできた。この方式を選んだのは、むしろ行政府であり、行政府のつぎのような目的に資するものであった。

① 即座の独立した措置を必要とする危機に対応したり、重要な社会の争点をめぐる一般の議論を解決し、より広い一般の人々の参加と合意をとりつける目的。

② 政府が一定の措置をとっているかのように人々に思わせたり、批判をかわしたり、批判者の理解を深めて、可能であれば政府の側に引き寄せるように、警察活動をめぐる政策課題を処理する一助として政府が用いるその目的。

③ さらには、公務員や公共組織の不適切な活動や運営があったとの主張を調査するなどという目的。

そのために調査委員会を設け、報告書を提出させてきた。警察の不祥事等の不適切な活動について調査委員会を設ける目的は大部分、警察と統治機構の関係を悪化させかねない政策から、行政府を遠ざけ、独立した調査委員会を設立し、その報告を受けて国民と統治体全体が重要な警察問題に対処しようとすることにあった。スカーマンが主宰した王立委員会もその一つであり、そこから一九八三年のペイス法が制定されたのである。ペイス法の一部として（附表とされて）かつての「裁判官準則」に代わるものとされた「実務規範」（Code of Practice）もそうである。そして、報告書の大半は、警察の不正活動への対処の仕方についての勧告、それに、政策に関する勧告で占められている。

英国にも、ロンドンにおける一九五〇年代の警察の人種差別的で、しかも過剰な実力行使を伴った活動がメディアを通して人々に広く伝えられ、警察と住民との間のあり方と不服処理をめぐる王立委員会が一九六〇年に設置されたのであるが、警察とは独立した調査委員会という住民の構想は多数で否定された。しかし、この王立委員会の勧告は一般には評判が悪かったのであった。一九七三年に、議員提案で、警察の怠慢さについて警察の長等の決定を審査する部外者の入る不服申立審判所の設立が提案された。ところが内務大臣が警察に対する住民の不服・苦情処理報告委員会を設置するとの条件でこの提案は取り下げられた。この結果、イングランドとウェールズでの警察不服処理委員会（The Police Complaints Board（P.C.B.））が創設された。警察から独立した独立の監視制度の英国での最初の試みであった。種々の注文や反対が警察連盟（The Police Federation）から出された。主なものは、悪質な不服申立てについての民事訴訟提起権を警察官に与えることと、懲戒の証明の十分さの基準を高いものにすること、警察の長の独立性を保障する憲法上の要求を忠実に保障することなどであった。

警察の中立性を害しかねない政治的な任命者が委員会に入ることに警察の上層部は反対した。イギリス政府は、調査委員会の報告と政府との間に距離を置くこととし、その報告をめぐって、政府と警察との間に交渉の余地を残すような調査委員会がＰＣＢだった。結局は、ＰＣＢは権限が不十分なため廃止されることになった。その後、「とても人種差別的で過剰な実力行使を伴った」ブリクスン暴動に直面して、スカーマン卿が率いた王立委員会の調査がなされ、より強力な民間の監察体である警察不服申立庁（The Police Complaints Authority（P. C. A.））が提案され、一九八五年に創設された。だが、ＰＣＡの役割は、「監督」であり、広漠すぎて意味は明確でなく、不服についての調査は依然として警察が行い続けることになった。

死亡、重大身体損傷、汚職、重大犯罪は、警察の単位からＰＣＡに送致されなくてはならないとされ、ＰＣＡには別の警察単位による調査を命ずる権限も調査について合理的な要件を付す権限もある。調査担当官は報告書提出義務も負う。ＰＣＡは英国議会に責を負わない。政治との距離を保つためである。独立した捜査に当たる警察官が中央政府に置かれていないため、逆に調査結果についてのＰＣＡの責任追及は中央政府からは行われないことにもなる。きわめて重大な特別な事例の場合は別にして、調査報告の基礎になった資料・情報に直接接する権限はＰＣＡにはない。ＰＣＡに与えられた最大の権限は高級警察官に対する懲戒権である。不服申立対象は、個々の警察官の不適切な行為に限定され、警察の政策は不服申立対象にはされていない。政策決定の権限は警察の長に委ねられており、警察を指揮・規律・統制する警察の長に対する不服申立ては対象とはならない。このように、警察の不適切な活動への不服申立てを処理するために外部に独立して創設されたＰＣＡは、（不文）憲法上保障された警察の長の政策決定についてまで権限をもたず、また調査担当官の報告の基礎資料に接しうる権限も与えられていない点で、イギリスの伝統とされる警察の長の政治からの独立性と外部機関による個々の警察活動への介入を最少限度に止める配慮が働いているということができる。

また、PCAのメンバーに入る以前にオンブズマン経験があった者との関連でオンブズマンに言及すれば、それはPCAより、はるかに弱い権限しかなく、きわめて弱い外部監視体としてしか機能していないといってよい。

4　オーストラリアでの経験

オーストラリアについては、主としてクイーンズランド州のCJC（刑事法運用委員会）の例を引いて警察への外部監査システムを考えてみよう。

一九七〇年代に、この州での警察不祥事の噂は多く、風俗犯罪や組織犯罪と警察の癒着が問題視されていた。上級法曹のフィッツジェラルドが長となった調査委員会が、この問題を扱うために設置された。この調査委員会は、長期間に、国民・住民に信頼されており、責を負う警察の体質改善の方策を摸索した。そのため、現実の警察の実態の調査に当たり、前警察長官などの警察官を含む関係者に、過去の行動について免責を与え、しかし、偽証免責は与えず調査委員会で証言を求める手続をとった。その結果、警察長官が内閣で任命され、首相と長官との内に癒着が生じ、政府の政策方針に基いて警察活動が展開され、風俗犯罪に手ごころを加えたり、組織犯罪との裏での連絡により、高級警察官から第一線警察官にいたるまで賄賂が一般化してきていたことが明らかになった。一九七〇年代には、厳格に中立を守ろうとする警察長官と警察を政党の手段として利用しようと目論む首相との間で対立を生じたが、この長官の辞任後、一九七六年に入って一時期長官も長官代理も任命されない時期があった。その後、首相が、高級警察官の昇進人事に深くかかわり、首相に近い警察官が長官に抜擢され、犯罪資金の洗浄にまで警察官が関与していたほどこの州の警察が政治化され堕落していた実態が表面に出された。この調査実態を真実ではないと強弁しつつ、次の長官は、一九八二年に警察の違法活動への不服申立審査機関（The Police Complaints Tribunal（P. C. T.））の設立に同意し、ＰＣＴが創設された。

このような機関の創設は警察の責任体制の確立に資すると理論上は考えられるが、実際は、民間の警察監査機関の創設に当たり、政府と警察が不正な目論みをもつ場合には、警察の不適法・不適切な活動につき、かえって外部に対し責任を負わなくさせる楯としてＰＣＴが働くことが、クイーンズランド州のＰＣＴの経験が示している。当時の政府と警察官僚のＰＣＴ創設の真の目論みは、警察の不祥事から一時的に世間の耳目を外すことと、不当な不服申立てから警察を守るところにあったようである。根拠の無い不当な不服・告発は犯罪とされ、有罪者は収監刑に処せられ、そのような不当な不服申立ては別の独立した部局に登録することを義務づけられ、刑事事件と同様の証明の十分性の基準、つまり、「合理的な疑いを容れない程度」の証明がなければ、被告・警察官は懲戒を受けないという、警察官への不利益処分について、手続上の保護策を、米国のデトロイトに倣って導入した。

ところで、当初は三名、後に四名で構成されたＰＣＴは通常の刑事規制に似た手続をとる認定機関として、証人の強制召喚、宣誓証言を命ずる権限をもち自己調査権を与えられ、重要事例は公開された。だが、この機関の審判長には地方裁判所の裁判官が任命されて、有給のマジストレイトと警察組合の議長が審判官に任命された。長の代理にはもう一人の有給のマジストレイトが任命された。常勤の制度ではなく、任期は一年で再任可能とされていた。しかもＰＣＴは内閣により任命され、内閣に責を負うだけで、議会には責任を負わず、ただＰＣＴの審判についての概略的な年次報告が議会に対して義務づけられていただけであった。とりわけ、警察組合議長をこの審判機関のメンバーに任命したことが問題であった。利益相反の事態が多発するからである。風俗犯罪や組織犯罪に関する汚職は、このようにして、ＰＣＴ創設後も継続しつづけたのである。しかも、この審査機関の審判官の任命に当たり、行政大臣と前警察長官の癒着がフィッツジェラルド調査委員会の手によって明らかとなった。

にもかかわらず、ＰＣＴには十分な財政及び人的資源は提供されなかったため、自己調査権限を認められていながら事実上警察による調査に依存する結果となった。さらに、警察内部からの不適切活動への審査申立てはできず、警察に提出された全ての不服申立ての通知を受ける能力はなく、警察の懲戒に対する上訴制度はなく、警察に委ねた調査をモニターする能力に欠け、重大事犯について、懲戒権限をもつ機関に事件を送致する権限も与えられていなかった。

ここで示したフィッツジェラルド報告は、長期的展望に立って警察とその体質を変える革新的で戦略的で先手を打つ積極的な方策が必要なことを強調している。短期間に州選挙を控えて政府に大きな打撃を与えることができない状況にありながら、報告書は、警察本部内に、汚職や不適切な活動や管理の誤りが存在したこと、警察組合が政府の施策決定に限度を超えた影響を及ぼしていたこと、このような癒着を生む不適切な警察と政府の関係があったことを認定している。また、この州の議会の意思決定手続の欠点、内閣を構成する各省の会計処理を外部から規律したり内部監察する制度が無いこと、行政法と人権保障の分野での大改革が必要なことも認定していた。首相が反対党から選出されることになったときに、新たに与党となった労働党は二つの重要な調査委員会を設立した。一つが選挙と行政制度を見直す委員会で、今一つが、警察の長期改革に関する刑事法運用委員会（ＣＪＣ）であり、そこではフィッツジェラルド委員会がすでに定めていた枠組みと課題が前提とされた。

5　刑事法運用委員会の辿った運命

ＣＪＣは、警察活動の外部監視民間独立機関として、①警察活動だけでなく、それに関係する他の官庁や組織との関係についてまで、独立して自ら捜査をし、②警察にその捜査を委ねた場合には、警察の捜査をモニターするだけでなく、警察の政策や計画・方法についての調査報告により、警察活動の全体にわたる効率の評価と政策評価も行い、警察活動と警察の不適切な活動についての情報収集と集積と分析の部局をもち、③警察官も含めた公務員と一般人の証人保護にも従事し、警察が捜査を行う場合に与えられた強制的な証拠採取権限の他に、民事・刑事の手続にもちいないことを条件に、不適切な活動の経歴のある警察官その他の者から証言や資料・情報の提供を求める権限が与えられていた。また、④汚職や不適切な活動を予防する教育訓練プログラムをもち、⑤犯罪予防や共同体の劣化を防ぐコミュニティ・ポリーシングへの指針や教育を行う部局をもつなど、きわめて包括的な「捜査・調査」機関であり、警察が、この州では制度として二重に設けられ、警察は通常犯罪の捜査に当たり、ＣＪＣは、刑事法運用のうち、主に不適切な政府全体の活動についいて捜査に当たるというものであった。

つまり、ＣＪＣは米国を除く他の英米法系諸国に類を見ないものであった。包括的な外部の独立した民間人の加わった委員たちを頂点として警察の不適切な活動と警察には委ねておけない犯罪の捜査に当たり、その他に犯罪の予防、不適切な警察活動への不服申立てに対応し、手続をそれ以上進めない場合には不服申立者にその理由を通知し、警察の政策・捜査・犯罪予防・共同体の安全について一般的に評価を行う、「警察」を超えた「警察」「監察」制度として構想されたものである。そして一九八九年の刑事法運用法（Criminal Justice Act）によってその構成、目標、活動内容、権限等を法定された制度であった。

ＣＪＣの長は、州最高裁判所裁判官としての経験者か、それに相当する能力と資質のある者が首相によって任命され、議会ＣＪＣ委員会が承認すれば、常勤の任に就く。非常勤の四名のうちの一名の委員は基本権に関心をもち、その保障に経験がある法律家、残りの委員は共同体での出来事に関心をもち、それを処理する能力のある法律家、そしてその中の一人は、大組織での上級管理職経験者から任命されることになっている。つまり基本権保障、共同体の要請に応ずるサービス、それらの活動を効率的に展開できる管理能力をもつ委員によってこの委員会は構成されていた。この委員会の構成は、社会にとって重大で主要な関心を惹く犯罪と組織犯罪について告訴受理すると同時に自ら捜査を行う、わが国の地方検察庁の特捜部のようなＯＭＤ（Official Misconduct Division）と呼ばれる部局、重大犯罪と警察や公務員の不適切な犯罪に関する情報を収集し、集積管理する情報部、証人保護部、政策立案と犯罪予防政策の調査研究部、人的資源の開発、教育、行政管理政策、その他内部の体制や予算を扱う協力サービス部から成っていた。その他に、官房、総務、広報の補助部局があり、人事に関する日本でいう公平委員会が設置されていた。

そして、このＣＪＣは議会ＣＪＣに責を負い、議会ＣＪＣは非政治的になるように、与党議員が過半数を占めることがない配慮がされ、ＣＪＣの活動のモニター、とりわけ「特捜部」の活動のモニターの責に任じていた。また、ＣＪＣの記録は原則として一九九二年の情報公開（自由）法により全面公開され、真にＣＪＣの活動の十全性を害する資料をその適用除外として、ＣＪＣの捜査、情報収集・集積・管理と証人保護への干渉・介入だけを阻止することになっていた。そして、「特捜部」の活動が不適切と考える者には州最高裁判所に捜査の差止めを求める救済手続を与えていた。各行政部局の施策評価、不適切な活動の捜査、国民からの不服申立て審査等にまで及ぶ性格をＣＪＣはもっていたのである。

ところで、日本には地検特捜部があり、情報公開法や政策評価制度、行政不服審査法、行政訴訟法、公務員の特別職権乱用罪、汚職罪が法定されている。そこで、日本と比較すると、日本には無いコミュニティ・ポリーシングと犯罪予防のための政策策定とその実施にＣＪＣが大きな関心を寄せていた点が注目を惹く。だが、後に多くの批判が出たように、ＣＪＣの設置は、二重の警察本部を設置する結果となり、議会の政党構成で与野党が逆転したり、連立政府の傾向を示すようになると、ＣＪＣが非政治性を求めても議会ＣＪＣの政治的配慮に捲き込まれていかざるをえなかった。そして、結局ＣＪＣは議会ＣＪＣによって廃止されることになったのである。

しかし、ここに多くの教訓も残されている。警察の不服申立審査につき独立した民間人の構成する委員会を設置するに当たり、①非政治性、非イデオロギー性を実現しなければ、結局は国民の支持は得られないこと、②警察の情報集積・保管部門、共同体の安全の保全部門、犯罪と犯罪捜査に当っての被害者を含む共同体との共有の仕組み、③警察官の懲戒についてデュープロセスの要素の導入、④警察官による内部からの不適切・怠慢な活動への申告を可能にする仕組み、⑤汚職に捲き込まれやすい部局の警察官のモニター制度と教育の徹底、⑥住民と警察が協力し合う警察活動を可能にする広報部門・ＰＲ部門の充実、さらには、⑦警察と協力した民間人の関係する不服申立審査部門の重要性、⑧警察自らの、重要な相対立・矛盾する目標の調整に基づく政策・方針の樹立を保障する警察の独立性の保障が将来、警察の不適切な活動を予防する上での重要な配慮点であるとの教訓である。

6　住民の支持を維持できることが基本

ここで、オーストラリアにおける独立した民間による警察の監視制度とその最近の傾向に触れる。不祥事が問題となった場合には、予備審査目的の調査は、警察の内部に委ね、警察の一定の重大で深刻な不適切活動での不服申立てについて、警察の調査をモニターし監督する機関が創設されてきている。だが、独自調査（捜査）の権限をもつ機関を創設しているところは多くはない。

ここで、オーストラリアのオンブズマン制度についても言及しよう。首都キャンベラの連邦警察に対するオンブズマンは、一応独立した捜査をすることができることになってはいる。しかし、現行法上は、通常は連邦警察の内部調査局（ＩＩＤ）が不服について調査（捜査）をする。ＩＩＤのスタッフへの不服については、一人の特別調査（捜査）官が調査する。この調査官も連邦警察官である。そして直接オンブズマン事務所に報告することであり、連邦警察官の同意があれば、オンブズマン事務所のスタッフから特別調査官が選ばれる場合もある。

連邦のオンブズマン事務所は、連邦警察のＩＩＤの調査結果に不満足であっても、再調査する権限は無い。警察長官とオンブズマン事務所は、現在では、協議のうえ、深刻で取扱いに十分な注意を払うべき事例の場合には連邦警察のＩＩＤの調査をオンブズマン事務所が監督することになっており、そのためのガイドラインを作成している。また、連邦オンブズマンは人的・物的な資源不足の早期解消を求めている。ニュー・サウスウェールズ州でも、議会による予算割当て不足を嘆いており、この資源不足が続けば、オンブズマンの独立性は脅かされると不満を示した。公務に対する一般からの苦情や不服申立てが増加して来ているため、それを処理して一般の要請に応ずる責を果たすことはできなくなっていると嘆いてもいる。しかも、警察での不服申立ては四二パーセントも増加したのに、この処理負担に応じた予算の割り当てに議会は消極的にすぎるとも、一九九二年の事務報告では訴えている。その後若干の予算加増があった。それが理由ではなかろうが、ニューサウスウェールズ州では警察本部長などの高級警察官の大きな汚職が摘発され、今ではオーストラリア国籍者ではないイギリス国籍の本部長が就任しているほどである。

南オーストラリア州の警察不服申立庁（ＰＣＡ）の前長官も、議会による予算割当不足が審査庁の効率を低め、住民の要請に答えられなくなっているという。タスマニア州や西オーストラリア州でも事情は大同小異である。

ヴィクトリア州では、ＰＣＡが設立されるまではオンブズマンが警察に対する不服申立審理に当っていた。ＰＣＡは短期間設立されたが閉鎖され、再びオンブズマンが不服申立審査に当っている。ヴィクトリア州でPCAが閉鎖されたのは、PCAの審査が警察の士気低下をもたらすような、警察のマイナスとなる不服申立てにだけ過剰に反応したため、警察がPCAの審査活動を尊重せず、PCAの審査活動に極めて消極的な態度しか採らなくなったからである。そのため治安は悪化し、住民もPCAを支持しなくなってしまった。

米国では、一般に警察オンブズマンの活動は低調で、それだけでなく、外部の独立した民間の警察活動への不服申立審査機関も、大都市だけでなく、それ以外の地域にあっても広く採用されるまでには、およそいたっていない。そのような結果を生じた理由は、外部の民間の独立審査機関と議会・行政府との過剰な対立、行政府と警察との癒着や対立、独立審査機関と警察との関係の悪化による警察サービスの低下、とりわけ住民の具体的な要請に応える警察サービスの低下を導いたからであると思われる。

五　結語として

ここ二〇年間に、何らかの意味で、行政府や警察から独立した民間の行政や警察活動への不服申立審査機関を設置する傾向が、英米法系諸国にみられるのは確かなことである。

各国の歴史的経緯などから様々な試みがなされてきており、既に見たようにその方策も完全な内部監察、警察内部に専門家を迎え入れる方策、外部からの民間の監視、不服申立てについての独立調査、独立した事実認定、これらの機能を完全に果しうる独立した民間審査機構の創設等、種々のモデルが英米法系諸国では提案されてきた。そして、そのような独立審査機関を設けることが、警察活動の効率性や先に掲げた警察の対立・矛盾する目標の合理的な調整力を高めることになるのか低めることになるかが議論されてきた。特に、住民の安心感の保全を重視し、共同体の機能劣化に周到な配慮を払い、コミュニティ・ポリーシングに十分に配慮したうえで、外部からの独立した民間監視機関をどのような内容と手続上の保護策を用意して考案し、実際に採用するかの検討が重要と考えられている。また、住民の平穏に十分な意を用いる場合には、分権化と、共同体ごとに多様な警察サービスが共同体の特質に応じて提供できるような工夫が必要とされ、国家依存のステイティズムから共同体中心に、専門的技倆重視から住民の責任ある協力に、といったように今日では警察活動のコンセプトを変更することが重視されている。

独立した不服申立審査機関の設置という視点でみると、米国は最も消極的である。ただ、米国では、他の英米法系諸国と異なり、捜査・治安担当機関の他に訴追機関があり、相互チェックがされ、訴追機関にも相当な捜査官が配備されているばかりか、連邦の捜査機関と訴追機関が存在し、その相互のチェックによって警察の不適切な活動が抑制されていることを忘れてはならない。

この稿を閉じるにあたって、今までの考察を踏えて、どのような教訓がえられるかについて考えてみたい。行政一般の可視性の低さ、とりわけ警察活動と組織の運営についての可視性の低さの故に、住民の立場に立った警察活動が展開されなければ、一部の多数派や既成勢力に奉仕する警察というマイナスのイメージを警察や行政に与える。その結果、既にみたように情報の公開や独立した外部からの民間の行政や警察への監視・審査機関の必要性が説かれるのは当然である。

だが、なぜ米国では内部監視や審査が主流となり、オンブズマンは、僅かな役割しか与えられないのだろうか。英国でも、地方警察の長の地方政治勢力・社会勢力からの独立が強調され、責任を地方選出議員や住民に負わせる警察共同体評議会が設けられ、本格的な外部の民間の独立審査機関が設置されないのだろうか。そして、依然として内務大臣の回付状、通達が地方警察の長の活動に指針を与え続けているのだろうか。オーストラリアでは、なぜオンブズマン事務所への議会からの予算割当てが十分になされないのだろうか。また、外部の独立した不服申立・審査委員会は、相当に良い構想をもったと思われるものでも、廃止の憂目にあってしまうのだろうか。

たしかに、かつての警察のような抑圧的な活動に主として従事する警察活動は、今日の公衆・住民からは峻拒される。だが、産業化と多文化・多層化、ストレスが高ずるにつれて組織犯罪や企業犯罪は増加し、共同体の劣化は促進し、犯罪も深刻となり、日常生活での人々の不安は募ってくる。この社会状況で求められるのは、これらの住民の「鬱積」を和らげ、共同体での健全な連帯、家族の健全な関係の保全と改善に役立つ、戦略的で先手を打つことに士気の高まった、住民と協力するサービスを多く含んだ警察のあり方である。

今日の社会の状態と警察に求められる役割がそのようなものであるとすると、警察への苦情処理が、警察を非難し萎縮させ、その結果、住民からの不服の訴えを受けない程度にビジネスライクに警察活動に従事していればよいのではないかといった警察の士気低下に通ずるようになると、公衆・住民は、今度は、民間の独立した苦情審査機関やオンブズマンに対して不満を示すことになるのではないだろうか。

民間の外部審査機関と警察との関係は、その外部機関が住民の警察への期待と信頼を高めるのに向って警察と協力して、不服申立てに対処する方針をもつ関係でなくてはならないのではないか。つまり、住民への警察サービスを積極的に先手を打つものに改善することで双方が同じ方針をもつことにならなければ、議会も予算を十分につけなくなるのではなかろうか。議会や政府と警察の癒着も、一部批判勢力と警察の癒着も共に排さなければ警察への信頼は生まれない。外部の独立した民間の審査機関や制度は、非政治・非党派で、住民の現実の着実な警察サービスを充実させるために警察と共に考え苦悩するものでなければ、住民の支持は得られず、予算もつかず、やがて廃止されてしまう。

住民・共同体の多様な具体的要請に応えることができるような組織や仕組みを考察するにあたって上述した英米法系諸国での経験は、良くも悪しくも多くの教訓を日本に与えてくれていると思われる。

8　警察と国民　その基本的な関係

金子仁洋
桐蔭横浜大学教授

一　警察不祥事と刷新会議

警察官が犯罪者になる、それだけでも驚きなのに、警察本部長がもみ消しの先頭に立った。これはもう末期症状である。

警察の外からはこう言われた。「それは、警察が、密室におかれているからだ。外から、国民の監視がいるのに、第三者機関がないからである。」

ところが、五〇年も前にそういう議論があって「公安委員会」という民間人識者による「管理」機構ができていた。それに気がつくと、そんなの有名無実だ。と反撃した。その通りである。議論は、そこから出発する。警察庁に寄せられた多くの意見にもそれが見られた(1)。

当局は、問題とされる論点を整理して民間識者による「警察刷新会議」の議題にした(2)。第一は「一線警察職員の士気・倫理観」、第二は「監察制度の在り方」、第三は「最高幹部の育成、登用の在り方及びキャリア制度」、第四は、「公安委員会の在り方」、第五は「住民の不安に的確に対応する警察活動の在り方や警察力の強化」についてである。

この五つの問題を整理すると、一と二は、警察精神作興——士気・倫理観と、これを高める規律と教育と監察の問題である。そして三は、組織と人事とりわけキャリア制度に関するものであるが、何のためにそういうこしらえがいるのかというと、それは、国民警察にどう徹するかの問題である。「国民警察」は、日本国憲法下の警察の至上目的である。しかし、まだ、その目的は必ずしも達成されていない。なぜだ。それを明確にして、警察と国民との関係を正しく設定し直すことは、目下の急務である。警察は、国家や自らの組織ではなく、市民の安全と財産を守るのがその使命である。その観点からすると、四、五は重要である。この原点が埋没したり、片隅に追いやられたりしない組織原理が要求されるのである。

さて、そうして調べてみると、この問題は古くして新しい。それは、明治の昔からの問題だった。我が国に近代警察制度を導入しようとした、その時からの問題であり、未だ達成されないものなのだ。

二　創業の頃の二元警察

創業者川路利良

日本の近代警察は、一八七四（明治七）年一月一五日に発足した「東京警視庁」からはじまる。その指導者は、川路利良《かわじとしよし》である。(3)

その警察は反革命内乱の危機をはらんだ当時の国情を写し、峻烈《しゅんれつ》な国事警察を骨格にした。これが長らく、日本警察の主導的なイメージになる。

しかし、それだけではなかった。その警察は、混沌《こんとん》として江戸時代を残すばかりでなく、また、欧米先進国で育った近代警察の種子をも宿していたのである。警視庁史はこう言っている。「我国ノ警察ニハ二個ノ系統アリ一ハ人民保護ノ系統ニシテ一ハ政権確立ノ系統ナリ(4)」。

川路利良大警視は、当時の最大の内乱西南戦争をはさんで、国事警察すなわち政権確立に心血を注ぐ立場にあったが、やはり、フランス仕込みの民衆警察の考えがあり、折に触れての言動にその証跡を残した。

彼の部下がメモした川路の警察観(5)中には、有名な言葉がある。「警察官は人民のためには保傅《ほふ》の役なり、ゆえに我に対していかなる無理非道の挙動あるも、道理をもって懇切をつくし、そのことに忍耐勉強すべし(6)」。

戦後のひととき、こういう言葉ですら、否定的に解される傾向があったが、むしろ、素直に、川路の真意をみるには、次のこういう言葉も併せ吟味されなければならないのだ。「警察官の心はすべて仁愛補助の外に出でざるべし」「警察官たる者は人民の憂患を聞見する時はおのれもその憂いを共にする心なかるべからず(7)」。

平成の警察官に受け継いでもらいたい言葉である。

川路の「保傅」の考え方は、人民を赤子扱いするのではない。「政府の人民を世話するも父母のその子を心配するも他にあらず、ただ各自をしてその自主自立を得せしむるにとどまるのみ(8)」である。

初期の警察教科書

川路の意を体して書かれた教科書があった。『警察一斑《けいさついっぱん》』（一八七七《明治一〇》年）という。これをみると、まず、こう書いてある「警察トハ何ソ、治平コレナリ」[9]。「警察もっとも備わるときは、すなわちもって国家開明に進捗するの徴とすべし」[10]。それには、苛酷で厳しい規則だらけの警察はよくない。「フランスの国たるや、騒乱あいつぎ民心安からず、これをもって、やむを得ずして、苛厳の例規あり」[11]。しかし、「あに、永遠かくのごときを望まんや」[12]である。

「そもそも印刷結会の禁、工作、路引の制等における、上みにあって政をとる者、万一その人を得ざれば、ために人民の自由を毀害し、工商の便利を妨害する者、おそらくは小小にあらず、このゆえに国家ようやく平らかに、民心やや和らげばいよいよ保安警察の法を寛にせざるべからず」[13]「ここにおいて法禁いよいよゆるやかに、自由いよいよ大に、皞々如としてまた鼓角の声を聞かず、兵革の跡を見ず、また楽しからずや」[14]。西南戦争後の騒乱ぶくみの頃である。そこでしっかり、治平の未来を描き、国民警察の展望を示しているのである。

三　民による「おらがの警察」

忘れられた伝統

このように、草創のころの警察には、国民警察を成長させる種がまかれていた。これは、育てようによっては、近代警察の芽になる。しかし、それが難しかったのである。当時の警察官は、つい先頃までは武士として、領内の人民に土下座《どげざ》をさせてきた者たちが大半である。そういう時代だから、川路はあえて、人民と憂いをともにする警察官像を説いたのである。

しかし、日本警察には、前出のように、「政権確立ノ系統」と、「人民保護ノ系統」があり、あざなえる縄《なわ》のように変遷《へんせん》を重ねてきた。中でもとくに、その後者の系統は、生活者住民の安心と安全に寄与する国民警察の働きであったが、不幸にも、ついぞ主流になることはなかった。日本警察の問題は、ここにあった。第一の「政権確立ノ系統」こそは、長く日本警察の主流を形成してきた(15)。そのおもての印象のどぎつさにかくれて、細々と命をつないできたのが、第二の系統、すなはち「人民保護ノ系統」であったのだ。

目立たなかった理由はもう一つある。事柄の性質上、警察は、「地方警察」となる。そして、地方は中央の意のままであった。その上、中央の機構は「政権」に深くコミットするにいそがしく、「民ニ向ッテ保護ヲ与フル所ノ地方警察」が、その間口を張ることはなかった。片隅におかれた。それが、「駐在所、派出所(現在の交番)(16)」を中心とする住民の保護活動の実際だったのである。しかし、それは、細々ではあったが、いかほど「中央から」の強圧を受けようとも、びくともしない地盤を築いていた。そして、それは正史になく、文学者によってよく題材にされていた(17)。

その大切な、先人の遺産――良好な住民関係が駄目になりつつある。明治から大正へ、そしてあの苛烈な軍国時代ですら生き延びていた住民との関係が、平成の今、ゆらいでいる。この国民主権の時代にあえいでいる。これぞ警察と国民の危機である。

この問題を解決するために、オンブズマンなどの必要が言われているが、むしろ、国民の中で働く警察活動の日常化こそ、住民監視のきく警察活動の原点である。その激しい国民の監視ぶりを思い出しておく必要がある。

四　国民警察の系統

駐在所をすすめた外人

国民が、その生活領域の中で慣《な》れ親しみ、夫婦喧嘩《ふうふげんか》のはしまで頼《たよ》りにしたのは、駐在所や交番（以下「交番等」という）のお巡りさんであった。

これらは、政府転覆をはかる国事犯をふくめて、およそ犯罪者には、油断のならない存在であったが、善良な民にとっては、なくてはならない安心の機関であり、多くの文学者がほほえましい風景を描いた。交番等こそは、生活者国民と警察とをつなぐ接点であり、国民警察の原点ともいうべきものである。

では、その交番等がいつの頃から日本にあったかというと、内務省史によると駐在所・派出所が農山漁村、全国津々浦々にまでおかれたのは、一八八八（明治二一）年のことであるとされる。(18) この発想はどこからきたかというとその頃、ドイツからきたお雇い外人の進言によるという。

時の警保局長(19)は清浦奎吾《きようらけいご》、(20) 内務大臣は山縣有朋《やまがたありとも》であった。(21) 山縣は、軍の責任者として徴兵令を布き、近代陸軍の礎石を築いたあと内務卿に転じた。(22) 時に一八八三（明治一六）年。いよいよ内外人雑居の時代を迎えるにあたり、警察の近代化は急務であった。山縣は、ドイツ国より先生を迎えて、全国各県から、一人ないし二人づつ集められた代表警察官にドイツを中心とするヨーロッパ警察の講習をすることを計画する。この時迎えられたのが「ヘーン氏」すなはちドイツの警察大尉H・F・W・ヘーンである。

ヘーンは、日本政府に迎えられ一八八五（明治一八）年三月来朝、一八九一（明治二四）年帰国まで約六年間、講習をするかたわら、北は青森から南は鹿児島まで、精力的に巡回し、その巡回記録を「復命書」として警保局長に出していた。その中に、駐在所・派出所を張り巡らすという画期的な進言があった。清浦の回顧によれば、「当時わが警察の配置は、大都会に警察署があり、小都会に警察分署が設けられている組織で、そこに百名とか五十名とか、幾名とか、巡査を在勤せしめておいて、ここからくり出して、管内を巡廻するというような風になっておったのであります。ヘーン氏の意見では、これはいわゆる集団的配置法であって、各警察署の本部から毎日巡査をくり出して巡廻させていては、いたずらに往復に無用な時間を費すのみならず、自然警察官の耳目が行きとどかぬところがある。この配置法、すなわち集団警察を一変して、散兵的警察の配置法に変えなければならぬ。――というような極めて適切なる、忌憚なき復命書などをこしらえて出した」「其復命事は警保局長が一々眼を通しまして、其必要なる所は批点圏点などを付けまして、さうして取調の上必要の所を或は訓令にしたり若くは通牒としたり、旧弊はぐんぐん改めて行くと云うやうな風に致したのであります[23]」。

すなはち、制度実施の通達[24]を出した当人の清浦によれば、「警察の配置を散兵的に改めて、到るところに警察の駐在所を設けて、そこに二名なり三名なりの巡査を駐在せしめる。[25]」ことにしたのは、ヘーンの発想によるのだということである。

この当時、珍しいことでもあれば、たいていは「舶来上等《はくらいじょうとう》」西洋から輸入されたものであったから、この駐在所・派出所制度もおおかたドイツからきたものであろう、と疑いもせずにいたが、実は、不思議なことにドイツにも、ヨーロッパにもそういう警察の例はない。ヘーンの経歴[26]をみると、プロシャ軍にはいって累進し、中尉になってから警察に転じているが、その警察経歴は一四年間のベルリン警察勤務に過ぎない。そして、そのベルリン警察なるものは、むしろ、小警察署を拠点とする集団的配置法によっているのだ[27]。そうだ、とすると、これは外来のものではないことになる。ヘーンは、日本へきてから突然その発想を得たとしか考えられない。

そこで、現存するヘーンの復命書八通を検討すると、ヘーンの進言が、途中から、がらり転換している事実につきあたるのである[28]。

ヘーンは、はじめ、町村警察にあたる小警察署を薦めていた。それは、ヘーンの祖国プロシャの田舎がそうなっていたことによる。ここまではごく自然な提言であることがわかる。

それが、途中から駐在所構想に変わってくる。ある日忽然と平凡な提言から世界史的なユニークな構想に転換する。ヘーンは、日本警察巡回中、どこかで、何かを見たのである。そして、それが故国ドイツの警察よりもいいことに気づいた。

では、ヘーンは、日本の田舎で何を見たのか。

民衆の中から生まれた村落警察

ヘーンの来日した頃の日本は、最大の内乱西南戦争を片づけ、ようやく新時代の平和を求める機運に傾いていた。

諸国の往来は活発になり、それだけ、閉ざされた農村社会の治安は荒らされることになった。各地の住民は、封建時代のように自衛するほかはなかったのであるが、村が他国人に開かれただけ、新たな困難をかかえこんでいた。

そうした窮状を当局はどう見ていたか、古文書を漁っていたらぶつかったのは、地方長官を集めた「地方官会議」の話題である。

明治政府は、一八六八（明治元）年、政府をはじめるにあたり、五箇条からなる国是を発表し、各大名から誓詞をとった。

その第一条には、「広ク会議ヲ興《おこ》シ万機《ばんき》公論ニ決スヘシ」と書かれていた。起草者の当初の意図は、大政奉還以来の土佐藩の藩論、主立った殿様による列侯会議の開催であったが、木戸《きど》孝允《たかよし》によって書き改められ、廃藩置県後、県令を集める「地方官会議」に結実したとされる。

その第一回地方官会議（一八七五《明治八》年）[29]に「警察ノ事」が議題に上り、村々に警察官の駐在方請願これあるにつき、いかがなすべきやが論ぜられている。

地方民は、自分たちで費用は負担するから専門の警察官をおいてくれ、といっているのである。

地方官会議では、地方民の申《もう》し条殊勝《じょうしゅしょう》である。しかし、まるまる私費というのも何であろう。そこで、警察官駐在に要する費用のうち、三分の二は官費、三分の一を民費とすること、官費の分は、各地方の人口割りとするが、民費の方は、地方人民の貧富によって、適宜定めることが決議された[30]。

この地方官会議の決議をいち早く制度化したのが千葉県である。

千葉県では早くも一八八〇（明治一三）年「町村在勤巡査規則（一月六日県達乙第一四六号）」というのを制定しこれを実行に移した[31]。

この規則は全文が一一ヵ条あり、後、一八ヵ条に修正された。その概略を見ると、巡査派遣を希望する地域は、巡査一人につき一ヵ月余九円を出させる。すると、その請願に応じ、県は、定員巡査の内、一名乃至二名を加えて三名以上となし、その指定する所に在勤させるというものである。

この制度ができると町村は争ってこの巡査の費用を出して巡査の在勤を請願した。翌一八八一（明治一四）年には早くも一九〇名余に達したという[32]。

これは「民設巡査」である。アメリカの「保安官」と並ぶ。民衆の中から、自然発生的に、また、それらの合意によって創られたもの、正に「おらがの警察」である。すなわち、我が国の民は、欧米諸国の民衆のように、政府それ自体の創造に参加するチャンスを持たなかったが、身近な生活に直結した「官」の創造と運営に深くコミットしていたのである。これは、今流に言えば、「オンブズマン帯同の民設巡査」である。

ヘーンは、この「民設巡査」を見て日本警察の改革の方向に開眼したのである。

五 下からの警察を壊すキャリア

警視庁の交番破壊

一九一〇（明治四三）年、警視庁は二十数年の歴史を有する駐在所・派出所の制度を廃止し、ヘーンが最初にすすめたベルリン警察の集団的配置法、警察署を中心とする警ら制度を採用した。[33] そして、たった三年、失敗に気づき、もとの交番制度に復帰する。なぜ、そういう愚行をまじめに演ずることになるのか。そこに、秀才の誉れ高いキャリア官僚の落とし穴と、国民警察不振の日本の問題点が見えてくる。

内務省一八九八（明治三一）年採用組の太田政弘[34]は、一九〇七（明治四〇）年に警視庁第一部長になり、在任中、一九〇九年七月から翌年の一九一〇年四月にかけて欧米を視察し、ドイツの警察制度を見て、ヨーロッパから意見書を内務省に送ってきていた。

当時我が国は韓国を併合しようとし、伊藤博文が暗殺されるなど不穏な政情をかかえていた。大逆事件[35]の勃発をみたのは、太田が帰朝した翌月の五月のことである。また、各地で同盟罷業が頻発し、明治浪曼主義の思潮は退潮しかけていた。こういう情勢になると、国事警察が色めき立ち、国民警察は退潮を強いられることになる。事態を焦慮していた当局は、この太田意見書に飛びつく。警察官を中央にまとめて部隊で使いたい。ばらばら民衆の中にまかれていると無駄に見えてしょうがない。そして、内務省は、太田の帰朝をまって警ら制度の大改革を断行するのである。

ところが、この制度は、国民のみならず、警察官の中からも非常識の声が挙がり、警察力の強化のつもりがかえって弱化を招いた。さてこそ、太田政弘の欧州見聞が退き、H・F・W・ヘーンの薦めた日本土着の制度が復活するのである。

警察署改廃で長野の騒擾

警察キャリアの主流は、中央だけの考え方によりやすい。警察の仕組み、中でも国民に密着した駐在所・派出所のような末端組織は、事件がないと無駄に見えてしまい、かんたんに改廃する。地域に溶け込んだ評判のいい巡査を、馴れすぎるからといって住民の反対哀惜もどこ吹く風、さっさと転勤させる。そして、その都度、必ず手痛い反動に見舞われている。そういう国民警察の流れに反する行動が、何をもたらすか、それを現実に、大規模に示したのが、一九二六（大正一五）年に起きた長野の騒じょう事件である。

内務省は、中央の感覚で、そろそろ交通機関も通信も発達したし、道路もできた。足の時代と違って警察管轄区域を狭くしておく必要性は乏しくなった。それよりか、統廃合によって人数配置を合理化して、まさかの時に役立てるのがいい、そう考えて全国に通達を発した。地方の警察幹部に中央指向の優秀官僚がいる所ほど、この種の促しに対しては敏感に反応する。

長野県には当時梅谷という知事と竹下という警察部長（現在の警察本部長）が配置されていた。梅谷知事は、台湾で殖民地統治の経験があり、いい事は、少数精鋭のお上の決めることという考え方が染みついており、竹下警察部長は、当時としては珍しい洋行帰りのバリバリで、そのエリート意識はもっと強かったと見られる。右の内務省の通達は、この二人によって直ちに実施に移された。長野県告示第三九三号というのを発して三警察署、一四分署の廃止を断行してしまった。

怒ったのは民衆であった。廃止された各警察署の地元民はこれを不満としてその復活を要望し、各地、気脈を通しての大運動に発展させた。町民大会等は勿論、代表者を派遣して県庁・内務省等へ猛烈な陳情をかけ、さらに、県会議員・代議士を通じて政党本部を動かし、政治問題化させようとするなどした。関係町村においては、町村長が辞職し、消防組が解体して抵抗を示した。そして、その頂点に警察署廃止反対県民大会が計画される。関係町村から、当日、約二、五〇〇人の群衆が長野市の会場にくり出した。

この大会はついに暴発し、暴政の賊梅谷知事を弾劾するのぼりを立てた群衆は、知事・警察部長をその官舎に襲い、これらを負傷させるという事件にまで発展した。怒り心頭に発した梅谷・竹下は、この暴動には騒じょう罪を適用し、八六八名におよぶ関係者を検挙した。

それがまた火に油を注ぐことになった。

この事件の取調中第二の騒じょう事件が発生し、これによって世論はますます沸騰した。事の発端は、取調中の長野市騒じょう事件の被疑者の一人が便所で自殺をはかったことであった。民衆はこれを伝え聞くや、拷問によって憤死せしめたとして激昂し、まず、町役場に殺到して役場当局は何をしているかと当局者の制止をふりきり、火の見やぐらに駈け上って警鐘を乱打し、附近の消防組をはじめ潮のごとき大衆は警察署を十重二十重に包囲して猛り狂い、ついにその取調室にまでなだれ込むに及んだ。

竹下警察部長は、ますます怒った。所轄警察署長に対して、抜刀して応戦しても、その要求に屈して被疑者を帰宅させるようなことがあってはならぬと厳命を発した。

しかし、急を聞いて状況視察に来ていた若槻内閣の与党憲政会幹事長横山勝太郎代議士と町当局は、警察当局に厳談して結局被疑者全員を帰宅させ、さらに、第二騒じょう事件は不問に付すよう政治的解決をはかり、所轄警察署長は、この町当局との談合に乗ることにした。

さて、問題の警察署の改廃はどうだったか。二人のエリート官僚が更迭になった後、まず、八警察署を復活し、翌年はさらに五署を新設、事件から五年目には、ほぼ元の体制ができ上ったのである。

当時の新聞は、この問題は、官憲が、徒らに機能をうんぬんして、県政を形式的に、或いは独りよがり的に処理しようとした結果である、という批判をし、成程当局にはそうする権能はあった、だから、していることは合法である、法律的には何等不当行為はない、しかしながら、民衆を度外視した改悪の暴挙に対しては断乎として反抗せざるを得ない、としたのである。

戦後――愚行の継続

上例は、民意を図ろうともしないキャリア官僚の思い上がりからきた愚行であり、日本国憲法下では、あり得ないはずのところのものであるが、やはり繰り返されたのである。問題は、そこにある。

一九一〇年以後、警視庁は、大派出所制をとることはあっても交番なしの全面パトロール制をとることはなかった。懲りたのである。ところが、戦後日本第二の大警察、大阪の警察がもう一度、この愚を繰り返したのである。

大阪府は、戦後自治体警察として「大阪警視庁」と名乗った。その初代の総監鈴木栄二は占領軍に心酔し、アメリカのどこかで実行されている全面パトロール制を布くことを思い立ち、惜しげもなく、派出所を廃止し、住民の協力もあって建てられていた建物は「連絡所」に格下げした。結果は、明治四三年の警視庁と全く同じことになった。怒った民衆から、鈴木総監罷免の大合唱が起り、鈴木栄二は朽木のように倒れた。

それでも、高度成長期にはいると、各地の小警察署、駐在所、派出所の統廃合は続いた。地域に根付きそうな警察官は、転勤させられた。要するに、交番等はずーっと軽視されたままであり「最近の交番は鍵がかかっていたり、戸は開いていても誰もいない場合が多い。これでは何のために交番があるのか分からず、かえって反感がつのる。[36]」というのは、平成の今、警察刷新会議の地方公聴会で供述人が述べている言葉である。交番こそは、地域住民の駆け込み寺であり、相談事のメッカでなければならないのに。

（1）　警察庁は、このために新たにホームページを開き、三月三一日から四月二三日までの間に、三三三通の意見が寄せられていた。

（2）　警察庁は、アサヒビールを盛り上げた樋口廣太郎、ジャーナリストの大宅映子、不良債権と格闘した整理回収機構の中坊公平、内閣法制局長官を勤めた法律の専門家大森政輔の諸氏を委員に、新聞放送の代表、氏家齊一郎日本民間放送連盟会長を座長にする「警察刷新会議」をこしらえた。さらに、そこには「政」「官」に声望の高い後藤田正晴元副総理も顧問として加わった。その第一回会議が三月二三日（木）に実施された。会議を原則公開として会議終了後の会見で議論の内容を紹介すること、刷新会議のホームページを開設し議事概要を掲載すること、公聴会を実施すること、月三～四回の頻度で会議を行い、六月末から七月初めを目途に提言をまとめること等が決定された。

（3）　川路利良（一八三六～七九）　薩摩藩士、一八七一年から警察の仕事に携わり、フランスに留学し、帰国後日本警察の基礎をきづいた。

（4）警視庁史明治篇四三九～四四〇頁。
（5）川路利良述「警察手眼（明治九）」一九七三年五月、警察手眼復刻刊行会版。
（6）同右書七頁。
（7）同右書六～七頁。
（8）同右書一七～一八頁。
（9）警視局蔵版「警察一斑」（一八七七《明治一〇》年）一七頁以下ひらがな書きにおきかえる（金子）。
（10）同右書。
（11）警視局蔵版「警察一斑」二一頁。
（12）同右書。
（13）同右書。
（14）同右書二二頁。
（15）高橋雄豺「警邏勤務論」警察研究第一巻第七号二頁。
（16）交番は、原則として犯罪、事故の多い都市部の地域に設置され、一当番あたり三人以上の交代制勤務の地域警察官により運用され、駐在所は、原則として都市部以外の地域に設置され、勤務場所と同一の施設内に居住する一人の地域警察官により運用されている。二つを一緒に言うときは、「交番等」という。
（17）泉鏡花「夜行巡査」、井伏鱒二「多甚古村」、山本有三「嬰児殺し」、石坂洋次郎「若い人」、伊藤永之介「警察日記」など。
（18）内務省史　大霞会編第二巻六六六～七頁。
（19）当時内務省が内政全般を担当し、警察は、警保局長の管理下におかれた。今の警察庁長官の権限をもっと強力にした存在であった。
（20）清浦奎吾（一八五〇（嘉永三）～一九四二（昭和一七））一八八六（明治一九）年から、山縣内相の下で警保局長として、警察制度改革につとめる。後、法相、首相、枢密院議長を歴任。

(21)　第二代黒田清隆内閣（明治二一・四～二二・一二）の内相。
(22)　明治の統治機関は、「太政官制」をとり、内政の長官を内務卿といった。これは、一八八五（明治一八）年に「内閣制」が布かれた時「内務大臣」に変わる。
(23)　清浦奎吾「警察回顧録」三七～四〇頁。
(24)　「警察官吏配置及勤務概則（明治二一年一〇月三一日内務省訓令第六四〇号）」。
(25)　清浦前掲書。
(26)　蘇峰徳富猪一郎監修「伯爵清浦奎吾伝上巻」一三六頁所載ヘーン大尉彰功碑撰文。
(27)　内務省警保局「各国における首都警察の概要」四七頁。
(28)　ヘーンの八通の復命書とその詳細な分析については、金子仁洋「交番の起源㈠～㈢」（警察学論集一九八三年一一月～一九八四年一月）。
(29)　東京大学資料編纂所蔵版「明治史要全」四一七頁、四一九頁。
(30)　明治文化全集・憲政篇二八七頁。
(31)　千葉県警察史二三四～二三六頁。
(32)　手塚豊「ヘーン警察大尉『千葉県巡回復命書』」慶応大学法学研究会編「法学研究」第四九巻第六号七五～七六頁「関口復命書」。
(33)　明治四三年一二月一七日内務省告示第一四一号。
(34)　高橋雄豺「明治年代の警察部長」良書普及会、一九七六年、五四頁。
(35)　一九一〇（明治四三）年五月、爆裂弾を製造した疑いで宮下太吉が長野県松本署に逮捕され、そこから芋蔓式に社会主義者と目される二四人が挙げられた。爆裂弾は、明治天皇を暗殺するためのものと知り、また、一味に著名な政論家幸徳秋水の名があったので、世間を驚愕させた。一味二四人には、翌年の一月に死刑判決が下り、幸徳等一一人は、直ちに執行された。
(36)　西山孝昭（京都市、保護司、六〇歳）公述（平成一二年五月一三日　ザ・フェニックスホール（大阪市））。

9　刑事司法システムと警察不祥事

髙井康行
弁護士

一　第一次捜査機関としての警察

わが国の第一次捜査機関は、警察を中心に作り上げられている。警察以外の第一次捜査機関としては、国税庁に属する国税査察官、厚生労働省に属する麻薬取締官、海上保安庁に属する海上保安官の他、農林水産省・厚生労働省にも第一次捜査権を有する特別司法警察員がおかれているが、警察は犯罪であればどんなものでも捜査することができるのに対し、他の第一次捜査機関は、それぞれの法律に定められている犯罪にしか捜査権限が及ばない。そして、それら第一次捜査機関が検挙した事件の起訴・不起訴を決定する権限を独占的に握っているのが検察である。検察は、第一次捜査機関から送られてきた事件の起訴・不起訴を決めるだけではなく、それらの事件につき捜査不十分な点があれば、送致をしてきた第一次捜査機関に補充捜査を指示したり、自ら補充捜査を実施したりする権限を有している上に、自ら、犯罪の端緒をつかみ、他の捜査機関の力によらず、自らの力だけで捜査する権限をも有している。その意味で、日本の治安維持の根幹は、警察と検察が握っている。

警察と検察を比べると、人員、予算、機材、殺人・強盗等の強行犯に関する科学的捜査技術においては、警察が検察を圧倒している。一方、検察は、一般的法律的知識、背任・贈収賄等の知能犯に関する捜査技術において警察を凌駕している。このように、捜査機関として両者を見るときは、それぞれ得手・不得手があるものの、総合的には警察が優勢であるが、両者の立場を決定しているのは、検察が起訴権を独占しているという事実である。広範な第一次捜査権を持っている警察でも、その事件を起訴してもらおうと思えば、検察の意向を無視することはできない。警察官も人の子だから、いくら一所懸命捜査をしても起訴してもらえそうにないと思えば、当初からその捜査に消極的になってしまう場合があることを否定することは難しい。

後に述べる、警察の捜査への消極的姿勢を論ずる場合は、この、警察と検察の関係を念頭に置いておく必要がある。

二　刑事司法システムが機能する条件

国民が、警察・検察等の捜査機関・刑事司法機関に求めている理想は、真犯人は確実に逮捕し、国民が納得できる刑罰に処し、無実の人間には指一本触れない、ということであろう。戦後の混乱期を除けば、わが国の治安は比較的良好に推移しており、国民の警察及び検察を中心とする刑事司法システムに対する信頼も高度であった。「（わが国においては）水と安全はただ」という表現は、わが国の治安の良好さを象徴するものでもあった。わが国の起訴事件の有罪率が九九％を超えていることも、わが国の捜査・司法機関の優秀さ、ひいては刑事司法システムの有効性を示すものと評価されてきた。

しかし、よくみるとわが国の刑事司法システムは、木に竹を接いだようなもので、本来であれば有効に機能するはずがないものなのである。すなわち、実体法である刑法は大陸法の流れを汲み、主観的要素をふんだんに盛り込んだ緻密なものであるのに、その刑法を実現するための手続法である刑事訴訟法は英米法の流れを汲み、客観的要素の立証には適しているものの、主観的要素の立証には適していない。にもかかわらず、そのシステムが一応有効に機能していたのは、次の条件があったからである。

一つは、被疑者から自白を得ることが比較的容易であったこと、

二つは、参考人が捜査に協力的であったこと、

三つは、捜査段階の弁護人の活動が消極的であったこと、

四つは、警察官・検察官が使命感を持って家庭生活等を犠牲にして職務に没頭することを厭わなかったこと、

五つは、そのような警察官・検察官に対する社会的信頼と敬意が存在したこと、

六つは、都市化がそれほど進んでおらず、曲がりなりにも地域社会が存在したことである。

ところが、現在ではその条件はほとんど存在しなくなっている。人権意識の向上に伴い被疑者の否認は増える一方であるとともに、参考人の捜査非協力も珍しくはなくなっている上、弁護士会も当番弁護士制度等を創設し、捜査段階の弁護活動に力を注ぐようになってきている。また、都市化の進行、プライバシー意識の徹底により、交番勤務警察官が行ってきた担当区域の巡回連絡も以前ほどは効果を上げなくなっている。加えて、週休二日制の導入、祝祭日の増加により、捜査に使える平日は減少する一方であるのに、世代交代あるいは社会風潮の影響により、警察官・検察官はサラリーマン化が進み、それらの休みを全て返上してまで捜査に熱中する捜査官は少なくなってきている。そして、自らの不祥事が招いた結果といえばそれまではあるが、警察官・検察官に対する国民の信頼も低下しつつあることは否定できない。高い士気を維持するためには、主体的努力が必要であることはもちろんであるが、それだけでは難しい。やはり、他者からの信頼と期待がなければ士気は向上しない。

このように、わが国の変則的な刑事司法システムが有効に機能するための条件が消滅しつつあることによるひずみは各方面に出てきている。

三　現行刑事司法システムの根本的欠陥

近時問題となっている警察不祥事もこのことと無縁ではない。ただ、一口に警察不祥事と言っても、一様ではないのでその本質を見極め、それに応じた対策あるいは制度改革が構想されなければならない。

最近問題となった警察不祥事は、
① 神奈川県警の現職警察官が捜査過程で収集した資料を悪用して恐喝した事件、
② 同県警中枢幹部による同事件隠蔽行為、
③ 同じく神奈川県警の現職警察官の覚せい剤取締法違反を組織的に隠蔽した事件、
④ 埼玉県警の桶川ストーカー殺害事件、
⑤ 新潟県警による長期監禁事件被害者の発見遅滞（a）及び発見時対応の不手際（b）

であるが、これらは本質的には二つの類型に分けられるべきである。①、②、③及び⑤のbは組織の退廃であり、④及び⑤のaは捜査士気・能力の低下である。

いずれも、これまでの国民の警察に対する信頼を一気に地に落とす極めて重大な事件であるが、最も深刻な事件は、①、④及び⑤のaであろう。ことに①は警察の存立基盤をさえ崩しかねないものである。

捜査機関が捜査権によって収集した資料を悪用しないということは、太陽が東から昇るのと同じ程度に当たり前のことで、もし、それが当たり前でなくなれば、刑事司法システムは崩壊すると言ってよい。どういう訳か、マスコミにおいては、この事件の持つ深刻さは、それほど指摘されなかったように見えるが、この問題は、一警察官による極めて特殊な事件としてその警察官の処分で一件落着とするには、あまりにも大きすぎる。本来であれば、その再発防止が大々的に論議され、最終的には、警察官が捜査資料等を悪用して犯罪を犯した場合は、法定刑を加重する方向（ことに法定刑の下限を引き上げる方向）で法改正をするべきではなかったかと思われる。現在の刑法では、警察官であることが加重要件となっているのは、「特別公務員職権乱用罪」、「特別公務員暴行陵虐罪」、「特別公務員職権濫用等致死傷罪」程度であり、それ以外は一般人と同様の扱いとなっている。もちろん、今でも、実際の裁判では、警察官であるという事情が情状として考慮され、一般人に比較しある程度重い刑罰に処せられることは予想されるが、それだけでは、同種事犯の再発抑止としては不十分であろう。

④及び⑤のａは、一警察官の特殊な行為というよりは、わが国の刑事司法システムが抱えている本質的欠陥に起因すると思われるだけに、①とは異なった意味で深刻と言うべきであろう。わが国の刑事司法システムは、警察官等捜査機関が職責に対し忠実でなくなった場合のことは想定していない。捜査機関は常に職責に忠実であることを大前提とし、その故に捜査機関が権限を不当に行使した場合に、それを抑止あるいは是正することを目的の一つとして構築されている。そのため、その大前提が覆され、捜査側が職責に忠実でなくなったり、極端な場合、職責を放棄するような事態が起きた場合には、今の刑事司法システムでは有効に対処することができない。例外的に、検察審査会制度が設けられており、検察の不起訴処分に承服できないときは検察審査会に不服申立をすることができるようになっているが、検察審査会の「不起訴不当」あるいは「起訴相当」の意見には検察官を拘束する力がなく、検察官はその意見を無視して再度不起訴にすることができるので、不服申立制度としては極めて不十分なものに終わっている。しかし、告訴が不受理になった場合、被害申告をしても警察がまともに取り上げてくれなかった場合は、何ら不服を申し立てる途がない。

埼玉県の桶川ストーカー殺害事件は、この根本的欠陥が極めて不幸な形で露呈された事例と言ってもいい。この欠陥を是正するためには、不服申立機関を設置する以外にないが、都道府県公安委員会のその権限、組織を拡充・強化して、これに被害申告の放置、告訴の不受理等に関する不服申立の受理・審査権及び県警本部長への指示権を付与し、本部長に捜査結果を同委員会へ報告する義務を課すことが検討されるべきであろう。また、そのような制度改正が行われるまでの次善の策として、弁護士会が不服申立ての受け皿となることも考慮しなければならないかも知れない。

四　必要な内的制度の改善

警察の不当な権限不行使を是正するためには、このような外的環境を整備すると同時に、内的な制度改善も必要であろう。

警察官の士気低下には種々の要因があると思われるが、一つは人員不足から来る多忙な執務体制が考えられる。週休二日制、祝祭日の増加は、捜査現場の負担を想像以上に過重にしている。捜査人員を増強しなければ一定の捜査水準を維持することは困難であろう。

二つは、人事評価制度の改善である。私は、昭和四七年から平成九年まで約二六年間検事の職にあったが、昔の警察官は捜査部門に配置されることを希望するものが多かったのに、その後留置管理あるいは外勤を希望するものが多くなったようであった。前者は勤務時間が不規則で休暇も規定どおり消化できないことが多いのに対し、後者は勤務時間が規則的で休暇もそれなりにとることができるので、昇進試験のための勉強をするのに都合がいいというのが、その一つのしかし大きな理由であった。また、同じ捜査部門においても、重大事件の発生を未然に防止する方が国民のためになることは明らかであるから、本来であればその方が高く評価されなければならないと思われるが、実際には、既に発生した事件を解決することの方がはるかに高く評価されてきた。重大犯罪の未然防止が実績として高く評価されるシステムになっていれば、桶川事件の担当警察官ももっと積極的に対応したかも知れないと思う。したがって、警察官の捜査士気を向上させ、不当な権限不行使を是正するためには、捜査部門の警察官に対する業績評価方法、昇進システムを抜本的に見直す必要があるのではないかと考えられる。その延長線上の問題として、いわゆるキャリアシステムを見直し、ノンキャリと言われている警察官の中から、優秀な人材を発掘し、積極的に県警本部長に登用していくことも考える時期に来ているように思われる。

ただ、この問題については、検察の姿勢も問われなければならない。第一次捜査権は警察が握っているのであるが、起訴権を検察官が独占している関係で、検察官が起訴する可能性の少ない事件は警察も積極的に捜査をしない傾向がある。したがって、警察の不当な権限不行使は、その背後にある検察官の退嬰的・消極的姿勢に起因することも少なくない。その意味で、この問題を根本的に解決するためには、検察官による起訴独占主義及び起訴便宜主義の当否も視野に入れた議論が必要であろう。

ところで先の②、③及び⑤のbは、警察部内の非違行為をどのようにして適正に処理し、再発を防ぐかという問題であるが、これについては、内部の監察部門をいかに有効に機能させるかということに尽きる。ただ、ここで注意しなければならないことは監察と言っても二種類あるということである。一つは、業務監察であり、もう一つは内部の非違行為を摘発するための監察である。便宜的にこれを非違監察と呼ぶことにしたい。業務監察は警察法第五条第二項第一七号に定められているもので、各県警における一般的ないし全般的な業務運営、業務管理の当否を調べるもので、具体的な事件捜査が適切に行われているかどうか、各県警内部に非違行為があるかどうかということまで調べるものではない。これに対し非違監察は、各県警内部に設けられている監察室が行う監察行為であり、内部の非違行為を抑止・摘発するためのものである。①、②及び③は、この非違監察制度が有効に機能しなかった事例であり、警察官の非違行為を防止するためには、いかなる場合も、有効に機能する非違監察制度を作る以外にない。一部には、この非違監察を部外の人間にさせるべきであるという議論もされているようであるが、どの部署に、どのような非違行為が伏在している可能性があるかというようなことは内部の人間でなければ判らない。また、外部の人間では効果的な情報収集をすることも難しく、内部の非違行為を摘発するための端緒を把握することも容易ではない。このようなことを考えれば、やはり、部内の人間で監察室を構成する以外にないという結論にならざるを得ないと思われる。その上で、その非違監察制度がより有効に機能するための仕組みを考えることが必要であろう。従来の、非違監察制度の問題点は、その監察制度が、警察一家と言われる非常に身内意識の強い組織の中で自己完結型になっていたというところにある。②、③の事件などは如実にその弊害を示すものであって、最大の問題は、監察室に対する最終的指揮権が県警本部長一人に属しているところにある。そこで、例えば、公安委員の一部と本部長とで合議体をつくり、非違監察部門をその合議体の指揮統括のもとに置くという仕組みにすれば、外部の人間の考え方等を反映させることも可能になり、自己完結型の組織もある程度改善され、②、③のような事件の発生は防止できるのではないかと考えられる。

こうしてみてくると、警察不祥事を防止するためには、都道府県公安委員会、国家公安委員会の充実・強化ということが不可欠ということになる。少なくとも、各公安委員会には専属の事務局部門を置き、公安委員会独自で調査・審査できる体制を整えることが必要である。同時に、公安委員の選任方法を再考し、より適任者を選任するようにすると共に、少なくとも一名は常勤委員とするべきであろう。

五　刑事司法機関に託しきれない時代となって

以上論じたような諸々の制度改革をしたとしても、その改革後の制度が有効に機能するかどうかは、所詮、それをになう警察官一人一人の使命感・責任感にかかっている。各警察官の使命感・責任感を維持・向上させ、サラリーマン化を防ぐことは、第一義的には警察組織を管理する者の責任ということになるが、国民もそのことに無関心であってはならない。国民が警察を監視して、不祥事を起こさせないようにすることはもちろん必要なことであるが、それだけではなく、身を捨てて職責を果たした警察官に対しては、社会全体がその業績を正しく評価し、その功労に報いるという社会的雰囲気、さらには仕組みを作ることも必要であろう。また、近時、修復的刑事司法という考え方が強く主張されるようになり、一部でその実践が始まっている。これは、被害者と加害者とが直接向き合い、それぞれの意見・感情・気持ちをぶつけ合う過程で、加害者は心からの反省と贖罪をし、被害者は癒しを得るという試みで、アメリカなどでは、この過程に近隣の住民及び捜査に当たった警察官も参加する場合がある。わが国でも、同じようなことができるかどうかは今後の課題ではあるが、一人一人の警察官を社会から切り離し、警察組織にだけ属せしめるのではなく、アメリカのように社会の一員としても活動する場を設けるということも、個々の警察官の社会的使命感を維持し、サラリーマン化・官僚化を防ぐための一助となるのではないかと思われる。

いずれにしても、水と安全はただと言える時代は確実に終わった。今までは、国民は、身の安全を警察・検察等の捜査あるいは刑事司法機関に一方的に託しているだけのような状態であったが、既に、国民一人一人が自分の安全を、そして地域の安全を自分の問題として真剣に考えなければいけない時代になっていることを自覚しなければいけない。一連の警察不祥事は、その時代の移り変わりを象徴する出来事であったと言える。

10 弁護士会による警察告発活動

三上孝孜
弁護士

一 はじめに

警察オンブズマンの活動としては、多様なものが考えられるが、現在、警察活動のチェック機能を果たしているものとして、数は多くないが弁護士会による、警察官や警察の違法行為に対する告発、付審判請求活動がある。また、広く行われているものとして、警察官の人権侵害に対する弁護士会の警告活動がある。

本稿では、これらの活動を紹介し、あわせて、弁護士会による警察制度改革の活動を紹介する。

二　職権濫用事件の告発と付審判請求活動

警察官による市民に対する人権侵害について、被害者より人権救済の申立が弁護士会になされた場合、人権擁護委員会で調査し、人権侵害の事実が認められれば、弁護士会長名で警察署等に警告書・勧告書等を発することが多い。

さらに、一歩進んで、警察官による人権侵害の内容が悪質で、職権濫用罪に該当すると思われる場合、たんに、警告書等を発するにとどまらず、弁護士会が、自ら告発し、それについて不起訴処分がなされた場合、付審判請求をすることもある。

弁護士会が告発し、付審判請求をした結果、有罪が確定したものに、埼玉県本庄署巡査被疑者暴行事件がある。

この事件では、弁護人から、告発や付審判請求の権限は私人に属し、弁護士会にはそのような権限はなく、付審判決定は訴訟要件を欠くと主張された。

これに対し、最高裁第三小法廷昭和三六年一二月二六日決定（刑集一五巻一二号）は「弁護士会が本件の如き人権侵害による犯罪の成立を信ずるにつき合理的な理由のある場合、弁護士会自身これを告発し、その事件を裁判所の審判に付することを請求することは、……弁護士会の目的と極めて密接な関係を持つものであって、弁護士会の権能に属するものと解すべきである。」とした。

この決定については、弁護士会の社会的活動が発展した今日、この判決の持つ実践的意味は非常に大きなものとなっている、と評価されている（高山俊吉弁護士・村井敏邦外編『検証付審判事件』一六六頁）。

同じく、弁護士会が告発し、付審判請求した結果、付審判請求は認められたが、無罪が確定したものに福岡県警巡査部長発砲致死事件がある。

これは事件発生直後、福岡県弁護士会の人権擁護委員会が、被害者の親族と連絡を取り、その親族の人権救済申立に基づき、目撃者の事情聴取等をして証拠を収集した結果、特別公務員暴行陵虐致死罪に該当するとして、弁護士会自身が、検察庁に告発し、不起訴処分後、裁判所に付審判請求した。告発や付審判請求の代理人には、事件を調査した人権委員会の委員がなった。

付審判決定後の検察官役弁護士の指定については、福岡地裁が、弁護士会に候補者の推薦を求め、弁護士会が推薦した二名の弁護士が地裁により指定された。

この事件の判決は、残念ながら、地裁、高裁、最高裁とも無罪の結論となり、平成九年一二月八日最高裁第一小法廷の上告棄却決定により無罪が確定した。

無罪確定を受け、平成九年一二月、福岡県弁護士会（上田國廣会長）は、最高裁決定について、警察官のけん銃発砲行為の限界を画してこれを抑制するという見地からは、今後になお大きな問題を残したと批判し、当会は、警察をはじめとする権力の濫用による国民の人権侵害を根絶するため、今後とも全力を尽くす、との会長声明を発表した。

無罪の原因は、事件発生後、付審判決定までに約七年という長期間を要し、公判開始後になされた目撃者の証言が、細部においてあいまいになったこと等にあると思われる（この事件の検察官役弁護士の立場からの意見として、川副正敏「警察官のけん銃発砲と付審判（前編、後編）」『自由と正義』一九九八年一二月号、一九九九年一月号。同じく付審判請求代理人の立場からの意見として、渡邉富美子〈特集・付審判制度の問題点と改善策〉『自由と正義』一九九二年七月号の座談会における発言）。

結論は無罪になったものの、弁護士会が、市民の人権救済の立場から、自ら証拠を収集し、告発した上、付審判請求をして、それを裁判所に認めさせた意義はきわめて大きいと評価できる。

ほかに、弁護士会が告発し、付審判請求したものとして、大阪弁護士会が行った二つの事件がある。これらは、付審判請求が棄却された。

第一の事件は、いわゆる松井事件といわれるもので、昭和四四年一〇月、阪神高速道路公団福島料金所において発生した強盗殺人事件について、松井被疑者ら三名が大阪府警福島署において取り調べられた際、取調べ警察官より暴行を受けたというものである。

大阪弁護士会は、松井氏から、人権救済の申立を受け、人権委員会で調査した結果、弁護士会が、自ら大阪地検に特別公務員暴行陵虐罪で告発し、不起訴処分後、大阪地裁に付審判請求した。それらの代理人には人権委員会の委員がなった。

付審判請求は地裁で棄却されたが、大阪弁護士会は、高裁に抗告し、最高裁に特別抗告した。特別抗告は、最高裁第二小法廷昭和五〇年一月三一日決定により棄却された（松井事件の経過の詳細は『大阪弁護士会月報』、昭和五〇年五月発行〈付審判事件特集号〉）。

第二の事件は、いわゆる戸田事件といわれるもので、昭和五七年三月、殺人被疑事件につき、大阪府警本部の取調べ室において、戸田被疑者が、取調べ警察官より暴行を受けたというものである。

大阪弁護士会は、戸田氏より人権救済の申立を受け、人権委員会で調査した結果、弁護士会が、自ら大阪地検に特別公務員暴行陵虐致傷罪で告発し、不起訴処分後、大阪地裁に付審判請求した。この事件でも、それらの代理人には人権委員会の委員がなった。筆者はこの時、代理人の一人として活動した。

この事件についても、付審判請求は地裁で棄却されたが、大阪弁護士会は、高裁に抗告し、最高裁に特別抗告した。特別抗告は、最高裁第三小法廷平成元年九月八日決定により棄却された（戸田事件の経過の詳細は『大阪弁護士会月報』、平成二年八月発行〈付審判請求事件特集号〉。請求代理人の立場からの意見として、竹内勤・三上孝孜「弁護士会が請求した付審判事件」『自由と正義』一九九一年五月号）。

大阪弁護士会が取りくんだ二つの事件は、残念ながら、付審判請求が認められなかったが、弁護士会自身が、警察官による市民の人権侵害を許さないとの立場から、たんに、警告書等を発するにとどまらず（別途、松井事件では勧告書、戸田事件では警告書を府警本部等に発している）、積極的に、告発、付審判請求をしたことは高く評価されて良いと思う。

戸田事件では、付審判請求審の段階で、地裁や高裁から、一定の証拠の閲覧謄写が認められたり、証人尋問への請求代理人の立会いと尋問が認められたという手続上の成果が得られた。裁判所のこの取扱については、請求人が弁護士会であったことがプラスに作用していると思われる。

警察官の職権濫用等を追及する方法としては、ほかに国家賠償訴訟の提起があるが、この場合は、公務員個人の責任は問えないというのが判例である。ところが、警察官等の公務員は、職権濫用罪等で禁錮刑以上の判決を受ければ、たとい、執行猶予付きであっても、国家公務員法、地方公務員法により原則として失職する。したがって、告発、付審判請求は、警察官の違法行為を追及する上で、効果的である。

刑事事件の捜査段階における当番弁護士活動が広がってきた今日、当番弁護士の活動を通じて、警察の捜査を監視し、問題があれば摘発して、弁護士会が告発し、職権濫用罪については弁護士会が付審判請求までするという積極的な活動が望まれる。

このような弁護士会の活動が、全国的に定着すれば、警察オンブズマンの役割の一つを弁護士会が果たすことが出来るだろう。

もっとも、警察官の職権濫用罪については、警察、検察の捜査が消極的で偏頗であり、裁判所も、警察官の職務に対する信頼感から、付審判決定や有罪判決を出すのに消極的であるという問題がある。その結果、付審判請求認容率は約〇・一パーセント、付審判事件の有罪率は約五〇パーセントという現状である。

弁護士会の告発、付審判請求の活発化と同時に、警察官の職権濫用罪に対する警察、検察の捜査と付審判制度運用の正常化も実現されねばならない。

また、警察官の違法行為に対する不起訴処分については、告発した弁護士会が、検察審査会に審査申立することも考えられる。

さらに、警察官の職権濫用罪について、付審判決定があった場合の検察官役弁護士の指定について、弁護士会が、適任者を裁判所に推薦し、その活動をバックアップすることも有益である。

筆者は、大阪府警曽根崎署員の阪神ファン暴行付審判事件について、人権委員をしていた関係で、大阪弁護士会から推薦されて、裁判所の指定を受け、検察官役として活動した経験がある（三上孝孜・森下弘『裁かれる警察』参照）。

また、石川県警巡査付審判事件について、金沢弁護士会が、推薦して指定された検察官役支援のためのバックアップ小委員会を、弁護士会内に発足させたことがある（押野毅「付審判事件における一審判決」『自由と正義』一九九九年八月号）。

三　人権侵害への警告活動

警察官あるいは警察の人権侵害について、全国の弁護士会や日弁連は、人権擁護委員会を設けて、市民からの人権救済申立を受け、あるいは職権で事件の調査をし、人権侵害が認められれば、警察署等に警告書・勧告書等を発している。

ここ数年の間に日弁連が発した警告書等の例をあげると、松本サリン事件、無罪確定者の指紋・写真廃棄問題等がある。

松本サリン事件では、長野県警本部や松本署が、第一通報者に対し、殺人罪で捜索・押収を行ったり、強制的取調べを行った等の人権侵害が問題になった。

日弁連は、第一通報者からの人権救済申立に基づき、調査の結果、人権侵害の事実を認め、一九九六年七月、長野県警本部長及び松本署長に対し、第一通報者に謝罪するよう求めるとともに、今後かかる違法・不当な捜査を繰り返さないことを求める警告書を送付した。

同時に、国家公安委員会、警察庁長官等に対し、適正な警察行政を進めることを求める要望書を送付した。

警察は、弁護士会や日弁連の警告書等を受理せず、返送してくることが多い。ところが、この件では、あまりにも捜査の誤りが明白になったためか、長野県警本部、松本署に発した警告書や国家公安委員会、警察庁長官に発した要望書は返送してこなかった。

無罪確定者の指紋・写真廃棄問題は、被疑者として埼玉県警大宮署で指紋採取、写真撮影をされたが、裁判で無罪が確定した後、警察に指紋・写真の廃棄を求めたところ、拒否されたというものである。

人権委員会で調査、研究の結果、指紋ないし写真は、個人の人格権ないしプライバシーとして憲法上保護されるべきであり、無罪確定後は原則として廃棄されるべきであるとして、一九九七年九月、警察庁、埼玉県警本部、大宮署に対し、申立人の指紋、写真の原本並びに複製を直ちに廃棄することを求める旨の警告書を発した。また、国家公安委員長に対し、無罪確定者の指紋、写真を廃棄すべきことを規則上明確に定めるべき旨の勧告書を発した。

これについて、警察庁、埼玉県警本部、大宮署は、警告書を返送してきたが、警告書と合わせて交・送付した調査報告書は、参考までに受領すると回答してきた。

これらの人権侵害救済活動も、実質的な警察オンブズマン活動と評価できるだろう。

四　警察制度改革への提言活動

日弁連は、一九九四年の人権擁護大会のシンポジウムで「警察活動と市民の人権」を取り上げ、多面的に警察の問題を明らかにし、警察改革の方向について議論した。そして、このときの人権大会で、警察情報の公開、公安委員会の抜本的改革、市民による監視システムの創設等を求める「警察活動と市民の人権に関する宣言」を採択した。翌年にはこのシンポジウムの内容を盛り込んだ『検証日本の警察』(日本評論社)を出版した。

また、日弁連は、一九九九年の神奈川県警の不祥事に続く一連の警察不祥事の発覚を受け、二〇〇〇年五月の定期総会において、公安委員会の委員の公選制の採用等を含む「警察制度の抜本的改革を求める決議」を採択した。

日弁連は、二〇〇〇年一〇月の人権擁護大会において、「政府から独立した調査権限のある人権機関の設置を求める宣言」を採択した。これは、一九九三年国連総会で採択された国内人権機関の地位に関する原則や一九九八年の国際人権規約委員会の日本政府に対する、独立した人権機関の設置に関する勧告に基づきなされたものである。

このような国内人権機関が設置されれば、警察官による市民の人権侵害等についても適切な救済活動が期待されるだろう。

今後も、日弁連では、人権委員会等を中心に、警察改革の研究や提言を行っていくことが予定されている。各分野において、警察改革の研究、提言等が活発に行われ、警察民主化に向けた努力がなされていくことが望まれる。

11 警察予算をみる

中村一三
税理士

一　予算はどうなっているか

1　予算のあり方

警察の予算書を見たことのある人はいるだろうか。もし、あなたが都道府県議会議員なら、それを見ることはできるはずであるが、そうでなければ、まったく見ることはできない。しかし、たとえ都道府県議会議員であっても、予算の款・項・目・節の内容を議会の場で質問をしたり十分な審議をすることは、実際には行われていないのが現実である。

警察の予算は、いったいどうなっているのか。警察の予算はじつは、国の予算に計上される警察庁予算と、各都道府県の予算に計上される都道府県警察予算の二重制になっている。警察庁予算は、みずからが使う警察庁経費と都道府県警察に出す補助金分とで構成されている。他方の都道府県警察の予算は、この警察庁から来る国庫補助金と自らが使う都道府県支弁経費とからなっている。

いきなりわかりにくい話から入ったかもしれない。要は、警察予算というものが、国と都道府県との二重構造になっていることをまず理解してほしい。

「警察予算は、国の予算に計上される警察庁予算と各都道府県の予算に計上される都道府県警察予算とで構成される。警察庁予算には、警察庁、管区警察局等国の機関に必要な経費のみならず、都道府県警察が使用する警察用車両やヘリコプターの購入費、警察学校の増改築費、特定の重要犯罪の捜査費等の都道府県警察に要する経費や都道府県警察への補助金が含まれている。

平成一一年度の警察庁当初予算は、総額二、五八六億五、三五八万円で、前年度に比べ五七億四、七一二万円（二・三％）の増加であり、国の一般歳出総額の〇・五五％を占めている。

当初予算の編成に当たっては、ハイテク犯罪対策の抜本的強化、深刻化する少年非行情勢への的確な対応、交通安全対策の強化等について重点的に予算措置している。

また、一一年度の国の予算においては、補正予算が組まれたが、警察庁においては、情報通信・科学技術振興等経済発展基盤強化特別対策、九州・沖縄サミット開催準備、原子力災害対策等の経

図８－１　警察庁予算

（平成11年度最終補正後）

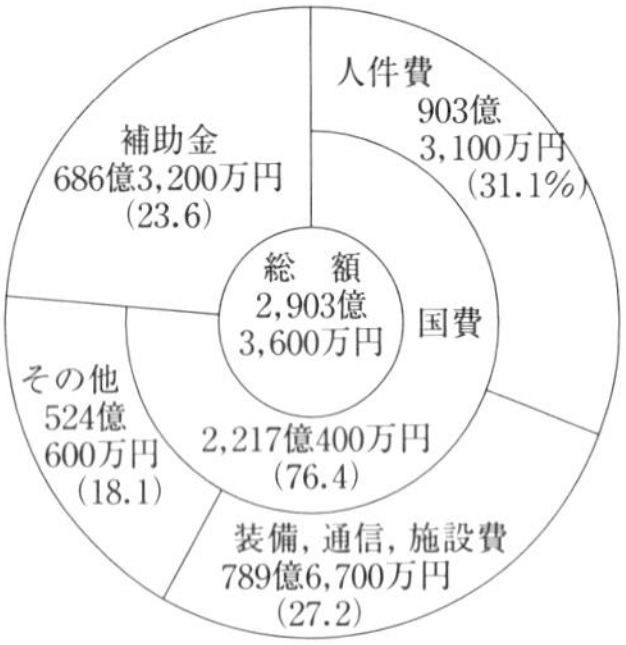

費として、合計三五三億七〇万円に上る予算を措置した。最終補正後の警察庁予算現額の内訳は、図8－1のとおりである。
一一年度の都道府県警察予算は、各都道府県において、それぞれの財政事情、犯罪情勢等を勘案しながら編成されているが、その総額は三兆四、七九五億六〇〇万円で、前年度に比べ一〇二億五、〇〇〇万円（〇・三％）増加し、都道府県予算総額の六・三％を占めている。その内訳は、図8－2のとおりである。

図8－2　都道府県警察予算
（平成11年度最終補正後）

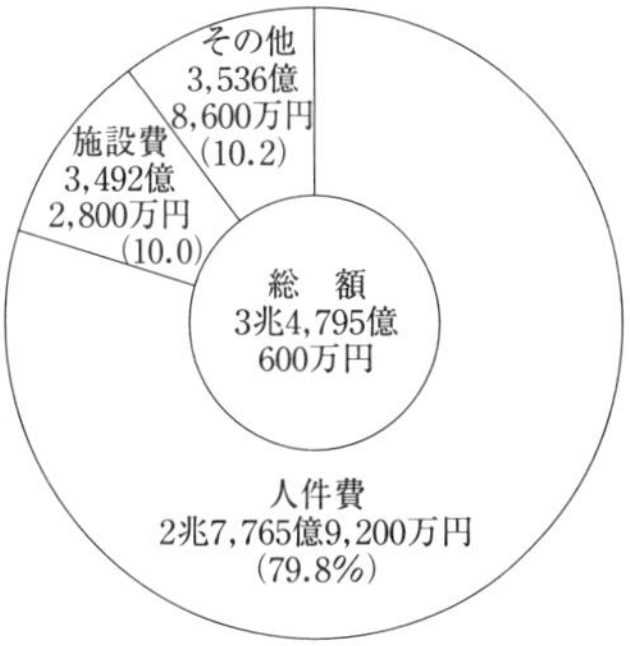

警察庁予算と都道府県警察予算の合計額（重複する補助金額を控除した額）を国の人口で割ると、一一年度の国民一人当たりの警察予算額は約二万九、〇〇〇円となる。」
右に掲げた引用は、『警察白書』平成一一年版の「予算」の項の解説の全てである。「時代の変化に対応する刑事警察」というサブタイトルの付けられたA4判三六〇ページにもおよぶ白書の中で一ページという点は、タックスペイヤーに対する説明という観点からは十分なものであるとは思えないが、国の予算と都道府県の予算から成り立っていることを述べている。
この解説からは、大まかな使途と総額はつかめるが、具体的な内容を読みとることは不可能であるといってよい。そこで、国会に提出される決算・予算から具体的な費目をみると次頁に掲げる表のようになっている。

警察庁予算構成費目一覧

所管・組織・項	歳出予算額（円）	所管・組織・項	歳出予算額（円）
警察庁	251,824,534,000	都道府県警察費補助	58,880,829,000
警察庁	157,915,798,000	科学技術振興調整費	125,107,000
千葉県警察新東京国際空港警備隊費	10,530,001,000	国立機関原子力試験研究費	7,160,000
船舶建造費	421,122,000	国立機関公害防止等試験研究費	16,166,000
科学警察研究所	1,457,733,000	災害対策総合推進調整費	13,431,000
皇宮警察本部	8,547,368,000	国七総合開発事業調整費	159,779,000
警察庁施設費	13,750,040,000	沖縄特別振興対策調整費	0

出典：第145回国会提出「平成９年度一般会計歳入歳出決算」。

組織	項	事項	平成12年度要求額（千円）
警察庁	061 警察庁	95 国家公安委員会に必要な経費	86,981
		95 警察庁一般行政に必要な経費	66,585,129
		95 中央省庁等の再編成に必要な経費	785,537
		95 国際会議等に必要な経費	291,034
		95 電子計算機運営に必要な経費	8,629,012
		95 警察機動力の整備に必要な経費	41,270,035
		95 警察教養に必要な経費	5,711,988
		95 生活安全警察に必要な経費	579,322
		95 刑事警察に必要な経費	2,988,424
		95 交通警察に必要な経費	1,217,529
		95 警備警察に必要な経費	6,108,448
		95 警察活動に必要な経費	22,118,013
		95 警察電話専用回線の維持に必要な経費	3,308,554
		95 犯罪被害給付に必要な経費	480,788
		95 衆議院議員総選挙の取締りに必要な経費	572,540
		95 行政機関の官署の移転に必要な経費	0
		95 統一地方選挙の取締りに必要な経費	0
	067 千葉県警察新東京国際空港警備隊費	95 千葉県警察新東京国際空港警備隊に必要な経費	11,001,258
	066 船舶建造費	95 船舶建造に必要な経費	872,132
	062 科学警察研究所	13 科学警察研究所に必要な経費	1,895,598
	063 皇宮警察本部	95 皇宮警察本部一般行政に必要な経費	6,374,978
		95 護衛・警備に必要な経費	1,058,709
	064 警察庁施設費	95 警察庁施設整備に必要な経費	13,799,812
	065 都道府県警察費補助	95 都道府県警察費補助に必要な経費	32,381,755
		95 都道府県警察施設整備費補助に必要な経費	25,386,261
		警察庁計	253,503,837

出典：「平成12年度一般会計歳入歳出予算」中の総理府所管「警察庁」の項 272 ～ 274 ページによる。

11　警察予算をみる

次に、では自治体における警察費はどのようになっているかを見てみよう。

以下に掲げたものは、東京都のもので比較的オープンになっている方であるといえる。

東京都における警察予算構成費目一覧

警　視　庁　　6265億5000万円　定数44,544人
（伸び率0.0％）

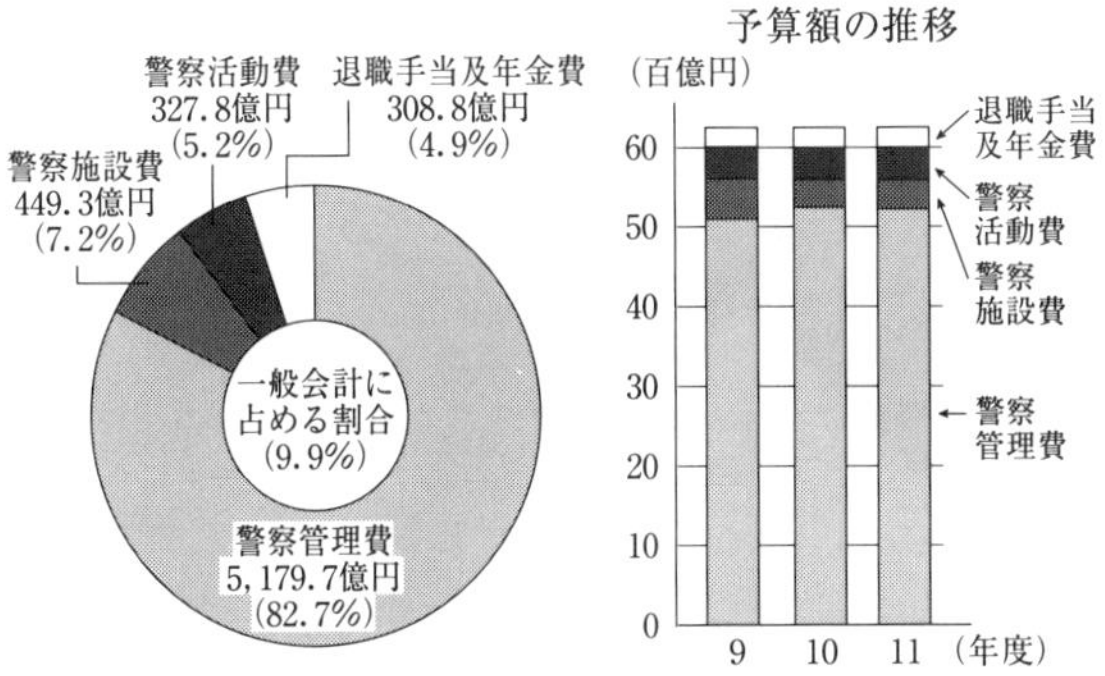

〈予算内容〉　　　　　　　　　　　　（単位：百万円）

款	項	11年度	10年度	増減額
警　察　費	警　察　管　理　費	517,966	520,325	△2,359
	退職手当及年金費	30,876	27,842	3,034
	警　察　活　動　費	32,780	36,304	△3,524
	警　察　施　設　費	44,928	42,069	2,859
合　　計		626,550	626,540	10

出典：警視庁予算概要（東京都議会資料）。

〈事業内訳〉

1　警　察　管　理　費　　5179億6634万円

	億	万円
1　公安委員会費		3007
(1)　委員の報酬		2820
委員長1人　委員4人		
(2)　運営費		187
2　警察本部費	5046	8625
(1)　職員費	4213	8832
ア　人件費	3439	2761
定数44,544人　警察官41,643人		
その他の職員 2,901人		
定数外 718人		
イ　その他職員関係費	774	6070
(2)　管理費	691	6432
(3)　被服調製費	39	5292
(4)　通信施設維持管理	29	7251
(5)　警察情報管理システムの運営	62	0233
(6)　被留置者給食費等	10	0586
3　福利厚生費	8	1716
4　衛生管理費	6	9597
(1)　健康診断の実施	5	9085
(2)　健康診断用品等		3126
(3)　嘱託医師の報酬等		7386
5　人事教養費	12	9800
(1)　職員教養	7	6963
(2)　警察表彰	2	3420
(3)　警察官採用等	2	9416
6　装備費	65	8881
(1)　装備資器材	25	9173
(2)　車両	29	0205
購入 195台　維持管理 5,880台		

		億	万円
(3) 舟艇	維持管理29隻		9621
(4) ヘリコプター	維持管理13機	9	9882
7 運転免許費		38	5007
(1) 運転免許		32	0375
(2) 交通違反者行政処分			3124
(3) 安全運転学校管理運営		5	6952
(4) 初心運転者講習			1650
(5) 指定自動車教習所管理			2907

2　退職手当及年金費　308億7552万円

	億	万円
1 恩給費	61	5994
(1) 恩給	61	5031
(2) 事務費		963
2 退職費	247	1558
(1) 普通退職	9	4618
(2) 定年等退職	237	6923
(3) 事務費		16

3　警察活動費　327億7966万円

		億	万円
1 交通指導取締費		28	8595
(1) 交通違反取締		1	3189
(2) 駐車違反取締		12	4643
(3) 自動車保管法違反取締		1	3576
(4) 交通犯罪捜査及び処理		5	2203
(5) 交通安全指導		1	9955
(6) 交通対策		6	5029
2 交通安全施設管理費		152	3415
(1) 交通信号施設		14	1848
交通信号機電力料	14,480所	7	8916
交通信号機移設	504所	3	5293
交通信号施設維持修繕等		2	7639
(2) 交通管制機構施設		73	8275
交通管制機構施設保守委託		30	2452
交通管制機構施設回線料		26	2689
交通管制機構施設計算装置借上		7	6519
交通管制機構施設保守材料等		9	6616
(3) 道路標識		13	4347
道路標識電力料		1	8992
道路標識撤去移設		1	3702
道路標識保守委託等		10	1653
(4) パーキングメーター等維持管理		50	8945
○3 交通安全施設整備費		90	5030
(1) 交通信号施設		33	5978
交通信号機新設	160所	5	7960
交通信号機改良		9	8303
多現示装置	120所		
視覚障害者用信号施設	20所		
地下線化等			
交通信号機更新		17	9715
制御機	265所		
車両感知器等			
(2) 交通管制機構施設		9	3362
(3) 道路標識		29	1200
集中制御式標識	4基	1	2624
普通標識	90,000枚	13	0050
大型標識更新	1,231本	8	5712
固定式標識等		6	2815
(4) 道路標示		18	4490
溶着式塗装	5,254km	17	0229
ペイント塗装等		1	4261
4 警備地域費		32	1059
(1) 雑踏警備及び災害対策		1	2014
(2) 地域警察運営		5	4999
(3) 110番運営		25	3269
(4) 泥酔者保護活動			778
5 捜査費		13	4783
(1) 犯罪捜査		9	7051
(2) 警察署鑑識		2	3642
(3) 暴力団対策		1	4090
6 少年対策費		3	4070
(1) 少年非行防止対策		3	1149
(2) 少年犯罪取締			2921
7 生活安全費		7	1014
(1) 生活安全対策		2	4685
(2) 保安事犯取締		4	6329

4　警察施設費　449億2848万円

		億	万円
1 施設管理費		131	3887
(1) 庁舎の維持補修費		15	4414
(2) 電気施設保守等委託		34	9375
(3) 土地建物貸借料		13	0202
(4) 光熱水費等		67	9897
○2 改修費		29	9522
(1) 警察署等改修		19	9944
(2) 待機宿舎改修		9	9578
○3 建設費		287	9439
(1) 庁舎建設		147	7238
本部関係施設		5	6498
	改築　1所		
警察署		133	3255
	改築　10署		
交番・駐在所		8	7484
交番　21所	駐在所　8所		
(2) 待機宿舎建設		35	9361
有家族待機宿舎	198所		
単身者待機宿舎	558人		
公舎	1戸		
(3) 待機宿舎借上		49	3443
有家族待機宿舎	2,633戸		
(4) 用地費		1	3103
(5) 待機宿舎賃貸借契約に伴う支払金等		53	6294

出典：警視庁予算概要（東京都議会資料）。

茨城県予算費目一覧

歳　出

（単位　千円）

款	本年度予算額	前年度予算額	比　較	本年度予算額の財源内訳			
				特定財源			一般財源
				国庫支出金	県債	その他	
1 議会費	1,839,291	1,934,150	△ 94,859	—	—	185	1,839,106
2 総務費	48,252,111	46,471,394	1,780,717	1,546,997	390,000	9,000,179	37,314,935
3 企画開発費	30,597,723	33,534,292	△ 2,936,569	6,975,664	15,171,000	3,444,207	5,006,852
4 生活環境費	15,981,485	11,112,938	4,868,547	3,870,385	5,656,000	979,785	5,475,315
5 保健福祉費	114,730,048	109,960,384	4,769,664	23,966,398	3,527,000	12,637,764	74,598,886
6 労働費	5,463,525	5,258,233	205,292	709,091	—	3,062,461	1,691,973
7 農林水産業費	91,766,864	100,968,229	△ 9,201,365	27,074,415	8,537,000	21,829,425	34,326,024
8 商工費	47,750,240	50,335,060	△ 2,584,820	788,458	99,000	40,757,160	6,105,622
9 土木費	169,573,399	179,002,426	△ 9,429,027	37,583,297	76,817,000	22,080,018	33,093,084
10 警察費	57,788,537	59,229,181	△ 1,440,644	812,423	1,735,000	4,594,211	50,646,903
11 教育費	293,973,527	297,330,548	△ 3,357,021	73,448,823	11,189,000	11,090,410	198,245,294
12 災害復旧費	1,636,951	1,917,917	△ 280,966	1,117,254	491,000	5,500	23,197
13 公債費	109,969,248	100,332,343	9,636,905	27,445	—	1,458,255	108,483,548
14 諸支出金	86,099,635	79,434,862	6,664,773	—	—	1,886,877	84,212,658
15 予備費	150,000	150,000	—	—	—	—	150,000
計	1,075,572,584	1,076,971,957	△ 1,399,373	177,920,650	123,612,000	132,826,537	641,213,397

出典：茨城県議会資料（平成12年度予算書）。

ところで、私がたまたまこの警察予算を含む行政予算の問題に関心を持つようになったのは、私が住んでいる町、茨城県真壁町の監査委員になったことからである。そこでわかったことは、税理士の職業柄、税を納める時点・取られるときの適正さの問題には目がいっていたのだが、支払われた税を支出する時点でのチェックは甘すぎたのではないのかということであった。そこで茨城県の資料をとりよせてみると、それは上掲の表のように、他の費目とともに総額が出されているだけであって、そこから具体的になにも明らかにならないようなものであった。もちろん先の東京都のレベルには全く達していないことがわかる。

それでも、このような状態を変え透明性を増すという情報開示の気運からか、次頁のように茨城県における警察費の費目が委員会段階では明らかにされるようになった（金額については省略した）。

茨城県における警察予算費目一覧

事　　項	予 算 額	特定財源種目金額		一般財源	備　　　　考	
警察本部						
公安委員会費	××××	手数料	××××	××××	報酬	××××
					運営費	××××
警察本部費	××××	使用料	××××	××××	職員給与費等	××××
		手数料	××××		警視	××××
		財産収入	××××		警部	××××
		繰入金	××××		警部補及び巡査部長	××××
		諸収入	××××		巡査	××××
		計	××××		計	××××
					一般職員	××××
					退職手当	××××
					共済組合負担金	××××
					公務災害補償基金負担金	××××
					嘱託職員雇用費	××××
					警察事務補助員雇用費	××××
					福利厚生諸費	××××
					警察職員健康管理費	××××
					赴任旅費	××××
					被服調整費	××××
					警察共済組合住宅等賃借料	××××
					財産維持管理費	××××
					防犯協会指導育成費	××××
					牛久警察署（仮称）整備費	××××
運転免許費	××××	手数料	××××	××××	自動車運転免許事務費	××××
					交通安全協会事業費補助	××××
					自動車運転免許講習費	××××
恩給及び退職年金費	××××			××××	警察恩給費	××××
					恩給	××××
					扶助料	××××
					計	××××
一般活動費	××××	国庫支出金	××××	××××	110番加入電話料	××××
		諸収入	××××		一般警察活動費	××××
		計	××××		国補（1／2）	××××
装備費	××××	国庫支出金	××××	××××	警察装備維持管理費	××××
					国補（1／2）	××××
					警察車両整備費	××××
刑事警察費	××××	国庫支出金	××××	××××	刑事・生活安全警察活動費	××××
					国補（1／2）	××××
					科学捜査推進費	××××
					機動捜査隊運営費	××××
					暴力団犯罪取締強化費	××××
					生活安全活動強化費	××××
					選挙取締費	××××
					捜査活動強化費	××××
					少年非行防止費	××××
					銃器対策推進費	××××
					高齢者保護対策事業費	××××
交通指導取締費	××××	国庫支出金	××××	××××	特定交通安全施設整備費	××××
		手数料	××××		国補（1／2）	××××
		諸収入	××××		交通安全施設整備費	××××
		県債	××××		交通安全施設維持管理費	××××
		計	××××		交通指導取締強化費	××××
					交通事故処理合理化対策費	××××
					交通安全推進費	××××
					交通指導取締費	××××
					国補（1／2）	××××
					自動車保管場所証明事務費	××××
					パーキング・チケット設置管理費	××××
					自動車安全運転センター補助	××××
					交通安全活動推進センター業務委託費	××××
					交通安全対策費	××××
					交通死亡事故抑止対策推進費	××××
警察本部計	××××	国庫支出金	××××	××××		
		使用料及び手数料	××××			
		財産収入	××××			
		繰入金	××××			
		諸収入	××××			
		県債	××××			
		計	××××			

出典：茨城県議会資料。

しかし、この程度のものであっても全国の自治体にあって、どの程度明らかにされているのかは不明である。ところで、分権の時代と言われて久しいが、それぞれの地域の実情を各自治体の警察本部が把握して、限られた予算の中でその地域の住民の要望に応えようとする場合、各地域の実情・特殊性が反映されてしかるべきである。しかし、その観点から見た場合、次の二点のねじれは興味深いものがある。

一つは、人事の問題である。そして、他の一つは国による補助金の問題である。

「人事の問題」とは、自治体警察職員でも一定階級以上は国家公務員であり、しかし、その人件費は各自治体が支払っているという点である。「補助金の問題」とは、国から各自治体に支払われている補助金は各自治体での警察活動の内容を方向付ける役割を担っているということである。

この二つの制度は、警察が、地域住民のニーズに応え、そのコントロールに服するというよりも、国によるコントロールに服するために機能しているということができる。

以下、この奇妙なねじれについて検討してみよう。

2　身分・人事・権限と予算のねじれ

警察官の人事面に目を向けてみよう。すると、ちょっと不思議な制度になっていることが見えてくる。警察庁に勤務する警察官が国家公務員の身分であることは当然として、都道府県警察に勤務する警察官のうち警視正と呼ばれる身分以上の人たちは、なんと国家公務員ということになっているのである。それ以下の警察官が地方公務員である。

このことはつまり、国は都道府県警察に国庫補助金を支出してはいるが、国の役人である警察官まで都道府県が養っていることを意味しており、その人件費に占める割合は明らかにされていない。

では、なぜ自治体警察は、国家公務員まで養う、このようなしくみになっているのだろうか。都道府県警察の中にいる警視正以上、つまり幹部エリートたちはすべて国から派遣されている。

これは、本書のテーマである警察のコントロールという観点からみるならば、国が自治体の警察機構に対してまでも人事によって直接的に統治しているものということができる。自治体警察のピラミッド組織の頂上部分は、国が占拠していると言えなくもないのである。

ここで人事に密接に関わる警察特有の階級制度を見てみよう。公務員の中で、階級制度をもっているのは、警察と自衛隊のみである。警察の階級制度は、上から警視総監（警視庁）、警視監、警視長、警視正、警視、警部、警部補、巡査部長、巡査という九階級となっている。これが、国家警察のトップから自治体警察の末端までたてに一本の線で貫かれ、上から下への絶対的な命令機構となっている。この階級のなかで、国家警察と自治体警察の境目が警視正なのであり、この身分はどちらにも属しているのである。

これは、国家警察は国全体の警察機能の管理運営部門であり、自治体警察はその方針に従う現業部門という役割分担をするという考え方に基づいているものである。そして、その観点からいうと、自治体警察に派遣されている警視正以上の警察官というのは、国の方針の達成度をチェックする立場なのである。

このように人事面から見てくると、都道府県警察に自治権が保障されていないことがわかってくる。これを他の面からも見てみよう。

たとえば、装備面ではどうだろうか。警察の二層構造からすれば、自治体警察はそれぞれ独自の装備をもっても当然のように思われるだろう。しかし、この面でも国の一元的な管理統制が行き届いている。警察の諸活動が全国的にみて円滑に行われるように、都道府県警察の警察力の質的水準を確保することを目的に、国家統制が行われているとされている。警察官数、警察署数などを画一的に統一している。このための財源措置として、都道府県に対し国庫補助金を配布している。ここでは自治体による財政力の格差は、考慮されていない。

ということは、財政力の弱い自治体にとっては無理な装備とか不必要な警察官数などを負担しなければならず、財政赤字の一因となっていることは否めない。

予算書ではっきりしている国庫補助の金額は、警察庁予算の四分の一にあたる六八九億円にすぎない。非常に少ない額ではないか。この額をもって全国統一的な警察装備などをそろえることが果たしてできるのであろうか。この国によって定められた装置についての「統一的な水準」は、先の人件費についてとともに自治体に過大な財政負担を強いていると見ることができる（前掲の茨城県議会予算書において、警察費目中一定の事項に二分の一の国庫支出金がついていることの意味を考えてみよ）。

また、都道府県警察費補助について、どの都道府県に補助された金額がどのくらいであり、その支出項目が何なのであるかは、国サイドからの説明があり、追求が容易にみえるが、都道府県サイドからみると、都道府県予算項目の歳入部分に諸々の国庫支出金として一括でくくられるから内容が解らない。ただ、歳出のなかでの財源内訳で警察費にしめる国庫支出金が示されることにより理解されるものであるから、なかなか充分な国民サイドの理解はのぞめないと考えられる。

なお、国庫支弁の経費は、国の委任を受けて各都道府県警察におかれた「支出官」というキャリア警察官に直接予算が配賦されるので、都道府県の予算には計上されないこととされている（『島根県警察史　昭和編』島根県警察史編さん委員会編、昭和五九年一一月発行）。

3　それは自治体警察から始まった

戦前の日本の警察制度は、中央集権的官僚警察国家と評されていた。戦後の一連の占領政策によって警察制度の改革が始まった。「国家のための警察から、国民のための警察へ」をモットーに、戦前の警察組織は解体され、それまで国が把握していた警察権の大幅な委譲が、基礎的自治体である市町村に行われ自治体警察が誕生した。

自治体警察は、二種類あり、ひとつは郡部を管轄する「国家地方警察」で、他のひとつである市街地を管轄する「自治体警察」とに分けられた。警察規則は市町村の条例で定められ、警察の運営管理は市長村民が議会の同意を得て任命する三名の公安委員によって行われることになり、国家警察の部分は、ほんのわずか警察庁に残されたにすぎなかった。

しかし、昭和二三年にはすでに国家統制的な服務規定が国から自治体警察に頭ごしに法律によって押し付けられており、戦後の騒乱事件、警察予備隊の設置などを背景に、国家が再び警察権限を掌握し、強めていき、その結果昭和二九年改正による現行警察法につながったのである。

財源負担のしくみもこれに伴って変質したのであって、このときに、国と地方双方による予算制度の二重制という、戦前の予算制度の復活を意味する「官費民費両支弁制」と類似の負担制度が確立されてしまった。しかも、戦前のそれでは、自治体の財政力が反映されうる予算制度であったが、戦後のそれはまったく地方の財政力が考慮されない中央集権的な制度になった。

このように、戦後、自治体警察から始まった日本の警察制度は、わずか五年にして再び戦前のような国家統制的な警察制度に回帰してしまったのである。

4 自治体と住民は警察予算をチェックするシステムを持たなくてはならない

自治体予算における警察予算において、各都道府県の実情・特殊性が反映されないような仕組みがあるのではないだろうか。たとえば、警察庁予算は警察庁の方針によって決定される。自治省が予算を配分するという形をとって行われる。

地方議会はどうであろうか。都道府県の予算・決算にみられる議会のチェックは、審議時間からみても(一説によれば数十分)、総額にして三兆円あまりの予算・決算をチェックする体制ができているとはとても思われない。また、議員が選挙違反等、交通違反者への便宜を図ることが難しくなるなどの現実的利益を考慮して、予算・決算への質問や審議を形骸化させているのではないか。

現在、警察活動のチェック機関として位置づけられているのが、公安委員会である。国家公安委員会と地方公安委員会とがある。国家公安委員会の長は、自治大臣がなることが多い。地方公安委員会の構成員は名誉職化している。高齢者、地方の名士などが登用され、本来的な機能は果たし得ていない。本来であれば、弁護士や非営利組織のメンバーなどが登用され、調査能力の向上を図るべきであるとともに、予算・会計面等からチェックする手法をみがきあげていく必要があり、情報公開制度などを活用しながらマスコミなどと連動していくことが必要であろうと思われる。

二　警察予算をふりかえる

1　警察予算の歴史

慶応三年一二月金穀出納所《きんこくすいとうじょ》（明治二年七月大蔵省に改組）を設置し、財政制度を早急に整えはじめた新政府は明治四年七月に廃藩置県を断行して、租税の徴収権と軍隊を掌握し、中央集権型の国家へと脱皮しはじめた。廃藩置県断行に際しては諸藩の債務をも肩代わりする厳しい財政状態での現実があった（府藩県三治の制から廃藩置県の断行について若干の解説を試みる――大政奉還により直ちに政府の支配権が及ぶことになったのは徳川幕府の直轄地だけであった。府と県の間には制度の差異はなく、城代・所司代・奉行の支配地に府を、郡代・代官の支配地に県をおき、大名領は藩とした。藩を存置したことは、あくまで暫定の措置であったから、明治二年の薩長土肥藩の版籍奉還奏請にひきつづき、自発的廃藩もあいつぎ、明治四年七月廃藩置県の布告をした。そのとき全国三府四五県二六一藩あったものが、ひとまず同数の三府三〇六県となり幾多の大合併をはじめとする数次の廃置分合・境界変更を経て、明治二一年に香川県から愛媛県が独立したのを最後に現在の府県の姿になった）。

警察費は、大蔵省が明治四年諸縣《しょけん》捕亡費《ほぼうひ》の定額を定めたことからはじまるといえる（明治八年に捕亡費は警察費に改められた）。

明治六年の我が国最初の予算表によれば、歳入総計金四八、七三六、八八三円一八銭三厘、歳出総計金四六、五九五、六一八円四六銭四厘のうち捕亡費は八五〇、〇〇〇円であった。その内訳は三府邏卒《らそつ》（東京都、大阪府、京都府）五七九、三一三円、各縣捕亡費及び邏卒二七〇、六八七円とある（なお参考までに掲げると、明治八年度（その当時の会計年度は七月一日にはじまり六月三〇日におわるものであった）の警察費は警視庁金一〇〇万円、警察費六〇万円（警視庁を除く府県分）であり、明治九年度は警視庁一一九万五、〇〇〇円、その他の府県分七五万円であった）。

地方費に支弁する関係警察費（一道三府県四三県の総額）

大正一四年	七二、四六六、五六八円
大正一五年昭和元年	七二、八八八、五五〇円
昭和二年	七九、三七三、三九五円
昭和三年	八一、〇八九、〇四一円
四年	八二、四五八、三八五円
五年	七八、八八八、八五二円
六年	七九、一八八、五八五円
七年	七八、二〇二、四四三円

「維新の初は府藩県の三治ありて地方の制度未だ一に帰せず、警察の事務もまた各地おなじからず……明治四年新たに府県の制を設け……捕亡金額を仮定す。明治五年司法省中警保寮《けいほりょう》をおき……然れども東京府下に施行し未だ地方に及ばず……保民の任は地方官の責なり、而して其事を挙げるや警察より急務たるはなし、しかれども之を実地に施行するは固より許多の費用を要す……地方の適度を酌量して……要領を掲げ問題となす。

其れ警察のことたるや地方に於いても尤も至急の要務たりと雖も、日本全州の警察入費は固より盡く之を官庫より給するを得ず、さりとて之を民費に課するに過ぐるべからず、故に官民の両費に付する適当の方法を得んと欲し、……各員須らく衆議を盡されよ」

元来、警察事務は国家行政事務であるからその経費は国庫の負担とすることが至当であるというのが当時の考え方である。他面、警察は国務であるとともに直接廳府県《ちょうふけん》（「廳府県」――明治七年に設置された東京警視廳と府及び縣）の警備に従事するものであるから、これを地方費として廳府県に負担させることは各廳府縣の随意にしたがい地方の実状に適する警察施設をなしえる利便があると考えられ、これらを考慮した結果が「官費《かんぴ》民費《みんぴ》連帯《れんたい》支弁《しべん》の制《せい》」といわれるものである（官費・民費とは、今日の国費・地方費に相当する）。

明治八年六月開催の地方長官会議において、政府より地方警察機関の充実とその経費を将来官費民費を以て連帯支弁せしむことが提議され、先に掲げたものは議長木戸孝允の宣言である。

戦前における警察官及び警察職員の経費を国庫負担とし、別に国庫下《さげ》渡《わたし》金《きん》の制を定め、警部補以下の警察官吏および警察職員その他の警察費を地方費より支弁するの制度は、この時に胚胎するものなのである。

上に見たように警察費を国費と地方費とで連帯支弁する根本原則が決定したので、その支出方法や従来さまざまな名称のもとに支出しつつあった経費の統一整理がすすめられた。

明治一一年七月二二日太政官布告一九号により地方税規則が定められ、その第三条に「地方税を以て支弁すべき費目に一、警察費……」と規定がなされ、かつ同日太政官通達第一八号にて府縣會規則が発布され、第一条に府縣會は地方税を以て支弁すべき経費の予算及びその徴収方法を議定し、第五条に地方税を以て施行すべき事件は府縣の会議に付しその議決は府知事縣令認可の上これを施行すべきものとす、第六条に府縣会は毎年通常会議の初めに於いて地方税に係る前年度の出納決算の報告を受くと規定されて、府縣警察費の予算決算が府縣会の議決及び承認を経るべきことを決めた。

この考え方はその後の府県制の制定、改正に連綿として引き継がれて終戦までつづいていた。

また、国費と地方費の連帯支弁制度について、明治一四年二月二八日太政官布告第一六号を以て府県警察費にたいする国庫よりの下渡し金の割合を定めた。

東京府は警察費総額の一〇分の六。その他府県は地方税支出高の一〇分の三。特殊の警察費のみは国庫の負担として、国費負担の限界を明瞭にした。ここにおいて、警察費及び警察庁舎建築修理費は地方費の負担とし、警部以上の警察官の経費は国庫負担とし、且つ地方税支出高に応じた国庫下渡金の制を定める等の警察費の基礎が確立したのであった。

ところで、ここで戦前の内務省予算をみていて気付いた「機密費」のことにふれたい。

機密費はすべて警察費と認められるものであるが、機密費の沿革は明治初年の頃より、貸座敷《かしざしき》引《ひ》き手茶屋《てちゃや》及び娼妓《しょうぎ》賦金《ふきん》の幾部《いくぶ》（一部）を以て充用していた（「貸し座敷引手茶屋及び娼妓賦金の幾部」について若干の説明を行うと――風俗警察の取締対象である宿屋・料理屋・飲食店・貸席・待合い・芸妓・娼婦・酌婦・女給・周旋人などの取締りは庁府県においてそれぞれ命令を定め、おおむね警察署長に許可権を与えて強力な規制取締りを行なっていた。集娼妓制度を是認する建前を前提とした賦金（負担金といえる）にはかなりの警察サイドの自由裁量があり裏金的会計処理がなされていたが、その後、歳入・歳出の双方に項目として掲げる処理であるところの歳入歳出総計の原則（両建ての処理）になったといえる）。しかし、その後、明治二一年閣令第一二号を以てその賦金は地方税雑収入に編入するとともに、機密費は警察費中の一科目として地方費中より支弁することとした。爾来警察費中には必ず機密費の一項目が各府県共設けられ昭和七年の警察庁の二〇万円を最高に全国総額六八万三八九五円の多額になっている。

現行の警察法下には、この機密費に該当する予算はみあたらないが、現実にはどのようになっているのであろうか。

2　戦後の旧警察法における自治体警察の費用について

自治体警察の経費負担については、国会の地方財政委員会では地方自治の財政確立を図ると共に、主として地方公共団体の利害に関する事務をおこなうために要する費用は、当該地方公共団体が全額負担するとの方針を定めた。

警察法附則八条によれば市町村警察に要する費用は、地方財政が確立される時まで国庫及び都道府県がこれを負担し、国家地方警察に要する費用についても、地方財政が確立するまでは国庫及び都道府県の負担とするとなっていた。

国庫と当該都道府県の警察費の負担については、地方財政確立の時まで従前の例によると規定されただけであり、また、市町村警察独立に伴う初度調弁（初年度調達支弁）の経費及び自治財政確立後における所要経費の確保に係る財政措置は定まっていなかった。

警察法施行後の昭和二三年七月七日地方財政制度改革案において一般財源の強化を図る地方税法等の改正がおこなわれた。

それによって拡充された財源のうち、警察消防制度の改正に伴う地方税所要額として、初年度八六億円を見込み、特に自治体警察については、入場税の移譲の趣旨がこの費用の財源のためとされ、また、市町村配付税については、配付額算出の上で自治体警察の費用が考慮されることになっていた。さらに自治体警察の初度調弁費に係る財源については、国庫補助金で半額を負担することとし、あわせて起債措置も行われた。

入場税は、本来地方税であったが戦争中戦費支弁の財源として国庫に入れていた税金である。それが、自治体警察の創設という大きな負担が地方側に生じたため、税源として地方税に移譲された。しかし、これら地方税の改正等一連の措置も、警察制度の改正のためのものだけでなく、教育、消防等の部分も含まれており、しかも当時の国の財政状況は、市町村のそれにおとらず窮乏していたため、到底全部の要求を公平に満足させるものでなかった。

やがて小さな市町村にまで一律に警察権を移譲したことは、運用の面で多くの障害があったばかりでなく、市町村財政にも大きな負担となった。

昭和二六年の警察法の一部改正で、町村は住民投票により自治体警察を任意に廃止することができることとなると、町村警察は続々廃止を決定、昭和二三年発足当初一、六〇五（うち町村一、三八六）を数えた自治体警察は、またたくまに四〇二（うち町村は一二七）に減少した。

昭和二九年六月の全面改正により、最後まで存置を希望した五大市も含め、市町村自治体警察は七年の短い歴史を終えた。そして、現在の都道府県警察へと移行した。

日本の国会史上未曾有の乱闘騒ぎをひきおこしたのは、この昭和二九年の警察法改正のときであった。

3　現行警察法下における財政制度

このように戦前・戦後とつみ重ねられてきた制度のあり方を抜本的に見直す段階にきているのではないか。現行警察法によって生まれた都道府県警察は、その費用は原則として都道府県が支弁すべきであるとされるが、それらの警察事務のうち国家的性格が強い事務に要する費用については、国庫が支弁することとされた。このほか、都道府県警察費のうち、警察職員の給与費、被服費その他職員の設置に伴い必要な経費以外の経費については、国がその一部を補助することとされた。しかし、具体的な負担額などの状態は先に見たとおりである。

戦前の連帯支弁制度の下でみられた各地方自治体の財政方針による特殊性は認めず、都道府県警察の警察力を質的水準の確保を目途として、都道府県の財政力の大小によって警察の財政が左右されない補助金の決

概念図　都道府県警察費補助内容集計表

管区	都道府県	警察本部費	警察施設費	一般活動費	装備費	刑事警察費	交通指導取締費	合計
↓	北海道 青森 山形 岩手 秋田 …… ……							
	計							＊1

注：＊1の金額が警察庁予算構成費目の都道府県警察費補助合計と等しくなる。

定というしくみができあがっている。

警察費の負担区分の制度はすでに五〇年を経過し、近時における地方警察費（都道府県警察予算）の増大、それにたいする情報不開示やら地方議会の予算・決算における警察費にたいするチェック不足（決算審査の時間などからも）の感はいなめない。

三　まとめに代えて――警察予算のチェックのために

抜本的改造の問題はさておき、現在の警察を予算の面からみて、いかにチェックすべきであろうか。

国の警察予算が適切に執行されているかについては、現行制度上、会計検査院がその役割を果たす建前になっているが、現実の機能は公安委員会と同様で、本来ならそこでチェックすることになっていると主張することによって、新たな制度的な試みを排除する役割を担っているように見える点は遺憾というほかない。

もし、会計検査院がその本来の機能を果たすためには、アメリカのG

ＯＡシステムのような体制を整えるべきであると考えられる（人的な充実、独立した事務局、税理士、弁護士等の専門的知識を持った人の参加が不可欠である）。

また、たとえば、現在の予算費目の中で「装備・通信・施設費」は少なくない額であるが、そのそれぞれの金額が適正であるか等については、不透明な要素が多いだけに判断しづらい点がある。とくに、警察官僚の天下りとの関係もあるが、警察関係の特殊公益法人も射程に入れて、その財務諸表、設立趣意書、活動報告等をも含めて検討しなければ、その正確な姿は掴めないと思われる。

財務面からの警察コントロールのためには、現在の国と自治体を通した全体としての警察活動の実態をつかむ必要があり、そのために、警察費における都道府県警察費補助を、連結予算書、連結決算書として情報開示すべきである（概念図を参考のために掲げる）。更に警察庁・各都道府県警察の調達する諸経費の受注先と契約額を各警察とも上位五〇社ぐらいはリストアップし、透明度を増す必要があると考える。

国会・地方議会での警察関係諸費の審議が実質化するためにも、国家公安委員会・各自治体の監査委員会は、警察費に関する事項を国・自治体を含めて見通せるような資料を作成して提供する必要があるのではないか。自ら行うことができないのであれば、事務局を充実させて、そこに税理士・弁護士、またはＮＰＯを参加させることで対処すべきではないかと思う。

税理士は従来歳入との関係での業務、税を負担するタックスペイヤーとの関係で業務を行ってきたわけであるが、今後はその専門知識を活用して、各種社会システムの監査に際しても活動をすべきであると考え、まだ研究途中ではあるがあえてペンを取った次第である。

12　警察ウォッチャーとしての報道機関の役割

藤川忠宏
日本経済新聞社論説委員

一　はじめに

警察の活動を監視する報道機関(1)の役割に、かつてなく期待が高まっている。

一九九九年秋から二〇〇〇年春にかけ全国で次々と明るみに出た、いわゆる「警察不祥事」をめぐって、新聞、テレビ、週刊誌、月刊誌などのマスメディアは隠れた事実を発掘し、関係者の責任を追及し、改革を求める報道・評論活動を展開した。このキャンペーンは、大きな反響を呼び、各報道機関には市民からの意見や情報だけでなく、警察内部からも少なからぬ情報が寄せられた。その結果、政府は、現行警察法が制定されて以来初めての大掛かりな警察改革に取り組まざるを得なくなった。

だが、このキャンペーンは警察内部の不祥事という、いわば「敵の失策」に助けられた面がある。不祥事を引き起こし、もみ消したという負い目があればこそ、警察は渋々ながら事実関係や責任を認め、国民に謝罪した。キャンペーンが盛り上がると、むしろ警察が自ら事実を明らかにし、ささいな事案でも関係者を処分して、社会的な批判を最小限にとどめようという行動に出た。

警察取材の経験のある新聞記者なら分かるように、このような好機はそうたびたび訪れるものではない。警察の不祥事についての情報提供があっても、ウラを取れなかったり、情報そのものが事実でなかったり、といった苦い経験をこれまで何度も味わってきた。新聞記者自身の関心も、警察内部の不正より、警察が捜査する犯罪に向いてきた。

警察を常時見張る「ウォッチャー」[2]としての報道機関の役割に国民の期待が高まっているいまこそ、警察不祥事報道の意味するものは何であったかを検証し、警察の活動と組織をいかに監視し、国民の「知る権利」にこたえてゆくかを検討すべきであると考える。

そこでまず、一連の警察不祥事でマスメディアがどのような役割をはたしたか、を明らかにする（「二　警察不祥事と報道機関」）。次に警察の主要な職務の一つである犯罪捜査活動に対するマスメディアの監視機能を論ずる（「三　事件捜査への監視」）。警察組織の中で最も秘密性が高いのは、警備公安部門である。そこで、その取材・報道の実情について考える（「四　警備公安備活動への監視」）。さらに組織としての警察に対するマスメディアの監視機能を検討する（「五　組織運営への監視」）。警察活動への監視を事件捜査、警備公安活動と組織運営とに分けて論ずるのは、一方が警察と国民という外部的関係であるのに対し、他方が警察組織の管理という内部的関係であるからである。最後に「警察ウォッチャー」としての報道機関の機能を高める提言を行った。

多くの新聞記者は、まず「サツ回り」と呼ばれる所轄署担当から記者人生のスタートを切る。人によって濃淡に差はあるにせよ、新聞記者には警察への思い入れがある。この拙文も、かつて世話になったデカ（刑事）さんたちへ「せめて見せてェ一本刀土俵入り」のつもりで書いた。

二　警察不祥事と報道機関

(1)　制度疲労としての警察不祥事

一九九九年秋から二〇〇〇年春にかけ、警察に対する国民の不満が噴き出した。

初めは、警察内部の不正をもみ消したり、市民の深刻な訴えを真剣に取り上げず重大な事件に発展することを放置したといった、これまでもしばしば見られた組織運営上の不適切な行為や捜査上の判断ミスに対する批判にすぎなかった。

だがもみ消し工作に警察組織のトップが深く関与していたこと、公安委員会が警察の管理機能を果たしていないこと、職務怠慢は現場警察官だけでなくトップにまで広がる警察組織全体の「腰の重い体質」の現れであることなどが明らかになるにつれて、国民の批判は現在の警察制度そのものに向けられた。警察の隠蔽体質や公安委員会制度の形骸化、キャリア・システムの弊害などが指摘され、「警察危機」という見出しが新聞紙面を飾った。

一九五四年（昭和二九年）の警察法全面改正で、警察機構が国家地方警察と市町村警察の二本立てから都道府県単位の自治体警察に一本化され、国の警察機関による都道府県警察への一定の関与が認められるようになってから半世紀近く、警察制度の根本的な見直しは見送られてきた。それは戦後の混乱期を除いて、日本社会の治安が先進諸国の中では際立って良好だったこと、北東アジア地域に二つの分裂国家が存在した冷戦体制の下で、国家として効率的な治安機構を必要としたことに由来する。そのような「成功体験」と厳しい国際情勢が、冷戦崩壊後の治安状況への警察の対応を鈍らせ、制度改革の遅れをもたらした。一連の警察不祥事は、政治・社会構造や市民意識の急激な変化に適応できなくなった警察組織の制度疲労といえる。

オウム教団事件では、「宗教団体がテロ活動を行うはずがない」という警察の冷戦型固定観念が厳しく批判された。今回の警察不祥事では、警備公安警察が主流をなしてきた戦後警察の秘匿体質や、警備公安警察へのリソース（人員・資金）の傾斜配分がもたらした市民警察活動のゆがみが問われている。

国民の厳しい批判にさらされた政府は二〇〇〇年三月に、遅ればせながら外部の有識者六人で構成する警察刷新会議を発足させ、警察の改革に乗り出した。同年七月、警察刷新会議は苦情受付制度の創設、情報公開制度の導入、警察署評議会の設置、公安委員会の態勢強化など、「開かれた警察」を目指した緊急提言を行った。この提言が、戦後の警察制度の出発点となった「民主・中立・分権」という原則(3)をよみがえらせることができるか否かは、マスメディアがどれだけ適切な情報を国民に提供できるか、それを受けて国民がどのように行動するかに懸かっている。

(2)　不祥事報道の検証

警察内部の不正を暴き出し、一線警察官や幹部警察官の不適切な対応を指摘して、警察改革の大きな流れを作ったのは、各種メディアである。それぞれが競うように事実を掘り起こし、改革の必要性を訴えた。それを国民が支持するという図式ができあがった。

神奈川県警の不祥事報道に当たった毎日新聞横浜支局の大坪信剛記者は、『新聞協会報』九九年一〇月一二日号でこう書いている。

「『マスメディアが権力を常に監視しないと、いかなる非道が行われないとは限りません』／『警察のうそを見抜けないでどうするのか。真実を追及する新聞として頑張ってください』／毎日新聞横浜支局だけでも、読者や県民からの、このような激励や告発が相次いだ。」

警察刷新会議では、「神奈川県警事件」「新潟県警事件」「埼玉県桶川事件」「栃木県石橋事件」と呼ばれる四県警の不正や不適切な対応(4)を取り上げ、改革案を検討した。これらの事案に、現在の警察組織が抱えている病理現象が集中的に現れていると判断したからだ。このうち最も早く表面化し、元本部長らが犯人隠避罪で有罪判決を受けるといった前代未聞の刑事事件に発展した「神奈川県警事件」に例を取って、報道機関が不祥事をどのようにつかみ、警察との厳しいやり取りの中でどう報じてきたか、を検証してみたい(神奈川県警の不祥事発覚の経緯は別表の通りである)。

時事通信が「厚木署集団警ら隊で連続暴行。県警七人を処分」という速報を配信したのは、九九年九月二日午前一〇時三〇分だった。警ら隊の分隊長らが静岡県警や千葉県警に派遣された際、新人隊員に暴行を繰り返していたという内容だ。「隊員に手錠を掛けたり、短銃をみけんに突き付け威かくしていた」と生々しい事実が指摘されていた。

夕刊の締め切り時間を気にしながら確認を迫る新聞記者に、県警の監察官室長は処分の事実を認めたが、短銃や手錠の使用を否定。「訓戒書に記載がある」と食い下がる記者に、「それなら見せてくれ」とシラを切った。だがこの否定も二日間しか持たなかった。四日には警務部長が短銃威嚇・手錠の使用を認めざるをえなくなる。

翌三日午前、相模原南署の巡査長が証拠品を無断で持ち出し、懲戒免職になっていたことをまた時事通信が報じた。県警は「自己都合の退職」であり、持ち出した証拠品は「メモ帳」と発表した。記者の追及を受け、午後になってようやく「懲戒免職」が真相であり、証拠品は「ネガフィルム」と訂正した。

五日、毎日新聞と神奈川新聞が朝刊で押収ネガを盗み出した巡査長が、女子大生にネガの買い取りや交際を強要していたと特報した。不祥事発覚後、初めて記者会見に応じた深山健男本部長は二時間に及ぶ激しいやり取りの中で、「(新聞報道の)通りです」と事実を認めたが、県警の説明が二転三転したことについて「言葉のあや」と弁明した。

二二日夜、こんどは共同通信が、外事課の警部補が覚せい剤を使用し諭旨免職になっており、事件処理に不自然なところがあると速報した。

一〇月三一日になって、時事通信が、県警の内部調査で外事課警部補から尿検査で覚せい剤反応が出ながらもみ消した事実が分かり、この行為は証拠隠滅に当たるとして立件する方針と報じた。事件は、当時の渡辺泉郎本部長の指示で神奈川県警が組織ぐるみ行った権力犯罪と判明し、渡辺元本部長ら九人が書類送検された。

もし時事通信のスクープがなければ、いまも神奈川県警の一部では、まるで旧陸軍の内務班のような新人いびりが続いていたであろう。時事通信と毎日、神奈川新聞が報じなければ、押収品盗みだし事件はヤミからヤミに葬られていたはずだ。共同通信が三年前の警察官の諭旨免職に疑問を挟まなければ、身内の犯罪を握りつぶすような警察の隠蔽体質が多くの国民の目に触れることはなかったろう。

これらの特報のきっかけとなったのは、市民や警察内部からの情報提供である。だがいくら情報提供を受けても、裏付け取材で確証が得られなければ、書くわけには行かない。

「われわれは警ら隊の集団暴行で短銃や手錠が使われていたことを内部資料でつかんだので、報道に踏み切った」。神奈川県警の不祥事報道の口火を切った時事通信の社会部長は、一連のスクープが内部からの情報提供と地道な取材の成果であることを認めている。時事通信社は、この「神奈川県警不祥事のスクープ」で二〇〇〇年度新聞協会賞を受賞した。

裏付け取材に走り回る記者に県警幹部は脅したり、取引を持ちかけたりして報道を断念するよう働きかけた。『新聞研究』九九年一二月号で、神奈川新聞の春名義弘報道部副部長は、同紙記者が県警幹部から「もう（押収品盗み出し事件の）被害者と加害者の間で示談が成立しているので、ウラは取れない。もし書けば誤報になる」と警告され、書かなければ見返りを提供することを暗に示唆された、と書いている。

［別表］神奈川県警の不祥事発覚の経緯（カッコ内は一報を報じた報道機関）

1999. 9. 2	厚木署集団警ら隊の集団暴行事件発覚（時事通信） 県警は短銃威嚇・手錠使用の事実否定
9. 3	相模原南署巡査長の押収品盗みだし事件発覚（時事通信） 県警は当初押収品はメモ類と発表したが、午後の会見で「ネガフィルム」に訂正
9. 4	警務部長会見 短銃威嚇・手錠を使用した暴行を認め、隊員の体毛に火を付けた事実があったと述べた
9. 5	押収ネガを盗み出した巡査長が女子大生に関係を迫っていたことが発覚（毎日新聞・神奈川新聞） 深山健男県警本部長が会見でこの事実を認めた
9. 9	深山本部長、警務部長、監察官室長ら減給処分
9.22	外事課警部補の覚せい剤使用疑惑発覚（共同通信）
10. 7	深山本部長引責辞任
10.31	警部補の覚せい剤使用もみ消し疑惑を犯人隠避容疑で立件へ(時事通信)
12.10	横浜地検が警部補覚せい剤使用もみ消し事件で渡辺泉郎元本部長ら5人を犯人隠避罪などで起訴
12.22	厚木署集団警ら隊暴行事件で横浜地裁が元巡査部長に懲役10月・執行猶予3年の有罪判決。同僚の元巡査長にも2000年1月11日に同1年6月・同3年の有罪判決
2000. 1.20	相模原南署の押収ネガ盗みだし事件で横浜地裁が元巡査長に懲役1年2月の実刑判決（確定）
5.29	覚せい剤使用もみ消し事件で横浜地裁が渡辺元本部長に懲役1年6月・執行猶予3年、残る4人に同1年・同3年の有罪判決（確定）

不祥事が表面化した後も、県警幹部は記者会見で事実と違う発表をし、それが虚偽であると判明すると、「用語法の誤り」「言葉のあやだった」との弁明を繰り返した。このような強弁とも言える記者会見の模様がテレビを通じそのまま家庭に流れ、国民の怒りを買った。

新聞記者はライバル意識が強い。一社が抜くと、後塵を拝することになる他社の記者はなるべくそのテーマを小さく扱おうとする。だが神奈川県警の不祥事報道を担った県警クラブの記者たちは、会見を拒んだり、真相をはぐらかしたりする県警に共同歩調をとって説明を求め、ニュース価値にふさわしい続報を書いた。一つの事実を抜かれた記者は、別の事実で抜き返すという形で、特ダネ競争が不祥事報道の好ましい原動力となった。閉鎖性が問題となっている記者クラブも、権力に対しマスメディア側が情報公開を迫る際の拠点となりうることを示した。

警察不祥事の報道では、マスメディアは警察を監視する役割を何とか果たし得た。だが、日常的な警察報道でも、このような監視機能を十分発揮しているとは必ずしも言えない。守秘義務の壁に加えて、警察と報道機関との「協調と対立」の関係が監視機能に微妙な影を落としているからである。警察と報道機関の「協調と対立」の関係が最も顕著に現れるのが、事件報道である。次項では、事件報道における警察と報道機関との関係を考えてみたい。

三　事件捜査への監視

(1)　「協調と対立」の関係

九四年に日本新聞協会が開いた新聞講座で、警察庁の篠原弘志刑事企画課長（当時）は「捜査と報道」という講演を行った。(5) その中で、篠原課長は、警察と報道機関との関係について、それぞれが違った見方をしていることを指摘した。

篠原課長によれば、警察側は両者の関係を「競争的共存」ととらえ、同じ方向を向いていると考えているのに対し、報道側は「正常な対立関係」ととらえ、両者は向き合っていると考えている、という。

この指摘は、警察幹部が報道機関との関係をどう考えているかを知る格好の材料を提供してくれる。警察は、報道機関も社会正義の実現という共通の目的達成のため、警察と同じ方向を向いているはずだと考えている。ところが報道機関は、社会正義の実現という共通の目的があることを認めながら、他方で強大な権限を行使する警察の活動を監視する姿勢で警察に接していることを示している。

警察と報道機関が「協調と対立」の関係にあることは、多く新聞記者が認めるところである。東京新聞・中日新聞論説委員の飯室勝彦氏は「報道機関と捜査当局の関係は、犯罪を追及し、社会を防衛するなど共通の目的、利害を有する半面、監視、チェックする側とされる側という対立的側面もある」と書いている(6)。

新聞記者は、隠れた事実を聞き出すために、取材先と腹を割って話し合える人間関係を作らなければならない。かつて外務省秘密漏えい事件の弁論で、伊達秋雄弁護士は新聞記者の取材活動をハスの花にたとえた。「報道というきれいな花を咲かせるには、取材という泥田の中の活動があることを理解する必要がある」。

警察取材は、新聞記者の取材活動の中でも最も泥臭く、人間臭い分野である。警察官と新聞記者という通り一遍の関係では、本当の特ダネは取れない。

報道機関の報道は「国民の『知る権利』に奉仕するものである」（最高裁大法廷昭和四四年一一月二六日決定）と位置付けられている。本当に国民の知る権利にこたえるには、泥水をすすっても、警察組織の奥深く食い込まなければならない。それでいながら、新聞記者の心の奥では、「警察に取り込まれてはならない」という抑制心理が働いている。「協調と対立」のバランスを維持してゆくことを新聞記者はつねに求められている。

(2)　事件報道の構造

警察の犯罪捜査活動を主な取材対象とする事件報道は、守秘義務（警察用語では、「保秘」という）との戦いでもある。犯罪捜査に携わる警察官は、二重の守秘義務が課されている。地方公務員法、国家公務員法に基づき公務員一般が負っている守秘義務と、刑事訴訟法一九六条で検察官、検察事務官、司法警察職員、弁護士に課されている被疑者その他の者の名誉を害さない注意義務の二つである。

捜査員が職務上知り得た秘密を漏らすことは公務員法違反に当たる恐れがあり、秘密を漏らすよう説得する新聞記者の行為は同法の秘密漏示そそのかし罪を構成する可能性がある。もっとも外務省秘密漏えい事件で最高裁は「それが真に報道の目的からでたものであり、その手段・方法が法秩序全体の精神に照らし相当なものとして社会観念上是認されるものである限りは、実質的に違法性を欠き正当な業務行為というべきである」（昭和五三年五月三一日決定）との判断を示しており、まともな取材活動なら罪に問われることはない。

守秘義務の壁をいかに乗り越えるのかが事件報道の第一歩である。だが警察活動への監視という観点からいうと、事件報道の問題点はむしろ警察情報に依存しすぎてチェック機能を十分果たしていないところにある。それは、①犯罪の検挙・予防という目的では警察も報道機関も共通する、②警察中心に取材活動が行われている、③報道機関は警察発表を伝える「客観報道主義」を取ってきた——という事件報道の構造に根差している。

起訴前の犯罪行為に関する報道（すなわち事件報道）は、法律で特別の保護が与えられている。刑法二三〇条の二第二項は、「公訴が提起されるに至っていない人の犯罪行為に関する事実は、公共の利害に関する事実とみなす。」と規定している。したがって報道の目的が専ら公益を図ることにあり（個人的な利益や私怨を晴らすために事件報道をするとは考えにくい）、真実であることが証明されるか、真実と誤信したことに相当の理由があれば、事件報道は名誉毀損罪で処罰されない。(7) この法理は、民事の不法行為の違法阻却理由にも準用されている。

刑法のこの規定は、事件報道が「犯罪捜査に端緒を与えて捜査に協力し、不当な捜査の懈怠や不起訴に対し一般の批判を喚起する公共性の強い行為だと法が認めたわけである」と説明されている。(8) 報道機関は犯罪捜査に協力する一方、その適正な遂行を監視する立場にあるのだが、「犯罪を憎む」という気持ちは捜査員も新聞記者も同じで、共通の目的を追求する仲間としてつい監視の目が甘くなりがちである。

さらに事件報道の有力な取材源が警察であることも、「協調」に働く要素だ。犯罪が起きれば、新聞記者も独自に地取り取材や周辺取材を行う。しかし警察のような強制力を背景とした捜査権限を持っているわけではないので、限界はある。何より被疑者の身柄が捜査当局によって拘束された後は、最も重要な情報源である被疑者に直接取材ができない。このため、事件のスジを報道しようとすると、警察の捜査結果を紹介するのが最も効率的でぶれの少ない方法となる。勢い、捜査員に食い込み、捜査内容をいち早くつかむことに取材の力点が置かれる。捜査情報に対し十分な検証方法を持たない現状では、得られた情報をそのまま報道しているのが現状である。

繰り返し弊害が叫ばれながら、いまだに事件報道に色濃く影を落としている「客観報道主義」も警察依存の事件報道に拍車を掛ける。例えば殺人事件が発生した場合、「私（記者）の調査では」という形で自らの取材結果を報道するのではなく、「○○署の調べでは」と警察の発表を書くのが事件報道の鉄則である。社会部記者になって、かならずたたき込まれるのは、「新聞記者がメジャー片手に火事場を走り回って焼失面積を測ってどうする。消防署の発表に従えばいい」という報道原則だ。報道機関は第三者（政治家であったり、官庁であったり、企業であったり、消費者団体であったりする）の発表や動向を知らせるのが役割であり、自らがニュースの「主語」になるべきでないという客観報道主義がいまだに根強い。警察の発表通り書いていれば、「真実として誤認するに相当なる理由があった」として、名誉棄損の損害賠償責任を免れるという実利もある。

このような事件報道の構造が、報道機関の事件捜査への監視機能を弱めてきたことは否定できない。

(3) 事件報道の新しい動き

警察依存の事件報道から脱皮する必要があるという意識は、報道機関の間でも強くなってきており、新しい試みが生まれている。

警察依存の事件報道から抜け出す試みとして、特筆すべきなのは、西日本新聞が九二年一二月から始めた「容疑者の言い分掲載」の報道活動である。容疑者が捜査当局に逮捕・勾留されると、報道機関は最も重要な関係者から直接取材ができなくなる。このため警察の発表に基づく一方的な情報が流される危険性が高い。

福岡市に本社のある西日本新聞は、福岡県弁護士会が当番弁護士として被疑者への接見活動を始めたのを活用して、事件報道の際当番弁護士を通じて得た被疑者の言い分を掲載するようになった。このような被疑者の言い分の掲載は、一時捜査当局の反発を招いた。だが、「捜査当局との緊張関係が取材力を鍛え、将来的には検察・警察にも、より適正な捜査をうながすのでは、と期待している」と西日本新聞社の寺崎一雄編集局次長兼編集企画委員長は書いている。[9]西日本新聞社は、この「事件報道の改革『福岡の実験』」で九三年度の新聞協会賞を受賞した。

「客観報道主義」からの脱皮に先べんを付けたのは、週刊誌である。もともと週刊誌は新聞、テレビが報じたニュースを二次加工して読ませるという編集方針を取っているが、それに新境地を開いたのが、週刊文春の「疑惑の銃弾」（ロス疑惑）、「トリカブト殺人事件」などの調査報道である。週刊誌という媒体の特性を生かし、時間を掛けてち密な取材を積み上げ、「疑惑」という形で事件をあぶり出した功績は大きい。

新聞記者出身のフリージャーナリスト、上前淳一郎氏は「どこに責任の尻を持っていこうとするのでなく、記者と新聞社の責任においてのみ書かれた記事を、私たちは読みたい」と訴えた。[10]新聞やテレビなどでも、調査報道の手法を取り入れる事件報道が増えてきた。

四　警備公安活動への監視

(1)　共産党幹部宅盗聴事件の衝撃

八六年発覚した共産党幹部宅盗聴事件は、警察の警備公安活動の深い闇に一瞬の光を当てた。警察がいまも、日本共産党や過激派組織などに対し、電話の盗聴などの非合法な調査活動を行っていることを窺わせる事件であった。

戦後の混乱期に、共産党が軍事路線を取り、各地で破壊活動を行った際、警察は盗聴、事務所・居宅への侵入、文書の盗み見、内部協力者の獲得、スパイの送り込みといった非合法な諜報工作を実施したといわれる。しかし同党が議会活動に重点を置く合法政党に脱皮した後も、警察が基本的人権を侵害するような情報収集活動を続けていたことに社会は大きな衝撃を受けた。

警察は公式には「事件に関与していない」との姿勢を取り続けた。この事件の責任を取る形で神奈川県警本部長や警察庁警備局長が辞任したが、当時の警察庁長官は国会で「引責処分ではない」との答弁を繰り返した。

しかし共産党幹部からの告訴を受けた東京地検特捜部の調べで、神奈川県警警備部公安一課の現職警察官数人がかかわっていたことが明らかになっている。東京地検は、このうち盗聴を実行しようとした二人の警察官を電気通信事業法違反（盗聴未遂罪）で起訴猶予処分とすることで事件の決着を図った。当時の検事総長だった伊藤栄樹氏は回想録『秋霜烈日』の中で、検察と警察が取引をして事件にふたをしたことを暴露している。

共産党幹部宅盗聴事件で明るみに出たのは、警察が電話盗聴といった非合法調査活動を続けていたという事実だけではない。このような非合法活動を行う「作業班」と呼ばれる秘密組織が、警察内に存在し、各県警の頭越しに警察庁の直接指示で諜報工作を展開していることが浮き彫りになった。

「検察は、神奈川県警の警官は単なる末端の歯車に過ぎず、別に工作を指令した中枢があった、と推定している。東京・中野にある警察庁の分室が、その中枢だと考える向きが多い。」二人の警察官の起訴猶予処分が決まった日の夕刊で、朝日新聞の伊波新之助編集委員はそう指摘している。(11)

後述するように、警察の警備公安活動の内幕を描いた書籍が相次いで出版され、その実態が国民に知られるようになってきた。(12)

それによると、都道府県警の警備公安部門から選抜された警察官が、東京・中野の警察大学校で特別の教育訓練を受け、警察庁の指令で秘密の諜報活動に従事していた。これらの特殊工作部隊は、警察大学校の古い寮の名前を取って「サクラ」というコード名で呼ばれ、警察庁警備局公安一課（現警備企画課）の「裏理事官」（公表されている警察庁の職員名簿に名前が載らないのでそう呼ばれる）が直接指揮を執る仕組みになっていた。共産党幹部宅盗聴事件後、「サクラ」は、「チヨダ」に名称を変え、本部も霞が関に移った、という。(13)

自治体警察という戦後警察の基本的な枠組みを無視し、かつ「不偏不党且つ公平中正」「個人の権利及び自由への干渉の禁止」という警察法の精神を踏みにじるような、警察庁直属の秘密警察部隊が存在することを共産党幹部盗聴事件は暗示している。

(2) ブラックボックスの警備公安活動

このような秘密警察組織の存在が、長らく国民の目にさらされてこなかったのは、警備公安警察の活動が厚い保秘のベールに覆われていたからだ。

犯罪捜査を担当する刑事警察でも、情報管理は行われる。しかしそれは、情報が事前に漏れることによって捜査に支障が出たり、被疑者や被害者など関係者の名誉やプライバシーが不当に侵害されることを防ぐために実施されるものだ。公判段階になれば、公開の法廷で明らかにされることが多く、情報管理も捜査進行中に限りという時限的なものである。

刑事警察の活動は、まず犯罪が発生したことが前提となる。犯罪捜査の必要のために関係者の聞き込みや、犯行現場周辺の地取り捜査が行われる。被害者の写真を見せながら目撃証人探しをすることもまれではないから、とても情報を隠しきれるものではない。犯罪捜査には市民の協力が不可欠で、マスメディアに情報を公開し、社会の関心を高めることは、円滑に捜査を進める重要な要素となる。「優秀な捜査指揮官は、優秀なコミュニケーター」というのが、警察内部の評価である。

さらに無令状の電話傍受のような人権を侵害する捜査方法を取った場合、公判で違法収集証拠として排除されるという制裁を受ける。したがって活動の内容や性格からしても、刑事警察の保秘のベールはそれほど厚くない。

これに対し、警備公安警察は、活動の実態はもちろん、組織の全容も、担当者の氏名・階級も、幹部クラスを除いてはほとんど明らかにされていない。

もともと警備公安警察は、「公共の安全と秩序の維持に当たる」（警察法二条一項）という責務を果たすために必要と判断すれば、情報収集活動や動向監視活動を行うことになっている。だがなにが公共の安全と秩序の維持にとって必要か、という判断は、警察法で一義的に明らかなわけではなく、警察の裁量に任されている。

警備公安活動を担当する警察庁の警備局の所掌事務について、警察法二四条は、①警備警察に関すること（一号）、②警衛に関すること（二号）、③第七一条の緊急事態に対処するための計画およびその実施に関すること（三号）と定めている。一号は、皇室の警護、三号は大災害や騒乱などの緊急事態についての規定であり、専ら一号の「警備警察」を根拠として日常の警備公安警察活動が行われている。

この「警備警察」とは何かが、かつて国会で議論されたことがある。時の警察庁長官は「読んで字のごとくであります」という有名な答弁をした。そのようなことを公開された国会のような場で説明するわけにはいかない、という考えからであろう。

警察庁長官官房編の『警察法解説（新版）』は、次のように説明している(14)。

①国の公安・利益に係る犯罪や社会運動に伴う犯罪に対する取り締まりと情報収集、②このような犯罪や災害に対し部隊の運用を伴う警察活動、③その人物に危害が及べば、国の公安が害されるような者を身辺警護する警察行政。

一応犯罪の取り締まり及びそのための情報収集とされているが、その犯罪の種類が「国の公安・利益に係る犯罪」「社会運動に伴う犯罪」となっているため、「警備警察」は政治的色彩を帯びざるを得ず、社会運動を取り締まり対象としてとらえることになる。

本来政治性を持たざるを得ない警備公安活動こそ、国民各層の代表である公安委員会がしっかり監視の目を向けるべきであろうが、公安委員会は大綱方針を示すだけで、個別的な問題には介入しないのが、警察法で定められた役割とされている。[15] このため共産党を監視対象団体から外そうという議論が公安委員会であったと聞いた試しがない。

警備公安警察の活動は、犯罪の取り締まりというより情報収集に力点が置かれている。犯罪捜査と違って、情報収集活動は事後的に法廷で手続きの適法性が審査されることもなく、何を対象としてどのような工作を行ったかはヤミからヤミに葬られる。

さらに情報収集や監視の対象となる団体も秘密性の高い組織で、一般市民から情報提供を求めるといった情報収集手法も効果が乏しい。警察にとって、マスメディアに情報を提供するメリットが少ないだけでなく、逆にマスメディアで公安情報が流れれば、相手方に手の内を知られるという警戒心が強い。このため警備公安警察は、内部から情報が出てこないブラックボックスになっている。

(3)「毒まんじゅう」もある公安情報

このような警備公安警察の取材は、公式発表がほとんどないことが特徴だ。例えば、警視庁では公安部幹部が毎日担当記者と定期的に懇談をしているが、そこで記事になるような話が出ることはほとんどない。公安部担当記者の主戦場は、「夜討ち・朝駆け」ということになる。

夜回りでひそかに教えられる情報も、ときどき「毒入りまんじゅう」であることがある。マスメディアを使って、対象に打撃を与える効果を狙い情報を漏らすことがあるからだ。

警備公安警察の夜回り情報に基づく記事がいかに危険かを、朝日新聞東京本社の松本正社会部長代理は『新聞研究』九六年三月号で紹介している。

問題となったのは、八八年に朝鮮民主主義人民共和国（北朝鮮）の工作員と接触した疑いを持たれ、神奈川県警に逮捕された女性をめぐる報道である。公式発表はほとんどなく、夜回り情報をもとに、「乱数表発見」「よど号犯人と連絡か」といった記事を書いたが、結局、逮捕容疑については不起訴となり、スパイ事件としては立件されなかった。このため、報道各社は「一審で次々と敗訴し、ほとんどの社が『おわび』記事を掲載して和解した。」という。(16)

警備公安警察は、自らの活動を、憲法秩序を破壊する反体制勢力との「戦い」と見ており、マスメディアの利用も反体制勢力との「情報戦」の一部と位置づけている。

最近、厚い保秘のベールに包まれた警備公安警察の実態を明らかにしようという動きが出てきた。九五年三月に起きた警察庁長官狙撃事件をめぐる警察内部の暗闘を描いた『警察が狙撃された日』（三一書房）と『日本の公安警察』（講談社現代新書）である。これまでも警察の内幕を暴いた警察ＯＢの暴露本は出版されているが、細かな事実を積み上げ警備公安警察の実態を白日の下にさらした意味は大きい。警察にとってこの種の本の出現がいかに衝撃であったかは、三一書房の所轄署である警視庁本富士署長名で銀行に対し、同社の銀行取引について刑事訴訟法に基づく照会手続きが取られたことでも分かる。(17)

秘密作業チームである「サクラ」の存在を含めて、多くの公安担当記者は、警備公安警察の活動の概要をつかんでいる。問題は、裏が取れないことだ。公安部の幹部とある程度親しくなれば、うわさ話として警備公安警察の裏組織や非公然活動の一端について話してくれる。だが、それを記事にした場合、公式には否定する。名誉棄損の刑事・民事責任を逃れるために取材源を明らかにするわけにもいかない。「国民の知る権利」にこたえるという報道機関の責務を考えると、警察不祥事報道で見られたように、新聞、テレビ、雑誌など多くのメディアが足並みをそろえ、警備公安警察の実態に迫ってゆくべき時期に来ている。

五　組織運営への監視

(1)　警察組織の特殊性

警察は、制服警察官、一般職員合わせて全国で二六万人を超える巨大組織である。警察法は、これを国家公安委員会とその「管理」下にある警察庁と、都道府県公安委員会とその「管理」下にある都道府県警察本部という二重構造の組織として構築した。

合議制の独立行政委員会である公安委員会を警察行政の最高行政機関としたのは、「警察行政の民主的運営の保障と政治権力からの中立性の確保のため」とされている(18)。

国家公安委員会による警察庁の管理は、「国家公安委員会が警察行政の大綱方針を定め、警察行政の運営がその大綱方針に則して行われるよう警察庁や警察本部に対して事前事後の監督をおこなうこと」と考えられてきた(19)。

一般行政機関と比べ、警察組織の特徴は、いわば警察活動に素人の公安委員会が、警察行政の大筋を示し、これにしたがって警察活動を行うよう監督する仕組みを取っている点である。最高行政機関が素人の合議体であり、指揮監督方式が大綱を示しそれに従わせるという形なので、警察事務の執行機関である警察庁の発言力は大きくなる。警察不祥事で公安委員会が十分警察庁に対する管理機能を果たしていないとの批判を浴びたのも、このような組織構造を取っていることに起因する。

警察組織のもう一つの特徴は、階級組織ということである。警察官は、巡査から警視総監まで九つの階級に分かれ、「上官の指揮監督を受け、警察の事務を執行する。」（警察法六三条）とされている。国家公務員や地方公務員も、「上司の職務上の命令に忠実に従わなければならない。」（国家公務員法九八条一項、地方公務員法三二条）と定められており、上司の指揮監督を受け、命令に従う組織法上の義務を負っている点では変わりはない。

しかし警察組織では、組織上の上司でなくても階級によって指揮命令関係が生ずる場合がある。例えば大事故の現場で、組織系列が異なる警察官が共同行動をとる場合、指揮を執るのは上位の階級者とされている。警察法が「上司」とせず、「上官」としてのはそのような理由からと解される。

しかも警察組織の最高幹部となるのは、国家公務員一種試験に合格したキャリア組と呼ばれる特権官僚である。わずか五四〇人のキャリア警察官が全国二六万人の警察組織を動かしている。このような階級の重みが、内部の自由な討論を封殺する組織風土を生み、キャリア組と非キャリア組の身分格差がキャリア警察官のおごりと腐敗をもたらした。

(2) マネジメントへの関心の薄さ

警察組織の硬直化を指摘する声は以前からもあった。例えば福岡県警では、八四年に当時の中根三郎本部長の提唱で全員参加方式の「福岡県警ＱＣ（品質管理）運動」に取り組んだことがある。県下の三九警察署ごとにＱＣ推進本部を設け、署員一〇人程度でサークルを作って職場改善と署員の創造力を向上を図ろうとした。硬直した警察組織では、社会の変化に対応できないという危機意識が背景にあった。

もちろん警察がＱＣ運動に取り組むのは、全国初である。だがマスメディアの反応は冷たかった。まともに取り上げたのは、日本経済新聞とその姉妹紙の日経産業新聞ぐらいで、大半のメディアは「変わり者の本部長が経営学にかぶれて変なことを始めた」という反応であった。

たとえ警察組織であっても、それを効率的に運営するには、近代的なマネジメントの手法を取り入れるのは当然である。警察担当記者も、警察を一つの組織体と見て、組織運営の効率性や合規性、公正性、透明性の観点からチェックしてみることが必要だ。その意味では、企業を「ヒト・モノ・カネ」の観点から取材するミクロ経済記者の感覚が求められる。

残念なことに、多くの警察記者は犯罪捜査に関心があっても、警察の組織運営を経営学や行政学の視点から眺めるということに無頓着である。その典型が警察の不正経理問題である。

警察刷新会議の緊急提言は、「特に警察の予算執行については、新潟での公聴会等を通じ、国民の根深い不信感が明らかになった。予算執行についての情報開示は最大限に徹底されねばならない。」と厳しく指摘している。新潟市で開いた公聴会で、警察の不正経理問題に厳しい批判が出たからだ。

警察が不正経理によって裏金を捻出し、内部の飲食費や餞別などに充てている、という疑惑は、これまで警察官からの内部告発や警察ＯＢの出版物などでたびたび指摘されてきた。全国市民オンブズマン連絡会議は、警察刷新会議に実態を調べるための調査機関を設置するよう申し入れた。不正経理問題は、警察担当記者にとって避けて通れない取材テーマである。愛知県警総務部や警視庁赤坂署防犯課などの不正経理について精力的な報道活動を展開してきた朝日新聞の落合博美編集委員は「税金からの組織的な横領行為である不正経理こそ警察腐敗の核心部分であり、不祥事続出の土壌にもなっている」とまで言い切っている(20)。

これまで新聞、テレビなど担当記者を配置して常時警察を取材させている報道機関の反応が鈍かったのは、重要な取材源である警察幹部との関係を悪化させたくないという意識に加えて、裏付け取材が難しかったからだ。だが、不正経理について有力な取材方法が生まれつつある。まず予算執行について厳しい姿勢を示した警察刷新会議は、緊急提言に付属する情報公開のガイドラインで、「会計支出文書に関する開示の基準」を示し、個別の警察活動に支障を及ぼすおそれのない旅費や会議費（いわゆる食糧費）は原則開示の指針を示した。今後都道府県の情報公開条例の改正が進めば、情報公開制度を使って、警察の経理処理がつかめるようになる。

仙台地裁は二〇〇〇年四月、仙台市民オンブズマンが起こした情報公開訴訟で、知事が保管している県警の食糧費に関する文書について知事の不開示処分を取り消し、公開するよう命ずる判決を言い渡した。これにしたがって、宮城県警は、出張旅費や食糧費に関する文書を公開している。

警察不祥事が突発的な発作であるのに対し、不正経理は警察組織をむしばむがん細胞である。これにどれだけメスを入れられるかで、「警察ウォッチャー」としての報道機関の真価が問われる。

六　報道機関の監視機能を高めるために

警察活動を常時監視する「警察ウォッチャー」として、いまマスメディアは国民の「知る権利」に十分こたえているか、検討してきた。

事件報道では、被疑者の言い分も取材する西日本新聞の実験や、週刊誌の「疑惑報道」など新しい動きが出ていることを紹介した。警察情報に依存した事件報道では、多様な情報と多角的な視点を求める国民の期待にこたえられないと考えたからだ。

いま事件報道は転機にある。被疑者・被告人の権利を重視する立場から、匿名報道を求める声が一段と高くなっている。九九年一〇月に前橋市で開かれた日本弁護士連合会の人権擁護大会シンポジウムでは、改めて原則匿名報道の実現を目指す提言が採択された。

他方で少年事件を中心に、被害者や国民の知る権利にマスメディアはこたえていないという批判も強い。少年事件となると、警察の発表内容が具体性を欠くだけでなく、取材する側も手控え気味になるからだ。続発する凶悪な少年犯罪の対策を考えるには、個々の事件の具体的な事情を知ることが不可欠である。さもないと過度な応報感情や恐怖心にかられ、揣摩憶測に基づき見当違いの対策を取ることになりかねない。

事件報道は、少年事件に見られるように、独自取材によって警察情報を補い、あるいは批判的に取り上げる方向を強めざるを得ないであろう。それが警察の事件捜査に対する監視を強めることになる。

警備公安活動の報道では、国民から不可視な部分をどれだけ少なくしてゆくか、が大きな課題となる。警察刷新会議の隠れた争点は、警備公安部門の縮小であった。緊急提言では「業務量の減少した分野の人員・予算等をシフトさせるべきである。」という抑えた表現にとどまった。肥大化した警備公安警察を費用便益分析といった視点から取材する必要があろう。

成田空港の警備に当たる新国際空港警備隊の定員は、一五〇〇人と山梨県警（一四七〇人）や福井県警（一五〇二人）に匹敵する人員を抱えている。年に何回かしか起こらない過激派のテロのために、いまだにこれだけの陣容を抱えておく必要があるのか。まさに危険発生の確率とそれに備える費用との分析を行って、国民に情報提供する責務が報道機関にはある。「狡兎死して走狗烹（に）らる」という言葉があるが、冷戦の終結で警備公安警察の役割は終わったという歴史認識をまず持つべきだ。

組織運営についての報道では、事件記者の発想転換が求められている。事件報道での「抜いた、抜かれた」は、警察担当記者の華である。警察不祥事報道で検証したように、特ダネ競争が、隠れた事実を引き出す原動力にもなっている。だが、警察を取材対象としている以上、そのマネジメントにもメスを入れるべきであろう。

二〇〇一年四月から、行政機関情報公開法が施行される。この法律では、警察庁も情報公開の対象機関とされている。これにならって、県警本部を情報公開条例の実施機関とする条例改正が進んでいる。各地の市民団体が起こした情報公開訴訟でも、警察の食料費の公開を認める判決も増えている。情報公開制度を活用し、警察の経理に迫る道が開けてきた。

情報公開を巡っては、各地で市民団体が活発な運動を展開している。市民団体と連携して警察の内部情報を入手し、組織運営の透明度を高める報道を展開する可能性が出てきた。

警察取材は、新聞記者の原点である。単なる「警察番記者」から「警察見張り番記者」へ警察担当記者もいま大きく変身を迫られている。

(1) この論文では、報道機関という表現と、マスメディアという表現が出てくる。報道機関という用語は、組織としての報道機関を指し、マスメディアはその報道機関が発行・放送する媒体を示す言葉として用いる。例えば「日本経済新聞社」という報道機関が、「日本経済新聞」というマスメディアを発行しているという具合だ。

(2) 米国では、特定の対象の動静を絶えず見張り、小さな変化の中に将来の展望を読み取ろうとする観察者を「○○ウォッチャー」と呼ぶ。例えば、米国の中央銀行である連邦準備理事会（ＦＲＢ）の観察者は「FRB watcher」と呼ばれる。ここでも「警察ウォッチャー」とは、そのような警察見張り番という意味で用いる。

(3) 一九四七年（昭和二二年）九月三日片山哲内閣総理大臣が警察制度改組計画を提示したのに対し、占領軍総司令部は一六日付けでマッカーサー書簡を出した。これは「わが警察法の基本方針を確定するものであった。」（田上穣治『警察法（新版）』有斐閣、一九八三年）と評価されている。このマッカーサー書簡には、中央から独立した地方警察の設置、民間人の公安委員会による民主的な運営などが盛り込まれていた。

(4) 「神奈川県警事件」：①厚木署集団警ら隊の集団暴行事件、②相模原南署巡査長の押収フィルム盗みだし事件、③外事課警部補覚せい剤使用事件――の三件の警察官の犯罪を同県警がもみ消したり、事実を隠した発表を繰り返し、覚せい剤事件のもみ消しを指示した渡辺泉郎元本部長ら五人が犯人隠避罪で有罪判決を受け、説明を二転三転させた深山健男本部長が引責辞任に追い込まれた。

「新潟県警事件」：新潟県柏崎市で長期間監禁されていた女性が保護された当日、特別監察に訪れた関東管区警察局長と新潟県警本部長が温泉旅館で宴席を開き、マージャンに興じていた。管区局長と県警本部長は引責辞任し、警察庁長官も処分を受けた。さらに県警幹部による交通違反のもみ消しも明らかになり、警察官や代議士秘書らが逮捕された。

「埼玉県桶川事件」：同県警桶川署が市内の女子大生からのストーカー被害の訴えに適切な対応を取らず、刺殺事件に発展し、事件後被害者の調書を改ざんしていたとして幹部署員ら三人が虚偽有印公文書作成罪などで起訴された。

「栃木県石橋事件」：同県警石橋署が少年グループに連れ回されている会社員の家族から捜査依頼が出されたのに、まともに取り合わずリンチ殺人事件に発展した。

（5）『新聞研究』九五年一月号。
（6）『捜査研究』五三七号（九六年七月号）。
（7）昭和四四年六月二五日最高裁大法廷判決。
（8）五十嵐清・田宮裕『名誉とプライバシー』（有斐閣）一〇三頁。
（9）『新聞研究』九三年一〇月号。
（10）上前淳一郎『支店長はなぜ死んだか』（文春文庫）七〇頁。
（11）朝日新聞一九八七年八月四日夕刊。
（12）谷川葉『警察が狙撃された日』（三一書房、一九九八年）、青木理『日本の公安警察』（講談社現代新書）など。
（13）青木、前掲書一三七―一三八頁。
（14）警察庁長官官房編『警察法解説（新版）』（東京法令出版、一九九五年）。
（15）警察刷新会議第七回会議議事要旨。
（16）『新聞研究』№五三六、三五―三六頁。
（17）産経新聞九八年三月二日夕刊、朝日新聞九八年七月一七日夕刊、読売新聞九八年七月一八日朝刊、浅野健一「実名報道主義者は公安警察を監視しているか」（『創』九八年五月号）。
（18）警察刷新会議第七回議事要旨。
（19）前掲議事要旨。
（20）朝日新聞二〇〇〇年五月三〇日付け朝刊。

警察オンブズマン　第Ⅲ部　参考資料

［参考資料1］

警察改革要綱
――「警察刷新に関する緊急提言」を受けて

平成一二年八月
国家公安委員会・警察庁

昨年来、警察をめぐる不祥事が続発し、国民の警察に対する信頼は大きく失墜した。

こうした状況を受け、国家公安委員会の求めにより警察刷新会議が発足した。三月下旬以降一一回に及ぶ会議が開催され、七月一三日、「警察刷新に関する緊急提言」が国家公安委員会に提出された。

治安の維持は、国家の存立と社会の発展の基盤であり、これを担う警察の改革を断行し、国民の信頼を回復することが喫緊の課題となっている。

国家公安委員会及び警察庁は、緊急提言を重く受け止め、国民からの厳しい批判を反省、教訓として、警察が当面取り組むべき施策を警察改革要綱として取りまとめ、この実現に全力を尽くしていく。

今後とも、新たな治安情勢に対応した警察改革に積極的に取り組んでいくこととする。

記

1　警察行政の透明性の確保と自浄機能の強化

(1)　情報公開の推進

○　施策を示す訓令、通達の公表
○　懲戒事案の発表基準の明確化
○　都道府県警察の情報公開に関する指導

(2)　警察職員の職務執行に対する苦情の適正な処理

○　文書による苦情申出制度の創設
○　苦情処理システムの構築

(3)　警察における厳正な監察の実施

○　警察庁、管区警察局及び都道府県警察における監察体制の整備（警察庁―監察官の増配置、管区警察局―総務監察部の設置、都道府県警察―首席監察官の格上げ等）
○　警察庁及び管区警察局による都道府県警察に対する監察の強化

(4)　公安委員会の管理機能の充実と活性化

○　警察の行う監察をチェックする機能の強化（具体的・個別的指示権、監察担当委員、監察調査官

等）

○　補佐体制の確立（国家公安委員補佐官室の新設等）

○　「管理」概念の明確化

○　公安委員の任期の制限

2　「国民のための警察」の確立

(1)　国民の要望・意見の把握と誠実な対応

○　警察安全相談（仮称）の充実（元警察職員の配置等体制の強化、相談業務に関する研修の実施、関係機関との連携の強化等）

○　告訴・告発への取組みの強化

○　職務執行における責任の明確化（窓口職員―名札の着用、制服警察官―識別章の着装、警察手帳の抜本的な形状変更等）

○　警察署協議会の設置

(2)　国民の身近な不安を解消するための警察活動の強化

○　空き交番の解消、駐在所の再評価及びパトロールの強化

○　犯罪や事故のないまちづくりの推進

○　ストーカー行為、児童虐待等新たな問題への対応及び少年犯罪対策の強化

○　民事介入暴力対策の強化

(3)　被害者対策の推進

○　犯罪被害給付制度の拡充

○　きめ細かな被害者支援の推進

(4)　実績評価の見直し

○　相談、被害者対策、保護等の業務に対する適切な評価

3　新たな時代の要請にこたえる警察の構築

(1)　暴力団犯罪その他の組織犯罪との対決

○　銃器・薬物、密入国、マネー・ローンダリング対策の強化

○　執行力強化に向けた組織づくり

○　専門的技術能力の向上のための訓練の充実

○　国際的協力強化のための枠組みの構築

○　内外の関係機関相互の協調体制構築による共同行動の推進

(2)　サイバー犯罪等ハイテク犯罪対策の抜本的な強化

○　警察庁及び管区警察局におけるサイバーフォースの設置を始めとする警察情報通信組織の改編

○　監視・緊急対処体制の整備強化

(3) 広域犯罪への的確な対応

○ 管区警察局広域調整部の新設（公安部の廃止）

○ 広域捜査支援システムの整備

(4) 安全かつ快適な交通の確保

○ 道路交通のＩＴ化、バリアフリー化の推進

○ 凶悪化する暴走族に対する対策の強化

○ 手続の簡素化による国民の負担軽減

4 警察活動を支える人的基盤の強化

(1) 精強な執行力の確保と一人一人の資質の向上

○ 教育の充実（昇任時教育期間の延長、「民事不介入」についての誤った認識の払拭等）

○ Ｉ種採用者等の人事管理の見直し

○ 職務執行の中核たる警部補の在り方の見直し

○ 優秀かつ多様な人材の確保と活用

○ 女性警察官の積極的採用

(2) 業務の合理化と地方警察官の計画的増員

○ 徹底した合理化による人員の配置、運用の見直し

○ 効率性の追求（ＩＴによる業務処理方法の抜本的見直し、捜査書類作成等の合理化による過重な負担の解消等）

○ 国民のための警察活動を強化するための地方警察官の計画的増員

(3) 活力を生む組織運営

○ 厳しい勤務に従事する警察職員の処遇改善

○ 表彰・報奨制度の充実

○ 能力・実績に応じた昇進・給与

別紙

警察法の一部改正に盛り込むべき事項の概要

1 苦情の適正な処理

都道府県公安委員会に、警察職員の職務執行についての文書による苦情申出があった場合の文書回答の義務付け

2 警察署協議会の設置

警察署長が地域住民から意見を聴くための警察署協議会の設置を可能とする規定の新設

3 公安委員会の機能強化と活性化

(1) 公安委員会の監察点検機能の強化

ア 公安委員会による具体的・個別的な監察の指示

イ 指名された監察担当委員による監察状況の機動的点検

ウ　イの事務を監察担当委員の命により監察調査官が補助する仕組みの新設

(2)　都道府県公安委員会に対する懲戒事由に係る事案の報告を警察本部長に義務付け

(3)　公安委員会委員の任期の制限

4　その他所要の改正

(1)　国の公安に係る事案についての警察運営に関する規定の整備

(2)　その他

【参考資料2】

警察刷新に関する緊急提言

警察刷新会議

平成一二年七月一三日

警察刷新会議構成員名簿

委員(座長)	氏家齊一郎	(社)日本民間放送連盟会長・日本テレビ放送網(株)代表取締役社長
委員(座長代理)	樋口廣太郎	アサヒビール(株)相談役名誉会長
委員	大森政輔	前内閣法制局長官・弁護士
委員	大宅映子	ジャーナリスト
委員	中坊公平	弁護士・整理回収機構顧問
顧問	後藤田正晴	元内閣官房長官・元副総理

はじめに

この刷新会議は、相次ぐ警察不祥事に対する国民の怒りと警察のあるべき姿へ立ち返ってほしいという願いを受けて、二度の公聴会をはじめ、国家公安委員の方々からの意見聴取、ホームページに寄せられた意見など多くの方々の意見を聞きながら、警察当局からの現状報告を受けて、平成一二年三月二三日より一一回にわたる討議を重ねてきた。

私たちは、警察がこれほどの国民の批判、不信感を受けるに至ったことを深く憂慮して、その原因はどこにあるのかを討議し、それを防ぐ方策はないかを考えてきた。

警察官による多くの職務関連犯罪の発生とその隠ぺいが行われた神奈川県警事件、特別監察に際しての遊興や関係者に対する処分の在り方などが批判された新潟県警事件、国民の切実な要望に誠実に対応しなかったため重大な結果を惹起した埼玉県桶川事件や栃木県石橋事件等々。これら一連の警察不祥事の原因や背景として、警察組織の秘密性・閉鎖性、無謬性へのこだわり、キャリアのおごり、第一線現場の規律の緩みや怠慢などいろいろなことが指摘されている。

私たちも、警察活動の詳細については、詳しい知識を持つ立場ではないが、市民の目線で、現場の第一線で警察活動に従事する警察官の苦労や心情にも配意しながら、警察の抱える問題点を討議してきた。短期間の限られた討議だったために、すべての問題が解明されたとはいえないが、私たちは、次のような観点で、緊急提言をまとめ、国家公安委員会に提言する。

第一に、この提言は、対症療法にとどまらず、構造的な問題点を究明し、苦情処理制度など新たな制度を新設するとともに、法改正を必要とする警察の刷新を内容とするものでなければならない。

第二に、目下の事態は深刻であり、一刻も早く処方箋を提言し、緊急に実行に移さなければならない。

第三に、前述のような事件がなぜ起きたのか、どうすれば防ぐことができたのかと関連させながら、具体的な提案をしていかなければならない。

第1　問題の所在と刷新の方向性

今日の警察の不祥事の問題点や原因を探り、解決の方向性と処方箋を考えるには、まず、我が国の警察の持つ問題点を解明しなければならない。

1　閉鎖性の危惧

① 犯罪捜査の秘匿性を強調するあまり、警察行政が閉鎖的になるとともに、本来公開すべき情報が公開されないおそれがある。

② 組織内部の過度の身内意識は許されないにもかかわらず、馴れ合いによって、監察が十分な機能を果たしていないとみられる。

③ 公安委員会は、警察行政の民主的運営を保障し、政治権力からの中立性を確保するため警察を管理する役割を担っているが、国民の良識の代表として警察の運営を管理する機能が十分には果たされていない。

2　国民の批判や意見を受けにくい体質

① 警察に個々の国民が直言することはたやすいことではないため、不適切な対応があった場合にも警察への批判が起こりにくく、また、それをチェックするシステムも十分ではない。

② 「民事不介入」についての誤った考え方を払拭しないまま、逆にこれを言い逃れにして、国民の要望・意見等を真剣に受け止め必要な捜査、保護等を行わない事例が目立つ。

③ 警察では組織的対応が強調されるあまり、職務執行に伴う警察職員個々の責任が問われず、「匿名性」に隠れて緊張感を欠く職務執行を生み出している。

④ 地域社会が著しい変容を遂げ、住民の身近な安全に関する要望・意見等も多様化しているにもかかわらず、警察はそれを敏感に受け止めていない。

3　時代の変化への対応能力の不足

① 警察のいわゆるキャリアには、現場経験を積む機会が十分に確保されておらず、また、一部には国家と国民に献身するとの高い志と責任感に欠ける者が見受けられる。

② 第一線の各級幹部にはその役割に応じた正確な知識と判断力、指導能力、旺盛な責任感が求められ、また、高い職務倫理や廉潔性が必要であるにもかかわらず、これらの者に対する教育訓練が質的にも量的にも不十分である。

③ 近年、一一〇番受理件数、交通事故件数等が急増しており、交番勤務員はこれらへの対応に追われている。このため、パトロールや巡回連絡等を十分に行えず、また、多数の空き交番が生じるなど、住民の身近な不安を解消する機能が低下しつつ

つある。

④　ハイテク犯罪やサイバーテロ、国際組織犯罪等専門的知識や技能が必要とされる事件に対応するための人材や体制が十分に確保されているとは言えない。さらに、ストーカー事案、家庭内暴力、児童虐待等の事象への取組み、被害者対策の充実も含めて従来の警察体制で対処することが困難な分野が生じている。

4　刷新の方向性

以上、警察が抱える問題を改めるために、次の処方策を提示する。

①　透明性の確保と適切な是正措置のための方策

○　国民の目に見える警察とするため情報公開の積極的な推進

○　警察職員の不適切な職務執行に対する苦情申出制度の創設

○　警察における監察の強化

○　公安委員会に期待されている警察への「管理」機能の見直し、管理能力の強化など、公安委員会の活性化

②　国民の要望や意見を鋭敏に把握し誠実な対応をする方策

○　現場警察官の中にある「民事不介入」に対する誤った考え方の払拭など、住民からの相談への的確な対応

○　個々の警察職員の責任感に裏付けられた職務の執行

○　地域住民の意見や批判に謙虚に耳を傾けるため警察署評議会（仮称）の設置

③　時代の変化に対応する柔軟で強力な警察活動基盤の整備方策

○　人事・教育制度の改革

○　組織の不断の見直し、徹底的な合理化と警察体制の強化

第2　情報公開で国民に開かれた警察を

警察行政の透明性を確保し、国民の信頼を回復するためには、警察は情報を秘匿しようとする体質を改め、情報公開に真剣に取り組むべきである。具体的には、別紙1「警察の保有する情報の公開に関するいくつかのガイドライン」のとおり、

○　警察庁の施策を示す訓令、通達は、不開示情

報を含まないものについては発出後速やかにホームページに掲載するなどの措置をとる。

○　情報公開法第五条第四号の対象として不開示とする情報は、この規定の趣旨にのっとり、手の内を知らせることなどにより、現在又は将来の犯罪の予防、鎮圧又は捜査に支障を及ぼすおそれがあるものなどに限定する。

○　犯罪捜査等の個別の警察活動に支障を及ぼすおそれがないと認められる旅費及び会議費に関する会計支出文書については、原則として開示する。

○　懲戒事案の発表について、その範囲及び内容を明確化する。

ことを明確化する。

ことをとすべきである。

警察庁は、今後、出来る限り早期に、このガイドラインの例を基に細目事項を定め、その情報の公開を進めていくよう要望する。特に警察の予算執行については、新潟での公聴会等を通じ、国民の根深い不信感が明らかになった。予算執行についての情報開示は最大限に徹底されねばならない。

また、警察庁は、情報公開条例上の実施機関となっていない都道府県警察に対しては、実施機関となる方向で検討を進めるよう、また、実施機関となった都道府県警察に対しては、警察庁と同様にガイドラインを策定するよう指導すべきである。

第3　苦情を言いやすい警察に

組織にとっては、末端組織で起こっている問題（苦情や不祥事など）がストレートに中枢に集まることが大切である。これにより、はじめて誤った職務執行や非能率な業務運営を把握することができる。苦情などを末端で処理してしまい、大切な問題点が中枢に集まってこない組織は健全ではない。

したがって、警察職員の職務執行についての国民からの苦情を誠実に受け付けることを制度化し、それを幹部の監督の下に適切に処理すること、また不適切な職務執行が明らかになった場合は監察制度によりこれを確実に是正していくことが大切である。

このため、警察・公安委員会に対する文書による苦情申出については、公安委員会に集約するシステムを確立し、その処理結果を文書で通知（回答）する制度を創設すべきである（別紙2参照）。なお、文書による苦情に限ることとしたのは、このような義務を課すには申出についての意思と内容の明確性が必要であることなどを考慮したものである。苦情申出の意思と内容が明確であるが文書によらないことに理由がある場合には、口頭での苦情申出であっても、警察署の窓口において警察職員が文書作成を援助するような制度の導入を検討すべきことは言うまでもない。

また、文書によらない苦情申出のほとんどは市民が日常に接している警察署になされるであろうが、このような苦情申出についても、警察本部長に集約の上適正に処理し、公安委員会に報告すべきである。警察本部にも、これを直接受け付ける窓口（苦情担当課）を置くとともに、苦情の処理状況を管理できる体制を整備すべきである。

これらにより、後述する困りごと相談（仮称）の充実強化、「民事不介入」についての誤った認識の払拭、職務執行における責任の明確化等の対策と併せて、国民の切実な要望に対し、誠実な対応をとることが期待できることとなる。

第4　警察における監察の強化を

監察、公安委員会及び苦情処理という相互に連関する三つの問題について討議した結果、別紙2「監察、公安委員会及び苦情処理の在り方」を取りまとめた。

警察職員の不祥事に関し厳正に処分を行い、不適切な業務運営を是正するためには、何よりも警察内部の自浄能力を高めることが先決である。このためには都道府県警察の監察担当官の増強はもとより、警察庁や管区警察局において体制の増強、管区警察局「監察部（仮称）」の設置などを図った上で、都道府県警察に対して監察を頻繁に実施するなど、国の関与を強めるべきである。国の関与強化の観点からは、都道府県警察の首席監察官を国家公安委員会の任命とするなど人事面で警察本部長からの相対的独立性を確保することも有益である。

これにより、警察本部と警察庁との二重の監察が強化されることとなる。

なお、第三者機関による外部監察制度の導入の適否についてであるが、警察の組織や業務に精通している者が当たらなければ実効ある監察とはなり得ないこと、職員の不祥事の調査は捜査活動と密接に関連する場合も少なくないことから警察以外の組織に行わせるのは適当でないこと、厳正な処分を行い業務運営上の問題点の解決を図るためには監察と人事の緊密な連携が不可欠であることなどから、いわゆる外部監察は必要ないものと考える。後述するように、公安委員会が第三者機関的に監察点検機能を十分に果たし得ることからも、このような結論に達したものである。

第5　公安委員会の活性化を

1　「管理」概念の明確化

公安委員会が形骸化しているのではないかとの国民の批判に関し、公安委員会の警察に対する「管理」（別紙3「警察法上の『管理』について」）がいかにあるべきかについて議論した。制度の本来の趣旨に立ち返って「管理」概念を明確化し、公安委員会の活性化につなげるべきである。このため、公安委員会が警察に対して所要の報告を求める場合には、警察は速やかにそれに応じるべきであること、必要に応じて公安委員会が改善の勧告等ができるということを何らかの形で法令上明確にする必要がある。

2　監察点検機能の強化

公安委員会は、警察本部長による監察が十分でないと認めるときはこれを是正すべきであり、第三者機関的な監察点検機能を果たすことが重要である。こうした考え方は、市民の代表として警察活動をチェックするという公安委員会の制度趣旨にも合致するものである。

具体的には、別紙2の2(1)のとおり、

○　都道府県公安委員会のイニシアティブにより、必要があると認める場合は、いかなる調査が更に行われるべきかを個別的、具体的に指示するようにする。

○　警察本部長がこれを誠実に処理しているかについて、公安委員会が公安委員のうち一名を監察管理委員（仮称）に指名して機動的に確認することができるようにする。

○　当該都道府県警察の職員、場合によっては、警察庁職員等を監察調査官（仮称）に任命の上、これに補助させて確認することができるようにする。

こととすべきである。

これにより、国による監察の強化と併せて、警察本部長から独立したチェックが二重に行われることになる。

なお、警察法上、公安委員会の指示に従わない警察本部長がいる場合には、公安委員会は懲戒・罷免勧告権という人事上の権限を行使して警察本部長の更迭を求めることができることとされている。こうした権限と監察管理委員（仮称）や監察調査官（仮称）のような新たな制度が有機的に運用されれば、公安委員会の監察点検機能は飛躍的に強化されるであろうと確信する。

3　管理能力の強化

公安委員会の審議機能の充実のためには、公安委員をより幅広い分野から選任することとし、高い識見に基づいて警察行政の在り方に深くかかわり、国民の視点に立った提言を行うことが必要である。

また、警察庁及び警察本部内に公安委員会事務担当室（課）を設置してスタッフを増強するとともに、執務室を整備するなど真に効果的な補佐体制を確立すべきである。

さらに、都道府県公安委員会については、法律上委員は非常勤とされているが、地方の実情によって、適任者の確保が可能であるかとの問題を考慮の上、常勤とすることができるようにすることが適当である。

第6　住民からの相談に的確な対応を

1　困りごと相談（仮称）の充実強化

日本の警察は伝統的に国民を保護する役割を期待されてきた。現在も全国に約一万五〇〇〇の交番・駐在所を擁し、二四時間体制で地域住民のために働き続ける警察は、何か困ったことがあるときの拠り所として国民から頼りにされている。こうした交番・駐在所や警察署に持ち込まれる多種多様な相談の中には、国民が警察に切実な気持ちで解決を求めている不安や不満が多数含まれており、鋭敏な触覚をもって警察がこれらを把握し、誠実に対応することは、国民からの信頼を確保していく上で不可欠と言えよう。

一方で、地域社会や家庭で本来解決されるべき問題が警察に持ち込まれる傾向が強まっていることも否定できず、この傾向を懸念する。警察本来の業務として取り組むべき切実な相談への対応を阻害するおそれがあるからである。従来、警察における相談業務は「困りごと相談」などと呼ばれてきたが、警察が対応する相談の範囲・限度について国民に多少なりとも具体的なイメージを持ってもらうような名称に変更することも一案ではないかと考える。警察はすべての相談について対応する権限と能力を持っている訳でないことはもちろんであり、他機関との連絡体制を確立し、所管責任を持つ別の機関がある場合には確実にこれに引き継ぐことが必要である。

相談を機敏に把握し、これに誠実に対応するためには、まず、空き交番をできるだけ解消するとともに、相談業務を担当する警察職員を増配置したり、経験豊かな元警察職員等を国民と警察の橋渡しをする非常勤の困りごと相談員（仮称）に任命するなどにより相談体制を強化すべきである。また、警察本部長や警察署長は、相談への対応、判断を担当者任せにせず、的確に内容を把握し、組織的な対応を図るべきである。

さらに、従来、業務の評価の重点を専ら事件の捜査、解決などに置いてきたが、相談業務や被害者保護などの業務についても、適切に評価すべきである。

2　「民事不介入」についての誤った認識の払拭と部内教育の充実

国民は、個人の権利と自由を保護し、社会の安全を守る警察の役割に大きな期待を寄せている。警察官は、悪を憎み、被害者とともに泣くという警察の原点にいま一度立ち返るべきである。警察職員には、「警察を頼る」という何気ない言葉が持つ重みをかみしめてほしい。

警察にとって、事前に犯罪を防止することは重要な責務の一つである。放置すれば刑事事件に発展するおそれがある場合には、必要な措置を講ずるのは当然である。このことを警察組織内に徹底させて「民事不介入」についての誤った認識を払拭させなければならない。また、相談に的確に対応し、さらに将来的に事件に発展するおそれはないかを誤りなく見通すには、経験と能力が求められる。このため、住民からの相談に当たる警察職員の力量を向上させるため、部内教育を充実させる必要がある。

また、告訴・告発について、様々な理由をつけてその受理を保留することが見受けられるが、国民の告訴・告発に関する権利を侵害しないよう留意すべきである。

第7　警察職員の責任の自覚を

社会の安全を支える警察活動には、なににも増して国民の信頼が欠かせない。警察職員は「国民の生命、身体及び財産の保護」という職務を改めて胸に刻み、安全を願う切実な期待にこたえていかなければならない。そのためには、一人ひとりが責任感を抱いて仕事に取り組む必要があり、この際、警察活動における「匿名性」はできるだけ排除し、職責への個々人の自覚を促す方策を取りたい。ここから生まれる緊張感は、住民の要望に鋭く反応する感覚も育てていくだろう。

しかし、一方で警察職員が取締りの妨害、捜査の牽制などの意図を持った集団や個人から攻撃や嫌がらせの対象になることについて配慮が必要である。

以上を踏まえ、窓口を担当する職員と、その責任者は、名札を着けるべきであり、また、日常的に住民と接する制服警察官は、職務執行に当たって著しい支障がある場合を除き、識別章を着けるべきである。また、交番勤務や防犯活動に携わる警察官が、地域住民に氏名や顔を覚えてもらうための名刺などを積極的に活用するとともに、警察官は警察手帳を示す際には、氏名や階級などが記載されたページを見せるよう徹底すべきである。

さらに、警察本部長及び警察署長は、任地の最高責任者であり、管内に根を下ろし、地域や部下職員との一体感を保つようにすべきである。そのためにも、在任期間が短期にならないよう配意すべきであり、また、特別の事情があるときは別として、家族ともども管内に生活の本拠を置くようにすべきである。

第8　住民の意見を警察行政に

警察は、犯罪予防、関係機関との連携、犯罪被害者支援方策等に関して、住民の生の声を十分に理解しなければならず、また、その活動は住民により支持、協力がなされねばならない。

そのため、概ね警察署ごとに、保護司会、弁護士会、自治体、学校、町内会、ＮＰＯ、女性団体、被害者団体等の関係者などの地域における有識者からなる警察署評議会（仮称）を設置し、警察と住民間で共通の問題意識を持ち、警察が住民の声に基づいて行動するような仕組みが確立されねばならない。

（注）　英国においては、一九八〇年代初頭以降、人種問題を背景として頻発した騒擾事件への反省から、少数民族や社会的弱者を含む地域住民の多様な声を直接吸い上げるため、「警察と地域の協議会（PCCG: Police/Community Consultative Group）」が設けられた。

第9　時代の変化に対応する警察を目指して

1　人事・教育制度の改革

警察の組織においては「人」こそが最大の資源である。優秀な人材を採用し、その能力を高めるとともに、信賞必罰により高い士気を保持することが大変に重要である。このような観点から、警察における人事や教育がいかにあるべきかについて討議した結果、別紙4「人事・教育制度の改革について」を取りまとめた。

まず、キャリア警察官に最も求めたいものは、霞が関にとどまらず都道府県警察の第一線現場も自らの働きの場であるという認識であり、「ノブレス・オブリージュ（高い地位には義務が伴う）」の考え方に基づく使命感の自覚である。

また、入庁後の約一〇年間は、将来必要とされる知識を習得し経験を積む上で大変に貴重な期間であるため、他省庁のI種採用者との処遇の均衡に配意しつつも、警視に昇任するまでの期間を現在の二倍程度に延ばすべきである。被疑者の取調べなどの捜査実務や住民と直接に接する交番での勤務経験などを充実させるとともに、海外留学の機会も与えるようにすべきである。

さらに、早期から能力主義に基づく人事運用を行うことで組織に公平感と緊張感を生み出す必要があり、警察本部長への一律登用の排除などの選別を適切に行うとともに、できるだけ早い段階から適切な教育を受けさせたうえいわゆる推薦者（都道府県警察採用の優秀な警察官で、当該都道府県警察の推薦に基づき警部等の階級で警察庁に中途採用されたもの）の警察本部長への登用などを積極的に進めるべきである。

一方、都道府県警察採用の警察官の人事・教育については、警察が精強な執行力を確保できるか否かは現場の中核である警部補の能力いかんにかかっていることから、その適切な教育、配置、運用を進めることが必要である。また、各級警察幹部の昇任時教育期間を延長すること、国民に奉仕するとの自覚の向上に努めること、専門能力を備えた者や女性警察官の積極的採用を図ることなどが重要であると考える。

2　組織の不断の見直し、徹底的な合理化と警察体制の強化

警察は、現在の定員を最大限に機能させるべく、職員の資質の向上、業務処理方法の見直し、装備資器材の近代化に加え、現場でない管理部門から第一線への人員の配置転換等を更に進めるなど、組織の不断の見直しと徹底的な合理化を推進すべきである。当面、防犯活動など国民の日常生活、地域に密着した警察活動や複雑、多様化する犯罪に立ち向かい、これを解決する警察活動に重点を置くべきであり、業務量の減少した分野の人員・予算等をシフトさせるべきである。

しかし、労働時間短縮の一方で増大する国民からの要望やその質的変化に対応するためには、もはや内部努力のみでは限界である。我が国の警察官一人当たりの負担人口は、全国平均で五五六人であるが、これは、欧米諸国の警察官の負担人口が概ね三〇〇〜四〇〇人であることと比較すると、著しく高いものになっている（我が国の警察官数は政令で定められている定員、欧米諸国の警察官数はＩＣＰＯ経由の資料による。）。政府は、犯罪等の危害から国民を守ることが国の最も基本的な責務であることを十分に認識した上で、警察がサイバーテロ（ハイテク犯罪）、国際組織犯罪、ストーカー事案、困りごと相談（仮称）への対応などの新たな時代の要請に的確にこたえ得るように、その体制を増強すべきである。また、大阪公聴会では「最近の交番は鍵がかかっていたり、戸は開いていても誰もいない場合が多い。これでは何のために交番があるのかわからず、反感がつのる。交番の活性化が必要。」と指摘されたところであり、住民から要望の強いパトロールの強化や空き交番の解消など、その機能が十分に発揮されるよう努めるべきである。このため、徹底的な合理化が進められることを前提に、国民のための警察活動を強化するため、当面、警察官一人当たりの負担人口が五〇〇人となる程度まで地方警察官の増員を行う必要がある。

米国のニューヨーク市では、治安の回復を公約のひとつに掲げたジュリアーニ市長が在任中に警察官の数を約一万人増員した。もちろん、増員効果だけによるものではないが、殺人、強盗、傷害、窃盗の件数は一九九三年から一九九七年の四年間でほぼ半分以下に激減した。このことは、「安全はただでは買えない」ことの具体例として示唆に富むものである。財政は、国家、地方とも非常に厳しい状況にあることは言うまでもないが、安全確保のための支出には特段の配慮が求められることを強調したい。

さらに、サイバーテロや国際組織犯罪などに的確に対応するためには、政府全体としての方針・政策の策定、警察の保有する人的・物的リソースや技術が最大限に機能するような組織の構築、リエゾン・オフィサーの拡充を始めとする外国治安機関との協力関係の強化、新たな法制度・仕組みの整備などを図ることも不可欠である。このほか、サイバーテロに対応するための官と民の協調をG８以外の国も含め国内外に広げていくことや通訳体制の整備が緊急の課題となっており、警察の仕組みの強化を特に求めたい。

終わりに（結びにかえて）

提言を終えるに当たって、以下の三つのことを指摘しておきたい。

第一に、一連の不祥事を見るつけ、国民に顔を向けず、組織の「上」ばかり見ている警察幹部が増えつつあるのではないかとの危惧を抱かずにはいられない。全警察職員は国家と国民に奉仕するとの原点に立ち戻ってほしい。困り苦しむ国民を助け、不安を抱く人々に安心を与えることこそ警察の真髄であり、また、警察職員の喜びの源泉でもあるはずである。雨の日も風の日も管内を徒歩でパトロールする「お巡りさん」の優しさと、悪に対峙していささかもひるむことのない「刑事」の強さこそ、国民が警察職員に求めるものであろう。そして、この両者を根っこで支えるものは、国民のために尽くすというひたむきな使命感にほかならないことを今こそ肝に銘じるべきである。

第二に、社会と市民生活の安全の確保は、国民と警察が責任を共有しながら自発的に協同してこそ初めて創出可能なものである。

私たちが提言の中で示した処方箋の中には、警察の人的、物的体制の強化のように国民の側の負担を伴うもの、警察署評議会（仮称）のように能動的に社会にかかわり責任を果たそうとする国民の存在を必要とするものなどが含まれている。

約五年前の阪神・淡路大震災の発生に際して、負傷した家族を振り切り、壊れた自分の家などを打ち捨てて直ちに職場に駆けつけた警察職員が、全国から集まったボランティアと手を携えて、傷つき又は助けを求める市民を救ったことは、私たちの記憶の中に鮮烈な感動を残した。あのときに国民と警察が共有した連帯感こそが今最も求められているものである。

この提言が契機となって、社会と市民生活の安全に国民が果たすべき責任についても議論が深められることを強く期待したい。

第三に、私たちはこの提言において警察が再び国民から信頼を回復するための基本的な処方箋を盛り込んだつもりであるが、こうして議論している間にも、時代の変化とそれに対応する国民の新たな意見、要望が現れており、警察は今後とも、これらを鋭敏に把握した上で、解決策を提示することを求められている。

ここで大切なことは、警察が受け身にならず、自ら改革案を提示できるだけの自発性と意欲を持ち続けることであろう。国民もまた、警察の信頼回復に向けた取組みを監視するとともに、必要な支援を行っていく必要がある。

一旦失われた信頼を回復するには、気の遠くなるような努力が必要とされるが、幹部が率先垂範して困難を克服し、私たちの示した提言に魂を入れるとともに、時代の要請にこたえる新たな改革案を国民の前に提示し、国民に愛され信頼される組織となるため最大限の努力をすることを強く要求する。

最後に、私たちは、今日もなお第一線現場で、多くの警察職員が、国民生活の安全のため、いろいろな困難を乗り越え、黙々と職務に精励していることを信じる。警察の刷新による国民の信頼の回復は、このような第一線現場における努力が一段と広まり、深まることによってはじめて、達成され得るものであることはいうまでもない。そのためには、警察職員が努力をすれば報われ、社会から感謝と尊敬を受け、誇りと使命感を持って仕事ができるような環境を実現させる必要があり、政府は、報償制度の充実その他の待遇改善にも努めるべきであろう。警察職員が誇りと使命感を持ち、一層国民に奉仕する意欲が湧き上がることにより、国民が安心して暮らせる安全な社会が実現されるのである。

別紙1

警察の保有する情報の公開に関するいくつかのガイドライン

第1　情報公開法に基づく開示請求を待たずに行う公表の基準

1　警察庁の施策を示す訓令及び通達の公表の基準

(1)　不開示情報を含まないものについては、情報公開法の施行前においても、発出後速やかにホームページに掲載する。

(2)　不開示情報を含むものについても、その訓令及び通達の名称及び概要をホームページに掲載するよう努める。

(3)　過去に発出したものについても、前記(1)及び(2)の基準に従い、順次ホームページに掲載する。

○　これにより、従来原則として公表しなかった訓令及び通達に、国民が自由にアクセスできることとなる。

2　所管法令に基づく処分の基準の具体的モデルの公表

警察庁が所管する法令に基づく処分に関し作成した審査基準、標準処理期間及び処分基準の具体的モデルについて、情報公開法の施行前においても、ホームページに掲載する。

○　これにより、従来公表しなかった処分の基準の具体的モデルに、国民が自由にアクセスできることとなる。

第2　情報公開法に基づく開示請求に対して行う開示の基準

1　情報公開法第五条第四号に関する開示の基準

情報公開法第五条第四号の対象として不開示とする情報は、この規定の趣旨にのっとり、手の内を知らせることなどにより、現在又は将来の犯罪の予防、鎮圧又は捜査に支障を及ぼすおそれがあるものなど

に限定する。したがって、この規定に該当しない
①　風俗営業の許認可
②　交通の規制、運転免許証の発給
③　災害警備
等のいわゆる行政警察活動に関する情報は、開示する。ただし、他の情報公開法に基づく不開示情報に該当する部分を除く。
○　これにより、いわゆる行政警察活動に関する情報については、原則として開示することとなる。

2　会計支出文書に関する開示の基準

(1)　旅費
犯罪捜査等の個別の警察活動に支障を及ぼすおそれがないと認められるものについては、開示する。ただし、情報公開法第五条第一号に規定する個人に関する情報等不開示情報に該当する部分を除く。

(2)　会議費（いわゆる食糧費）
犯罪捜査等の個別の警察活動に支障を及ぼすおそれがないと認められるものについては、開示する。ただし、情報公開法第五条第一号に規定する個人に関する情報等不開示情報に該当する部分を除く。
○　これにより、個別の警察活動に支障を及ぼすおそれがないと認められる旅費及び会議費に関する会計支出文書については、原則として開示することとなる。

◎　都道府県警察に対する指導
警察庁は、
(1)　都道府県の情報公開条例上の実施機関となっていない都道府県警察に対し、実施機関となる方向で検討を進めるよう直ちに指導する。
(2)　実施機関となった都道府県警察に対し、できる限り速やかに前記1及び2と同様の基準を策定するよう指導する。

第3　懲戒事案の発表の基準

1　懲戒免職事案については、事案の概要を発表する。
2　懲戒免職以外の懲戒事案等については、
(1)　職務執行に関連する行為（被疑者護送中における逃走事案等）は原則として事案の概要及び処分の内容を発表する。

(2) 私的な行為であっても重大なもの（飲酒運転に起因する交通事故等）は事案の概要及び処分の内容を発表する。

3 前記1及び2の基準に該当する場合であっても、性犯罪の被害者が事件を発表しないよう求めるときなど関係者の人権保護が必要なときは除く。

○ これにより、懲戒事案の発表について、その範囲及び内容が明確化することとなる。

別紙2

監察、公安委員会及び苦情処理の在り方

最近起きている一連の不祥事案の反省に立ち、警察における監察が自浄機能を果たすよう警察庁、管区警察局及び都道府県警察の監察体制を強化し、苦情処理や監察など組織の静脈を動脈と別個の指揮命令系統として確立するとともに、警察の監察を市民の代表である公安委員会がチェックする機能を抜本的に強化することが必要である。

1 警察における監察の強化

(1) 警察庁の監察部門の増強、管区警察局における「監察部（仮称）」の設置と体制の強化、都道府県警察の監察担当官の増強などを図る。

(2) 都道府県警察の首席監察官等に国家公安委員会の任命による者を充てる（国家公務員）ことにより監察部門を格上げするとともに、警察本部長からの人事的な相対的独立性を確保する。

(3) 警察庁、管区警察局による監察を頻繁に実施する。

(4) 都道府県警察における監察事案については、警察庁、管区警察局への報告を義務付ける。

(5) 上記一連の措置により、警察本部と警察庁との二重の監察が可能となるよう図る。

2 公安委員会による点検機能の強化

(1) 監察点検機能の強化

① 警察に対する具体的・個別的な監察指示権の付与により、客観的かつ厳正な監察の実施を確保する。

② 公安委員会が必要あると認めるときは、公安委員のうち一名を監察管理委員に指名することにより、具体的・個別的な指示に関する監察の遂行状況を公安委員会が機動的に点検できるこ

とする。

③　都道府県公安委員会が必要あると認めるときは、警察職員（警察庁・管区警察局の職員を含む。）を監察調査官に任命し、具体的・個別的な指示に関する監察の遂行状況の調査を補助させることができることとする。

④　警察職員の懲戒事由に該当する事案が明らかとなった場合においては、警察本部長は、都道府県公安委員会に対して、すべて報告を行うこととする。

⑤　正当な理由なく警察本部長が監察の指示に従わない場合には、都道府県公安委員会は国家公安委員会への懲戒・罷免勧告を行う。

⑥　上記一連の措置により、警察本部長による監察が十分でないと公安委員会が認めた場合、警察を管理する公安委員会が第三者機関的な監察機能を果たせるよう図る。

(2)　管理能力の強化

①　警察庁及び警察本部内に公安委員会事務担当室（課）を設置してスタッフを増強するとともに、執務室を整備するなど真に効果的な補佐体制を確立する。（国家公安委員会においては一〇〜二〇人程度のスタッフがいるとのイメージ）

②　都道府県公安委員を常勤とすることができるようにする。

③　公安委員の任期を制限して、公安委員会と警察との間の緊張関係を担保する。

④　上記一連の措置により、公安委員会の管理能力を強化し、公安委員会が市民代表としての機能を十分に果たすことができるよう図る。

3　苦情処理システムの整備

①　警察・公安委員会に対する文書による苦情申出については、公安委員会に集約するシステムを確立し、その処理結果を文書で通知（回答）しなければならないものとする。

②　上記措置により、市民の苦情が警察限りで処理されることなく、公安委員会のチェックを受けられるよう図る。

別紙3

警察法上の「管理」について

1　「管理」の意義

一般に、行政機関相互の関係を表す場合における「管理」の用語は、「監督」又は「所轄」と対比して、下位の行政機関に対する上位の行政機関の指揮監督が、内部部局に対する場合と大差ない位に立ち入って行われることを示すときに用いられる。

国家公安委員会と警察庁との関係について、警察法第五条第二項において用いられている「管理」の意味も、基本的にはこれと変わるものではないはずである。

ただ、警察法においては、

①　国家公安委員会を警察に関する最高行政機関と位置付けながらも、警察事務の執行については、別個の組織として警察庁を設置してこれに行わせ、自らはその執行を管理する責めに任ずることとし、

②　国家公安委員会は、警察行政の民主的運営の保障と政治権力からの中立性の確保のため、合議制の機関とされ、その構成員たる委員には、警察の職務経験を有する者は排除され、社会各界の有識者が充てられることとされていること等にかんがみ、

国家公安委員会による「警察庁の管理」は、「国家公安委員会が警察行政の大綱方針を定め、警察行政の運営がその大綱方針に則して行われるよう警察庁に対して事前事後の監督を行うこと」を一般原則とするのが相当であるとされてきた。

2　「管理」の形態

警察の捜査活動や警備実施に関する事務など警察運営に関する専門的・技術的知識が必要とされる事務については、公安委員会は、上記のような原則的な形態での管理の任に当たることで相当かつ十分とされよう。

しかし、警察事務の執行が法令に違反し、あるいは国家公安委員会の定める大綱方針に則していない疑いが生じた場合には、その是正又は再発防止のため、具体的事態に応じ、個別的又は具体的に採るべき措置を指示することも、「管理」の本来の意味が上記のものである限り、なんら否定されないものというべきである。

いずれの場合においても、公安委員会の行う「管理」に内在するものとして、警察庁は、適宜、国家

公安委員会に対して警察事務の執行につき所要の報告を行うべき職責を有し、また、国家公安委員会から報告を求められたときは、速やかにそれを行うべきものである。

3　地方警察関係

以上の理は、地方公安委員会と地方警察本部等との間においても、妥当する。

別紙4

人事・教育制度の改革について

1　いわゆるキャリア制度

キャリア警察官は、警部補として採用されると、警察大学校での研修や都道府県警察での九か月間の見習い勤務を経験しただけで、一年二か月後には警部に昇進する。その後、約二年間の警察庁勤務を経て、四年目には警視に昇進（今年からは警視昇任を順次延長）、県警の捜査二課長や公安課長などのポストに出向する。

しかし、若い時期における現場経験は必ずしも十分でなく、時に、国民の感覚から遊離し、指揮官としての資質に疑問符がつくキャリア警察官が見受けられるのも、こうした現場経験の不足に因るところが大きいのではないか。この際、登用・選別方法、教育内容、人事評価制度などを多角的に見直し、社会の安全を守るという使命感に裏打ちされたキャリア警察官の育成に取り組むべきである。

○　ノブレス・オブリージュを自覚させる。

○　若い時期における現場経験の充実を図る一方、警察本部課長等への赴任までの期間を延長する。

●現在の九か月間の都道府県警察における見習い勤務期間を二倍程度に延長し、巡査、巡査部長と共に交番で勤務することからスタートさせ、現在の二か月間の交番勤務期間を三か月から六か月程度に延長する。さらに、この後、刑事特に被疑者の取調べ、交通、生活安全、相談窓口などの主要業務を経験させる。

●最初の現場勤務を終えた後は、警察庁において行政官としての勤務をさせ、さらに、国際的な視野を持たせるため海外留学を経験させる。

●その後、初任地とは別の都道府県警察に出向させ、一線署課長代理、警察本部係長等の現場のまとめ役を経験させる。

●これにより、警視昇任は入庁七、八年後となり、捜査二課長等への就任は年齢にしておおむね三〇歳以降となる。この見直しは、ノンキャリア組との年齢格差の是正にもつながる。

○キャリア警察官は、国際捜査などの知識や指導能力が期待される一方、行政官としての能力が求められることから、実務経験を積む過程で、能力、適性を的確に人事評価し、採用年次にとらわれない適材適所の人事配置（年功序列の排除）、警察本部長への一律登用の排除等その後の異動の参考とする。

○いわゆる推薦者の警察本部長等への積極的登用や、都道府県警察採用者の適材適所の人事配置を行う。

○都道府県警察の優秀な人材を一時的に警察庁の課長補佐、あるいは他府県の課長などに二、三年間出向させ、終了時にはまた採用地に戻すという人事交流制度を充実させる。

○職員の能力、適性、性格等を客観的かつ公平に評価するよう努める。

2　第一線における各級幹部の能力と資質

○警察が精強な執行力を確保できるか否かは現場の中核である警部補の能力いかんにかかっていることから、その適切な教育、配置、運用を進める。

○昇任時教育については、その期間を延長し、各級幹部に必要な知識を確実に教授するとともに、ゼミ方式等により問題の発見・解決能力を高める。

3　職務への取組姿勢、倫理観

○学校での各種教育において、服務に関する実践的教育を充実させ、職務倫理意識、とりわけ国民に奉仕するとの自覚の徹底向上に努める。

○教官には人格的に優れ、実務に関する経験と能力に秀でた者を充てる。

○採用試験において、警察幹部による面接試験の比重を高め、使命感、正義感が強く真に警察官たるにふさわしい者の採用に努める。

4　新たな治安上の課題への対応

○各種専門能力を有する者の積極的な中途採用や、女性警察官のより積極的な採用を図る。

○　学校における専門教育、部外の研修への派遣等により、新たな治安上の課題に的確に対応する。

【参考資料3】

日弁連宣言決議

第五一回　定期総会［決議］

警察制度の抜本的改革を求める決議

二〇〇〇年（平成一二年）五月二六日
日本弁護士連合会

警察法は、警察が個人の権利と自由を保護し、公共の安全と秩序を維持する責務を負い、民主的理念を基調として管理・運営される旨を定めている。

市民は、全国の大多数の警察官がその責務を全うすべく日夜誠実に警察活動に従事していると信じ、かつそう願っている。

しかし現実には、神奈川県警察をはじめとして、全国各地における警察の不祥事の報道が相次ぎ、警察官個人の犯罪は勿論、警察の組織的工作を示す事例も少なくない。まさに、警察の信頼は地に墜ち、事態はきわめて深刻かつ危機的である。

これは、警察に対する民主的管理制度の欠如と警察の閉鎖的体質が永年にわたり複合的に作用して生じた、わが国の警察の根本的な弊害の表われである。

そこで、警察がその本来の責務を果たすためには、警察の管理制度と閉鎖的体質を抜本的に改めなければならない。

国会及び政府は、早急に、少なくとも以下の点について改革すべきである。

第一に、国家公安委員会及び都道府県公安委員会を抜本的に改革すること。

1　国家公安委員及び都道府県公安委員の選任は、公選制又は民意が反映する選任方法によることとする。

2　公安委員は常勤制とし、予算及び人事において警察組織とは完全に独立した事務局組織を持つものとする。

3　公安委員会は、警察職員に対する懲戒権及び監察権を持つものとする。

4　国家公安委員会は国会に対し、都道府県公安委員会は都道府県議会に対して、警察の管理及び運用について説明責任を負うものとする。

第二に、警察情報については、現に捜査中の事件の捜査上の秘密に属するものを除き、全面的な公開制度を実現すること。

第三に、警察官に対する人権教育の徹底と警察官自身の人権保障をすること。

第四に、警察におけるいわゆるキャリア・システムのあり方について、検討を加えること。

当連合会は、市民とともに、市民参加による警察から独立した監視システムの創設を含めて警察の抜本的改革のために、全力を尽くすものである。

以上のとおり決議する。

提案理由

1　警察の危機的事態

警察は、個人の権利と自由を保護し、公共の安全と秩序を維持する責務を負い、民主的理念を基調として管理・運営されなければならない旨定められている（警察法第一条、第二条）。

市民は、全国の大多数の警察官がその責務を全うすべく日夜誠実に警察活動に従事していると信じ、かつそう願っている。

ところが現実においては、警察の不祥事は報道されただけでも枚挙にいとまがなく、殺人、強盗を含むほぼすべての犯罪にわたっており、しかも集団又は組織ぐるみの例も少なくない。

昨年一二月、神奈川県警察において本部長らが部下の警察官の覚せい剤使用事件をもみ消した犯人隠避事件について起訴された事例など、多数の警察不祥事が露呈した。本年一月、新潟県警において、女性監禁事件犯人逮捕を契機として、本部長と特別監察に訪れた関東管区局長が、被害者が保護された当日に行った特別監察後に温泉でマージャンに興じ、その合間に本部長が犯人逮捕について虚偽発表を了承したという不祥事が発生し、世論の厳しい批判を浴びた。さらに、埼玉県警察上尾警察署は、昨年七月以降、桶川市女子大生が深刻な名誉毀損行為を告訴したにもかかわらず真摯に捜査しなかったため殺人事件を防止できず、加えて告訴調書を改竄していたことも露呈した。警察庁はこの告訴事件の捜査が適切に行われていたならば殺人事件を防止できた可能性があったと自認し、謝罪した。

これらの一連の不祥事の問題点は、すでに二〇年以上前から指摘されてきたが、一向に改められることがないまま一層悪化して、今日に至った。今や警察の信頼は著しく損なわれ、事態はきわめて深刻であり、危機的と言っても過言ではない。

2　警察腐敗の構造的原因

この危機的事態は警察に対する民主的管理制度の欠如と警察の閉鎖的体質が永年にわたり複合的に作用して生じたわが国の警察の根本的病弊がもたらしたものである。

すなわち、民主的理念に基づき警察を市民の立場から管理すべき責任を負う国家及び都道府県公安委員会は、委員の人選自体が実質的には警察官僚によって行われ、その上、独立した事務局体制を持たず、監察権限もないなど、警察を管理する制度的保障を欠いている。このため警察は、行政上の管理・監督を事実上受けることがないまま今日に至り、綱紀に対する厳しさを欠く結果となった。

同時に、警察は、「捜査の秘密」を理由に情報公開について極めて消極的であり、警察を民主的に管理するために必要な情報の公開を拒み、国会や地方議会を含む外部からの批判を極めて困難にする構造的体質を維持し続けてきた。

加えて、警察内部におけるいわゆるキャリア・システムを含む特異な階級意識が、内部からの自主的な改善を妨げ、閉鎖的体質を増大させてきたことも指摘できる。キャリア・システムは特権的昇進制度と結びつき、警察全体の士気を低下させ、犯罪捜査に対する積極性を失わせる一因ともなっている。

これらのことが一連の不祥事を続出させたのであって、この危機的事態は警察の制度と体質に基づいていると言うべきである。

3　自浄能力の欠如

本年二月、政府は、警察官の不祥事防止対策として、警察法改正案を国会に提出した。それは、国家公安委員会及び都道府県公安委員会、方面公安委員会は、必要があると認めるときは、それぞれ、警察庁長官あるいは、警視総監、警察本部長等に対し、監察を行うことを指示することができることにする等というものである。

しかし、新潟県警察の事件は、警察庁が神奈川県警察による同種事案の再発を防ぐために実施した特別監察に関連して起きたものであり、その後の事件続発をも考慮すると、警察庁の不祥事再発防止対策がほとんど役に立っておらず、警察には不祥事を自らの内部で正す自浄作用を期待出来ないと言わざるをえない。

警察の制度と体質を改善することを回避している限り、根本的解決にはならない。

4　主権者による民主的管理の確立

(1)　公安委員会制度は、警察を民主的に管理するという趣旨で設けられたものである。

ところが現状は、ほとんど形骸化している。これを改革するためには、まず、公安委員の選任方法を改めるべきである。

公安委員の選任は理念としては公選制によるべきである。

早急な改革を行う上で実務的に公選が困難であるとするならば、次善の策として、民意が反映する方法を採用すべきである。例えば、市民に公安委員候補者の推薦団体、人柄、経歴、見識、主張等を明らかにし、市民が候補者に対して質疑をする公聴会等の機会を保障し、その上で国会又は都道府県議会において必要十分な聴聞手続を行った後、議会の議決による指名に基づいて総理大臣又は知事が任命するなどの方法を採るべきである。

(2)　公安委員は常勤制とし、予算及び人事において警察組織とは完全に独立した事務局組織を持つものとするべきである。

現在、国家公安委員会及び都道府県公安委員会の庶務は、警察庁あるいは警視庁・道府県警察本部において処理するとされており（警察法第一三条、第四四条）、国家公安委員会及び都道府県公安委員会は、独立した事務局すら有しておらず、現在の公安委員会の実態は、いわば、警察の丸抱えである。加えて、公安委員の勤務の実態は、非常勤制となっている。

これらを改め、公安委員会を警察から完全に独立した組織にし、公安委員は常勤制とするべきである。

(3)　公安委員会は、警察職員に対する懲戒権及び監察権を持つものとするべきである。

現在、国家公安委員会は主要な警察官に関する任免権及び懲戒・罷免権を有している（警察法第四九条第一項、第五〇条第一項など）が、有効・適切に行使されていない。警察庁の警察官等職員の任免について国家公安委員会は権限を有さず、都道府県警察職員については、関係公安委員会が国家公安委員会・警察本部長等に対して同意又は意見を申述する権限を有するにとどまっている（第五五条第三項）。懲戒又は罷免に関しても、関係公安委員会が国家公安委員会に対して勧告することができるに過ぎない（第四九条第二項、第五〇条第二項など）。加えて、監察は警察内部で行うことになっている（第二一条第一項第八号）。

しかしながら、関係公安委員会に所管警察職員に対する懲戒権及び監察権がなければ、警察に対する実効的な監督は期待できないのであり、これらの権限を、国家公安委員会及び都道府県公安委員会に与えるべきである。

なお、公安委員会が、市民からの苦情を受け付け、警察に対する監察・調査をしたうえ、その市民に対する回答をすることを制度化することも重要である。

(4)　国家公安委員会は国会に対し、都道府県公安委員会は都道府県議会に対して、それぞれ警察の管理及び運用について説明責任を負うものとし、議会の質疑を保障する必要がある。

5　警察情報の公開

警察の民主化を果たす上で、警察情報の公開が不可欠である。現在、多くの都道府県の情報公開条例で、警察情報は公開の対象外になっている。それどころか、神奈川県警察では、不祥事を積極的には公表しないように指示する「組織防衛優先マニュアル」を作成していたこと、同様に愛知県警察では「会計検査院の受検要領」という通達を出し、証拠隠滅と不祥事隠しを指導していたことがいずれも明らかとなり、その秘密主義は世論の厳しい批判を受けた。

来年四月施行予定の情報公開法（行政機関の保有する情報の公開に関する法律）において、国家公安委員会や警察庁も、行政機関として情報公開法の対象とされている。

しかし、情報公開の対象の除外事由が「公にすることにより、犯罪の予防、鎮圧又は捜査、公訴の維持、刑の執行その他の公共の安全と秩序の維持に支障を及ぼすおそれがあると行政機関の長が認めることにつき相当の理由がある情報」とされており（第五条第四号）、国家公安委員会や警察庁の大幅な裁量が認められ、警察情報の公開が著しく制限されるおそれがある。

このような事態を避け、現に捜査中の事件の捜査上の秘密に属するものを除き、警察予算の使途、警察組織、警察官教育等の情報公開を広く実現させ、警察活動の公開性を促進し、民主的コントロールの充実・強化をはかることが重要である。そのためには、行政機関の長に公開の是非についての第一次的判断権を認める情報公開法の規定の改正を含め、すべての都道府県の情報公開条例で警察情報を公開の対象にする等の改革が必要である。

6　警察官に対する人権教育の徹底と警察官の人権の保障

警察活動に伴う市民の人権侵害を防ぎ、また、犯罪被害者の人権を尊重するために、警察官に対する人権教育を徹底することが不可欠である。

一九九八年一一月の国連規約人権委員会の最終見解において、裁判官、検察官及び行政官に対する人権研修の実施が勧告されている。政府はこれを誠実に実施するために、市民団体や弁護士会等の意見を聴いて、実施プログラム等を策定し、実行すべきである。

さらに、警察官から人権侵害を受けた市民が弁護士会へ救済申立をした事件について、弁護士会が警告書を発しても、警察や公安委員会は、それを受理せず返送するということがしばしばある。警察や公安委員会は今後このような態度を改め、弁護士会の警告書等を受理する等、第三者の意見や批判を受け入れるべきである。

他方、市民の人権を守るべき警察官自身に対しても基本的人権を保障するべきであり、あわせて人権に関する教育、研修を実施すべきである。警察官が自らの基本的人権を十分に保障されることにより、市民の人権を尊重する意義を一層理解し、意識を高めることが出来る。

7　キャリア・システムのあり方についての検討の必要性

警察内部におけるキャリア・システムの問題点としては、閉鎖的体質と警察全体の士気の低下などの弊害が指摘されている。

警察においては国家公務員Ⅰ種試験合格者はいわゆる資格者と呼ばれ、現場の捜査実務に十分習熟しないまま極めて短期間に主要なポストを歴任するなど、特権的な昇進が保障されている。その結果、一般警察官との身分格差が極めて顕著であって、警察活動に歪みを生じる背景となっている。

キャリアとノン・キャリアの身分的格差の解消、キャリアに相当年限の捜査実務経験を課すこと、また、各地方警察において地域に根ざした警察官を幹部に登用するなど、キャリア・システムのあり方について検討されるべきである。

8　市民による警察から独立した監視システムの創設

警察が真に市民のための存在であるためには、市民による警察から独立した警察監視システムの創設が必要である。市民参加の警察監査制度、警察官適格審査会、警察オンブズマン等の市民による監視システムを創設しなければならない。

本年四月、国家公安委員会が設置した警察刷新会議において、警察活動に対する苦情等を聴取する等のために警察署ごとに警察署評議会（仮称）を設置する方向を示した。しかしそれは、委員構成や警察からの独立性に問題があり、実効性に疑問がある。

一歩進んで市民のための警察を実現するためには、市民自身の手により、警察から独立して、警察を監視することのできるシステムの創設が求められる。

当連合会は、市民による警察から独立した監視システムの創設を含めて警察の抜本的改革のために、市民とともに全力を挙げて取り組むとともに、警察の改革についていっそう大きく国民的論議を行うよう、広く呼びかけるものである。

［参考資料4］

警察法の一部を改正する法律案［民主党案］

平成十二年十月十八日

警察法の一部を改正する法律

警察法（昭和二十九年法律第百六十二号）の一部を次のように改正する。

目次中「第七十六条」を「第七十五条の二」に改める。

第五条第二項第二号中「予算」の下に「（国家公安委員会に関するものを除く。）」を加え、同項第二十一号を同項第二十二号とし、同項第四号から第二十号までを一号ずつ繰り下げ、同項第三号に次のように加え、同号を同項第四号とする。

ハ　国際関係に重大な影響を与え、その他国の重大な利益を著しく害するおそれのある航空機の強取、人質による強要その他これらに準ずる犯罪に係る事案

第五条第二項第二号の次に次の一号を加える。

三　警察に関する国の政策の評価に関すること。

第五条第四項を同条第五項とし、同条第三項中「前項」を「前二項」に改め、同項を同条第四項とし、同条第二項の次に次の一項を加える。

3　国家公安委員会は、第一項の任務を達成するため、重大な不祥事件が発生したときその他必要があると認めるときは、その所掌事務を遂行するために必要な監察を行う。

第五条の次に次の一条を加える。

（国会に対する報告）

第五条の二　国家公安委員会は、毎年、内閣総理大臣を経由して、国会に対し所掌事務の処理状況を報告しなければならない。

第八条第一項中「五年」を「三年」に改め、同項ただし書中「但し」を「ただし」に改め、同条第二項中「再任する」を「一回に限り再任される」に改める。

第十条第二項中「又は」を「若しくは」に改め、「職員」の下に「又は国家公務員法第八十一条の五第一項に規定する短時間勤務の官職若しくは地方公務員法（昭和二十五年法律第二百六十一号）第二十八条の五第一項に規定する短時間勤務の職を占める職員」を加える。

第十三条を次のように改める。

（事務局）

第十三条　国家公安委員会の事務を処理させるため、国家公安委員会に事務局を置く。

2　事務局に、事務局長、監察官その他の職員を置く。

3　事務局長は、委員長の命を受けて、局務を掌理する。

4　事務局の内部組織は、国家公安委員会が定める。

第十七条中「同条第三項」を「同条第四項」に改める。

第二十一条第一項第四号中「調査」を「立案」に改め、同項第二十号を同項第二十二号とし、同項第十九号を同項第二十一号とし、同項第十八号を同項第二十号とし、同項第十七号中「調査」を「立案」に改め、同号を同項第十九号とし、同項第八号から第十六号までを二号ずつ繰り下げ、同項第七号を同項第九号とし、同号の前に次の一号を加える。

八　情報の公開に関すること。

第二十一条第一項中第六号を第七号とし、第五号を第六号とし、第四号の次に次の一号を加える。

五　所管行政に関する政策の評価に関すること。

第二十一条第二項中「前項第十七号から第十九号」を「前項第十九号から第二十一号」に改める。

第三十条第一項中「から第十一号まで、第十三号から第十五号まで及び第十八号から第二十一号」を「、第四号から第十二号まで、第十四号から第十六号まで及び第十九号から第二十二号」に改める。

第三十三条第一項中「第五条二項第十四号」を「第五条第二項第十五号」に改める。

第三十八条中第六項を第七項とし、第五項を第六項とし、同条第四項中「第五条第三項」を「第五条第四項」に改め、同項を同条第五項とし、同条第三項の次に次の一項を加える。

4　都道府県公安委員会は、都道府県警察において重大な不祥事件が発生したときその他必要があると認めるときは、監察を行う。

第四十条第二項中「再任する」を「一回に限り再任される」に改める。

第四十二条第一項中「（昭和二十五年法律第二百六十一号）」を削り、同項ただし書中「但し」を「ただし」に、「同法第三十八条第一項」を「同項」に、「外」を「ほか」に改め、同条第二項中「又は常勤の職員」を「若しくは常勤の職員又は地方公務員法第二十八条の五第一項に規定する短時間勤務の職を占める職員」に改める。

第四十四条を次のように改める。

（事務局）

第四十四条　都道府県公安委員会の事務を処理させるため、都道府県公安委員会に事務局を置く。

2　事務局の内部組織は、都道府県公安委員会が定める。

第四十四条の次に次の三条を加える。

（苦情処理委員会の設置）

第四十四条の二　都道府県警察に係る苦情の処理に関する事務を適切かつ迅速に処理させるため、都道府県公安委員会に苦情処理委員会を置く。

（苦情処理委員会の組織）

第四十四条の三　苦情処理委員会の委員は、任命前五年間に警察又は検察の職務を行う職業的公務員の前歴のない者のうちから、都道府県公安委員会が任命する。

2　前項に定めるもののほか、苦情処理委員会の委員の数、資格、任期及び服務に関し必要な事項は、条例で定める。

3　苦情処理委員会に事務局を置く。

4　事務局の内部組織は、都道府県公安委員会が定める。

（苦情の処理）

第四十四条の四　苦情処理委員会は、都道府県警察に係る苦情の申出があつたときは、その相談に応じ、申出人に必要な助言をし、都道府県警察に対し、その苦情の内容を通知して適切かつ迅速な措置を求める等これを誠実に処理しなければならない。

2　苦情処理委員会は、前項の申出が文書によりされたときは、当該申出に係る苦情の処理の結果を文書により申出人に通知しなければならない。

3　苦情処理委員会は、第一項の申出に係る苦情の処理に関して必要があると認めるときは、都道府県警察に対し、必要な勧告を行うことができる。

第四十六条第二項中「及び第六項」を「、第四項及び第七項」に、「第三十八条第六項」を「第三十八条第七項」に改める。

第四十七条第二項中「第三十八条第四項において準用する第五条第三項」を「第三十八条第五項において準用する第五条第四項」に改める。

第五十三条の次に次の一条を加える。

（警察署協議会）

第五十三条の二　警察署に、警察署協議会を置くものとする。ただし、管轄区域内の人口が僅少であることその他特別の事情がある場合は、これを置かないことができる。

2　警察署協議会は、警察署の管轄区域内における警察の事務の処理に関し、警察署長の諮問に応ずるとともに、警察署長に対して意見を述べる機関とする。

3　警察署協議会の委員は、都道府県公安委員会が委嘱する。

4　警察署協議会の設置、その委員の定数、任期その他警察署協議会に関し必要な事項は、条例（警察署協議会の議事の手続にあつては、都道府県公安委員会規則）で定める。

第五十六条に次の一項に加える。

3　警視総監又は警察本部長は、都道府県警察の職員が次の各号のいずれかに該当する疑いがあると認める場合は、速やかに事実を調査し、当該職員が当該各号のいずれかに該当することが明らかになつたときは、都道府県公安委員会に対し、都道府県公安委員会の定めるところにより、その結果を報告しなければならない。

一　その職務を遂行するに当たつて、法令又は条例の規定に違反した場合

二　前号に掲げるもののほか、職務上の義務に違反し、又は職務を怠つた場合

三　全体の奉仕者たるにふさわしくない非行のあった場合

第六十九条中第三項を第四項とし、第二項の次に次の一項を加える。

3　皇宮護衛官は、天皇及び皇后、皇太子その他の皇族の生命、身体若しくは財産に対する罪、皇室用財産に対する罪又は皇居、御所その他皇室用財産である施設若しくは天皇及び皇后、皇太子その他の皇族の宿泊の用に供されている施設における犯罪について、国家公安委員会の定めるところにより、刑事訴訟法の規定による司法警察職員としての職務を行う。

第六十九条に次の二項を加える。

5　皇宮護衛官の武器の使用については、警察官職務執行法（昭和二十三年法律第百三十六号）第七条の規定を準用する。

6　皇宮護衛官及び警察官は、その職務の執行に関し、相互に協力しなければならない。

第七章中第七十六条の前に次の一条を加える。

（情報公開の推進）

第七十五条の二　国及び地方公共団体は、警察行政の運営の透明性を向上させ、警察に対する国民の信頼を確保するためには、警察の保有する情報の公開が欠くことのできないものであることにかんがみ、その積極的な公開の推進を図るものとする。

附　則

（施行期日）

第一条　この法律は、平成十三年四月一日から施行する。ただし、第五条第二項の改正規定（同項第三号に次のように加える部分を除く。）並びに第二十一条、第三十条第一項及び第三十三条第一項の改正規定は、同年一月六日から施行する。

（経過措置）

第二条　この法律の施行の際現に在職する国家公安委員会の委員の任期は、この法律による改正後の警察法（以下「新法」という。）第八条第一項の規定にかかわらず、なお従前の例による。

2　この法律の施行の際現に在職する国家公安委員会の委員、都道府県公安委員会の委員又は方面公安委員会の委員であって二回以上再任されているものは、新法第八条第二項又は第四十条第二項（新法第四十六条第二項において準用する場合を含む。）の規定の適用については、一回再任されているものとみなす。

（検察審査会法の一部改正）

第三条　検察審査会法（昭和二十三年法律第百四十七号）の一部を次のように改正する。

第六条第十一号中「国家公安委員会委員、都道府県公安委員会委員及び」を「国家公安委員会の委員及び職員、都道府県公安委員会（苦情処理委員会を含む。）の委員及び職員並びに」に改める。

（司法警察職員等指定応急措置法の一部改正）

第四条　司法警察職員等指定応急措置法（昭和二十三年法律第二百三十四号）の一部を次のように改正する。

第三条を削る。

（地方公務員法の一部改正）

第五条　地方公務員法（昭和二十五年法律第二百六十一号）の一部を次のように改正する。

第六条第一項中「教育委員会」の下に「、公安委員会」を加える。

（内閣府設置法の一部改正）

第六条　内閣府設置法（平成十一年法律第八十九号）の一部を次のように改正する。

第四条第三項第五十八号中「及び第三項」を「から第四項まで」に改める。

理　由

警察に対する国民の信頼を回復するため、国家公安委員会及び都道府県公安委員会等について、委員の任期を短縮するとともに再任を制限し、事務局を設置し、並びに警察庁及び都道府県警察に対する監察を実施することができることとし、あわせて、都道府県公安委員会等に苦情処理委員会を設置することにより、警察職員の職務遂行の適正を確保する必要がある。これが、この法律案を提出する理由である。

本案施行に要する経費

本案施行に要する経費としては、平年度約八億八千万円の見込みである。

警察法の一部を改正する法律案（民主党案）の概略

［解説・平井時靖］

改正の第一は、国家公安委員会についてである。その一は、所掌事務の追加であるが、先ず、国家公安委員会は、重大な不祥事件が発生したときその他必要があると認めるときは、その所掌事務を遂行するために必要な監察を自ら行うこととした（監察権限）。また、警察庁がつかさどり国家公安委員会が管理する事務とされている警察に関する国の予算に関する事務について、そのうち国家公安委員会に係る部分については、国家公安委員会が直轄で処理することとした。その二は、国家公安委員会は、毎年、国会に対し所掌事務の処理状況を報告しなければならないものとして、国会報告の規定を設けた。その三は、委員の任期の三年への短縮（現行五年）、再任回数の制限（一回に限定）である。その四は、その機能を有効に発揮させるために自前の事務局を設置することとし（管理主体と客体の分離）、事務局長、監察官（前記監察の実戦部隊）その他の職員を置くものとした。

改正の第二は、都道府県公安委員会についてである。その一は、監察権限の付与である。すなわち、都道府県公安委員会は、都道府県警察において重大な不祥事件が発生したときその他必要があると認めるときは、監察を行うこととした。その二は、委員の再任回数の制限である。再任回数を一回に制限した。その三は、事務局の設置であり、その趣旨は、国家公安委員会におけると同じである。

改正の第三は、苦情処理委員会である。都道府県警察に係る苦情の処理に関する事務を適切かつ迅速に処理させるため、都道府県公安委員会に、苦情処理の専担機関として、苦情処理委員会を置くものとした。苦情処理委員会の委員は、任命前五年間に警察又は検察のキャリアのない者のうちから、都道府県公安委員会が任命するものとし、苦情処理の馴合いの排除を期した。苦情の処理という実体面については、苦情処理委員会は、都道府県警察に係る苦情の申出があったときは、相談に応じ、必要な助言をし、都道府県警察に対し、その苦情の内容を通知して適切かつ迅速な措置を求める等誠実に処理しなければならないものとし、右申出が文書によりされたときは、処理結果を文書により申出人に通知しなければならないものとした。苦情処理委員会は、苦情の処理に関して必要があると認めるときは、都道府県警察に対し、必要な勧告を行うことができるものとした。

改正の第四は、情報公開の推進である。国及び地方公共団体は、警察行政の運営の透明性を向上させ、警察に対する国民の信頼を確保するためには、警察の保有する情報の公開が欠くことのできないものであることにかんがみ、その積極的な公開の推進を図るものとした。制度上の開示請求への対応に加え、自主的な情報公開を求めた訓示規定である。

以上のほか、国家公安委員会の管理する事務の追加、都道府県警察の職員の法令違反等の報告の聴取等、警察署協議会等政府案の内容の一部と同様の改正が織り込まれているが、割愛する。

［参考資料5］

警察監視委員会設置法案（骨子）及び警察法の一部を改正する法律案（骨子）
［社会民主党案］

第一　警察監視委員会設置法案

一　中央警察監視委員会

1　設置

総務庁に中央警察監視委員会（以下「中央委員会」という。）を置く。

2　所掌事務

中央委員会の所掌事務は、次のとおりとする。

①　警察庁の所掌事務の実施状況を監視するために必要な調査を行うこと。

②　①の調査の結果に基づき、国家公安委員会に対し必要な勧告を行うこと。

③　警察庁の所掌事務に関する苦情の申出につき必要なあっせんを行うこと。

3　組織

(1)　中央委員会は、委員五人をもって組織する。
(2)　委員は、非常勤とする。

4　委員の任命
(1)　委員は、学識経験のある者で、任命前五年間に警察又は検察の職務を行う職業的公務員の前歴のないもののうちから、両議院の同意を得て、内閣総理大臣が任命する。
(2)　委員の任期が満了し、又は欠員が生じた場合において、国会の閉会又は衆議院の解散のために両議院の同意を得ることができないときは、内閣総理大臣は、前項の規定にかかわらず、委員長又は委員を任命することができる。
(3)　(2)の場合においては、任命後最初の国会において両議院の事後の承認を得なければならない。この場合において、両議院の事後の承認が得られないときは、内閣総理大臣は、直ちにその委員を罷免しなければならない。

5　委員の任期
(1)　委員の任期は、四年とする。ただし、補欠の委員長又は委員の任期は、前任者の残任期間とする。
(2)　委員は、一回に限り再任されることができる。
(3)　委員の任期が満了したときは、当該委員は、後任者が任命されるまで引き続きその職務を行うものとする。

6　職権の行使
委員は、独立してその職権を行う。

7　委員の罷免
内閣総理大臣は、委員が心身の故障のため職務の執行ができないと認めるとき、又は委員に職務上の義務違反その他委員たるに適しない非行があると認めるときは、両議院の同意を得て、その委員を罷免することができる。

8　委員長
(1)　中央委員会に、委員長を置き、委員の互選により選任する。
(2)　委員長は、会務を総理し、中央委員会を代表する。
(3)　中央委員会は、あらかじめ、委員長に事故があるときにその職務を代理する委員を定めておかなければならない。

9　服務
(1)　委員は、職務上知ることができた秘密を漏らしてはならない。その職を退いた後も同様とする。

(2)　委員は、在任中、政党その他の政治団体の役員となり、又は積極的に政治運動をしてはならない。

10　給与

委員の給与は、別に法律で定める。

11　事務局

(1)　中央委員会の事務を処理させるため、中央委員会に事務局を置く。

(2)　事務局に、事務局長のほか、所要の職員を置く。

(3)　事務局長は、委員長の命を受けて、局務を掌理する。

(4)　事務局長及び事務局の職員は、離職後二年間は、警察職員となることができない。

(5)　事務局の内部組織は、総理府令で定める。

12　監視のための調査

(1)　中央委員会は、警察庁の所掌事務について、調査を行う。

(2)　中央委員会は、(1)の調査を行うに当たっては、警察庁の所掌事務が警察法第二条の規定の趣旨にのっとって処理されているかどうかに、特に意を用いなければならない。

(3)　中央委員会は、(1)の調査を行なうため必要があると認めるときは、次の各号に掲げる処分をすることができる。

①　警察庁長官その他の警察職員からの報告を徴すること。

②　警察庁又は管区警察局の庁舎その他の場所に立ち入り、関係のある物件を検査し、又は関係者に質問すること。

③　警察庁長官その他の警察職員に出頭を求めて質問すること。

④　関係行政機関の長又は公私の団体その他の関係者に対し、資料又は情報の提供その他必要な協力を求めること。

⑤　公聴会を開いて一般の意見を求めること。

13　勧告等

(1)　中央委員会は、12の調査を行った場合において、必要があると認めるときは、その結果に基づき、国家公安委員会に対し期間を示して必要な措置を講ずべきことを勧告することができる。この場合においては、中央委員会は、当該勧告の内容を公表するものとする。

(2)　(1)の勧告があったときは、国家公安委員会は、当該勧告に示された期間内に必要な措置を講ずるとともに、その旨を中央委員会に通知しなければならない。この場合においては、中央委員会は、当該通知に係る事項を公表するものとする。

(3)　国家公安委員会は、(1)の勧告に基づいて必要な措置を講ずるに当たって必要があると認めるときは、警察庁長官に対し、具体的又は個別的な事項にわたる指示をすることができる。

14　建議

中央委員会は、必要があると認めるときは、警察の管理及び運営に関し講ずべき施策について国家公安委員会に建議することができる。

15　年次報告

中央委員会は、毎年、所掌事務の実施の状況を記載した報告書を作成し、内閣総理大臣を経由して、国会に提出しなければならない。

16　政令への委任

3～15に定めるもののほか、中央委員会に関し必要な事項は、政令で定める。

二　都道府県警察監視委員会

1　設置

都道府県知事の所轄の下に都道府県警察監視委員会（以下「都道府県委員会」という。）を置く。

2　所掌事務

(1)　都道府県委員会の所掌事務は、次のとおりとする。

①　警視庁又は道府県警察本部の所掌事務の実施状況を監視するために必要な調査を行うこと。

②　①の調査の結果に基づき、都道府県公安委員会に対し必要な勧告を行うこと。

③　警視庁又は道府県警察本部の所掌事務に関する苦情の申出につき必要なあっせんを行うこと。

(2)　都道府県委員会は、中央委員会及び他の都道府県委員会と常に密接な連携を保たなければならない。

3　組織

(1)　都道府県委員会は、都、道、府及び政令指定市を包括する県にあっては委員五人をもって、それ以外の県にあっては委員三人をもって、それぞれ組織する。

(2)　委員は、非常勤とする。

4　委員の任命
委員は、当該都道府県の議会の被選挙権を有する者で、任命前五年間に警察又は検察の職務を行う職業的公務員の前歴のないもののうちから、都道府県の議会の同意を得て、都道府県知事が任命する。ただし、道、府及び政令指定市を包括する県にあっては、その委員のうち二人は、当該道、府及び県が包括する政令指定市の議会の被選挙権を有する者で、当該政令指定市の市長がその市の議会の同意を得て推薦したものについて、当該道、府又は県の知事が任命する。

5　委員の任期等
都道府県委員会の委員の任期等については、一5～16の例による。

第二　警察法の一部を改正する法律案

一　国家公安委員会に係る改正

1　国家公安委員会事務局の設置
(1)　国家公安委員会の事務を処理させるため、国家公安委員会に事務局を置く。
(2)　事務局に、事務局長、警察監察官その他の所要の職員を置く。
(3)　事務局長は、委員長の命を受けて、局務を掌理する。
(4)　事務局に、地方における事務を分掌させるため、地方事務所を置く。
(5)　事務局の内部組織は、国家公安委員会規則で定める。

2　国家公安委員会の権限
国家公安委員会は、国家公安委員会の管理する事務に関し必要な監察を行うことができる。

3　警察監察官
(1)　警察監察官は、国家公安委員会が管理する事務に関するすべての事項の調査に当たり、その実情及び改善すべき事項についての意見を国家公安委員会に提出し、並びに犯罪の嫌疑があるときは、捜査し、その内容を国家公安委員会に報告し、及び必要がある場合には、犯罪の訴追に協力することについて、国家公安委員会から特命を受けたものとする。
(2)　警察監察官は、国家公務員たる警察職員による犯罪につき、刑事訴訟法に規定する司法警察員の職務を行う。

(3)　国家公安委員会は、警察監察官から報告を受けた場合であって、必要があると認めるときは、警察庁長官に対し、具体的又は個別的な事項にわたる指示をすることができる。

4　警察庁の権限

警察庁は、法律（法律に基づく命令を含む。）の規定に基づき国家公安委員会の権限に属させられた事務について、国家公安委員会に協力するものとする。

二　都道府県公安委員会に係る改正

1　都道府県公安委員会事務局の設置

(1)　都道府県公安委員会の事務を処理させるため、都道府県公安委員会に事務局を置く。

(2)　事務局に、事務局長、警察監察員その他の所要の職員を置く。

(3)　事務局長は、委員長の命を受けて、局務を掌理する。

(4)　事務局の内部組織は、都道府県公安委員会規則で定める。

2　都道府県公安委員会の権限

都道府県公安委員会は、都道府県公安委員会の管理する事務に関し必要な監察を行うことができる。

3　警察監察員

一3は、警察監察員について準用する。

4　警視庁等の権限

警視庁及び道府県警察本部は、法律（法律に基づく命令を含む。）の規定に基づき都道府県公安委員会の権限に属させられた事務について、都道府県公安委員会に協力するものとする。

5　方面公安委員会

二1～4は、方面公安委員会について準用する。

「警察監視委員会設置法案骨子」のポイント

●警察監視委員会の必要性

①警察の不正を警察自身がチェックする監察システムの機能不全、②警察を管理する公安委員会の形骸化の実態に鑑み、警察外部の第三者によって警察を監視する独立機関が必要。

●警察監視委員会の設置

警察監視委員会は、中央と各県にそれぞれ置く。中央警察監視委員会は、総務庁（公安委員会が内閣府におかれるため、省庁再編後は総務省）に置き、委員長及び委員は、国会同意人事とする。警察庁の権限が及ぶ範囲において、中央警察監視委員会は、都道府県警察に対して監視業務を行う。都道府県の警察監視委員会と中央の警察監視委員会は常に密接な連携をとる。

●国家公安委員会との違い

国家公安委員会は、警察の組織・運営に対する行政上の「管理」を行う機関であり、大綱方針を定めその大綱方針に即して警察事務の運営を行わせるために、警察庁を監督する。

警察監視委員会は、外部の第三者による監視機関であり、①警察庁等の所掌事務の実施状況を監視するための必要な調査の実施（警察行政・個別警察活動に係る合規性・公正性・妥当性の保障の観点から監視・調査を行う）、②公安委員会に対する必要な勧告、③市民の苦情の申出（内部告発を含む）についての必要なあっせん（オンブズパーソン的機能）を行う。

●警察監視委員会の権限

警察監視委員会に、独立専任の事務局を設置する。立入調査権、資料提出要求権、職員に対する質問権、公聴会の開催権を与える。調査の結果に基づき、公安委員会への勧告・建議の実施を行わせる。

●公安委員会の改革

公安委員会が本来の「管理」機能を果たせるよう、独自の事務局の設置、監察権及び警察庁等への指示権を付与する。

［参考資料6］

警察法「改正」案への対案（大綱）

二〇〇〇年十一月一日　日本共産党

一　国家公安委員会

①　国家公安委員会の下に、独自の事務局を置く。事務局には、国家公安委員会の所掌事務を処理するために、事務局長その他の職員を置く。

②　事務局は、国家公安委員会の所掌事務を処理するとともに、人事、予算など警察行政に係わる諸問題について調査、検討を行い、国家公安委員会に提起する。

③　国家公安委員会の委員の任命にあたって、両院の関係委員会での指名聴聞会を必ず行う。

④　委員の任期を三年とする。ただし、一回に限り再任することができる。

⑤　国家公安委員会は、その事務処理の概略について、年に一度定期的に国会に報告する。国家公安委員は、国会の求めに応じ、国会に出席し説明をおこなう。

⑥　国家公安委員会の委員は常勤とし、その職務に専念する。

一　警察監察委員会

①　国家公安委員会の直属機関として警察警察委員会を設ける。

委員会は五名の委員から構成し、互選で委員長を選任する。委員は警察官（過去に警察官であった者も含めて）以外から起用する。

②　監察委員会は、警察行政の諸問題について独自の監察を行う。監察対象は、警察庁と警視庁、道府県警察本部及び警視正以上の幹部職員に係わるものその他重要案件を含む。

また、国民から寄せられた意見について国家公安委員会に報告し、その指示にしたがって案件を処理する。

③　監察委員会に監察委員を補佐する一定数の職員（監察補佐員）を置く。監察補佐員は、警察官及び警察職員（過去も含めて）以外の者から起用する。

監察補佐員と警察官、警察庁及び都道府県県警本部の職員との人事の交流を禁止する。

④　監察委員会に、警察および警察官に関する国民か

らの苦情を受け付ける窓口を設ける。

申出については誠実に処理し、その結果を申出者に文書で通知する。

一　都道府県公安委員会

①　都道府県公安委員会に事務局を置く。

②　事務局は、都道府県公安委員会の所掌事務を処理するとともに、国民から寄せられた苦情について都道府県公安委員会に報告し、その指示にしたがって案件を処理する。

③　都道府県公安委員会の委員の任命にあたって、議会の関係委員会での指名聴聞会を必ず行うものとする。

④　都道府県公安委員会の委員のうち一名は常勤とする。また、委員の再任を一回限りとする。

⑤　都道府県公安委員会に、警察および警察官に関する国民からの苦情を受け付ける窓口を設ける。

申出については誠実に処理し、その結果を申出者に文書で通知する。

⑥　都道府県公安委員会は国家公安委員会に準じて、その事務処理の概略について、年に一度定期的に都道府県議会に報告する。

一　捜査情報や個人情報を除く警察情報の積極的公開を義務づけるとともに、公安委員会の議事録を公開する。

警察法「改正」案への対案（大綱）の発表にあたって――国家公安委員会の独立と外部監察制度の導入を中心に

政府が国会提出した警察法「改正」案は、国家公安委員会の警察組織からの独立、外部監察制度の導入という警察改革にとって肝心かなめの問題を外しており、改革の名に値しないものである。

警察改革が求められるに至った背景は、昨年秋の神奈川県警に始まった警察不祥事件の続発であった。とくに新潟県警の特別監察で、九年余りにわたって行方不明であった女性が発見されたその時に、監察する側の関東管区警察局長と監察される側の本部長が雪見酒とマージャンに興じていたことは、警察が警察をチェックする「身内の監察制度」が全く体をなしていなかったことを浮き彫りにした。その特別監察の責任者である関東管区警察局長を辞表で済ませ処分を見送るという警察庁長官の処置をそのまま追認した国家公安委員会の対応は、警察にたいする公安委員会の「管理」機能が全く働いていなかったことを示した。今、警察を改革するうえで、こうした肝心の問題にメスを入れずにすますことはできない。このことは、衆議院における審議をつうじて一層明確になった。

日本共産党はこの立場にそって、国民が求める警察改革の実現のため全力をつくすものである。

6　警察法「改正」案への対案（大綱）

日本共産党は三月三十日に「警察行政から腐敗・横暴をなくすために――「国家公安委員会制度等の改革についての緊急提案」を発表したが、その立場にたって次の二つの柱を中心内容とする警察法「改正」案への対案（大綱）を提案する。

(1)　国家公安委員会を警察から独立させる。そのために、国家公安委員の任命は、内閣総理大臣が推せんし、その予定者に国会への出席をもとめて質疑応答をする「指名聴聞会」を開催して適否を判断する。警察庁による推せんリストの作成は厳禁する。独自の事務局体制も整えて行政委員会としての本来の役割を果たさせる。

(2)　警察への外部監察制度を導入する。国家公安委員会の直属機関として警察監察委員会を設け、その委員は警察官（過去に警察官であった者を含めて）以外から起用することなどにより、国民による監視機能を強める。

警察オンブズマン　執筆者紹介（執筆順，＊は編者を兼ねる）

篠 原　一〔奥付編集代表紹介参照〕＊

佐 藤 洋 子（さとう・ようこ）

神奈川ネットワーク運動副代表
1991年　川崎市議会議員
1997年よりローカルパーティー神奈川ネットワーク運動副代表
1999年　神奈川県議会議員

阿 部 泰 隆（あべ・やすたか）

神戸大学法学研究科教授，東京大学法学博士
1942年３月生まれ　東京大学法学部卒業
行政法・政策法学
主要著書　行政訴訟改革論，行政の法システム上・下［新版］，〈論争・提案〉情報公開，政策法学と自治条例，こんな法律は要らない　ほか多数

広 中 俊 雄（ひろなか・としお）

東北大学名誉教授
主要著書　日本の警察，戦後日本の警察，警備公安警察の研究，法社会学論集，民法解釈方法に関する十二講　ほか多数

萩 原 金 美（はぎわら・かねよし）＊

神奈川大学法学部教授
1931年群馬県生まれ　中央大学法学部卒
九州大学法学博士，ルンド大学名誉法学博士
主要著書　スウェーデンの司法　ほか

飯野奈津子（いいの・なつこ）

NHK 解説委員
国際基督教大学卒業　はじめての女性記者としてNHKに入局　社会保障・人権・警察行政を担当

今 川　晃（いまがわ・あきら）

四日市大学教授
1954年愛知県知多市生まれ
熊本県立大学教授を経て現職
主要著書　自治行政統制論への序曲　地域政策と自治（共著）　相模原市議会史・記述編Ⅰ（共著）

渥 美 東 洋（あつみ・とうよう）＊

中央大学総合政策学部教授・法学博士
1935年旧満州新京特別市生まれ　1955年司法試験合格，1957年中央大学卒業
主要著書　刑事訴訟法（新版）　罪と罰を考える　刑事訴訟法における自由と正義　複雑社会で法をどう活かすか

金 子 仁 洋（かねこ・じんよう）

桐陰横浜大学教授
東京大学法学部卒，警察庁国際刑事課長，警察大学校長等を歴任
主要著書　官僚支配　警察官の捜査手続　政官攻防史ほか

髙 井 康 行（たかい・やすゆき）

弁護士
1947年生まれ　早稲田大学卒業　1972年検事任官　1997年東京高検検事で退官　現在，日弁連犯罪被害者支援委員会副委員長，刑事法制委員会副委員長

三 上 孝 孜（みかみ・たかし）

弁護士
1945年生まれ　大阪市立大学法学部卒業
元日弁連及び大阪弁護士会人権擁護委員長，現日弁連及び大阪弁護士会人権擁護委員
主要著書　裁かれる警察（共著），検証日本の警察（共著）

中 村　一 三（なかむら・かつぞう）

税理士
1946年生まれ　中央大学商学部卒業　法政大学大学院社会科学政治学科在学中
主要著書　破綻と再生（共著）　日本の監査制度の研究

藤 川 忠 宏（ふじかわ・ただひろ）

日本経済新聞社論説委員
1944年千葉県生まれ　慶応義塾大学経済学部卒業
主要著書　よみがえれ青い海（共著），韓国の挑戦（共著），地域開発の経済戦略（共著）

警察オンブズマン　編集代表

篠　原　　一（しのはら・はじめ）
東京大学名誉教授
主要著書　ドイツ革命史序説，現代の政治力学，市民参加，連合時代の政治理論，ヨーロッパの政治，現代政治学入門

警察オンブズマン

初版第1刷発行　2001年2月20日発行

編集代表
篠　原　　一

発行者
袖　山　貴＝村岡侖衛

発行所
信山社出版株式会社
113-0033　東京都文京区本郷6-2-9-102
TEL 03-3818-1019　FAX 03-3818-0344

印刷・製本 松澤印刷　発売 大学図書

ISBN 4-7972-5159-X　C3031